山西省高等学校哲学社会科学研究项目（PSSR）“普通高校竞技体育供给侧改革研究”（编号：201801015）

普通高校竞技体育
供给侧改革研究

郭兆霞■著

北京体育大学出版社

策划编辑：王英峰

责任编辑：王英峰

责任校对：孙　静

版式设计：久书鑫

图书在版编目（CIP）数据

普通高校竞技体育供给侧改革研究 / 郭兆霞著. --北京 ：北京体育大学出版社，2021.12

ISBN 978-7-5644-3311-6

Ⅰ. ①普… Ⅱ. ①郭… Ⅲ. ①竞技体育－教学改革－高等学校 Ⅳ. ①G807.4

中国版本图书馆 CIP 数据核字（2021）第 234017 号

普通高校竞技体育供给侧改革研究　　郭兆霞　著

PUTONG GAOXIAO JINGJI TIYU GONGJICE GAIGE YANJIU

出版发行：北京体育大学出版社

地　　址：北京市海淀区农大南路 1 号院 2 号楼 2 层办公 B–212

邮　　编：100084

网　　址：http://cbs.bsu.edu.cn

发 行 部：010–62989320

邮 购 部：北京体育大学出版社读者服务部 010–62989432

印　　刷：北京建宏印刷有限公司

开　　本：710mm×1000mm　1/16

成品尺寸：170mm×240mm

印　　张：17.75

字　　数：256 千字

版　　次：2021 年 12 月第 1 版

印　　次：2021 年 12 月第 1 次印刷

定　　价：158.00 元

前　言

“体教结合”的方针政策起始于20世纪80年代，是伴随着我国从计划经济向市场经济转轨而被提出的。它借鉴西方发达国家的经验，探索体育与教育的有机结合，尤其是为解决运动员的文化教育问题与顺利就业问题提供了重要的现实意义。经过30年的实践，普通高等学校（以下简称“普通高校”）高水平运动队不断探索“体教结合”的制度、路径和方法，但仍存在较多的问题。随着我国经济、文化、教育的持续发展和深化改革，从问题导向出发，2020年中央全面深化改革委员会审议通过的《关于深化体教融合 促进青少年健康发展的意见》使得“体教融合”得到了前所未有的重视。这不仅是从字面上理解体育与教育相互交融的深度问题，使“体教结合”向“体教融合”升级转化，更是推动体育与教育全面深化改革的关键一招，旨在促进青少年的健康成长，进而提升竞技体育后备人才培养的质量。

普通高校竞技体育作为高等教育和体育的一个重要组成部分，是典型的“教育+竞技”。随着对“竞技体育”概念认知的变化，普通高校竞技体育应从由高水平运动员组成的“精英体育”扩展到由普通学生组成的“游戏竞赛”，其范畴有了较大的拓展。普通高校竞技体育应形成一种新的发展格局和新的发展生态以适应新时代的新需求。推进供给侧结构性改革是引领我国经济发展新常态的重大创举，是党中央在全面分析国内经济阶段性特征的基础上，提出的调整经济结构、转变经济发展方式的治本良方。本书从供给侧结构性改革的视角，分析普通高校竞技体育发展中的供给侧要素和结构性问题，提出普通高校竞技体育供给侧改革的内涵及发展路径，旨在为普通高校竞技体育的可持续发展提供参考。

本书共分为五章：第一章为供给侧结构性改革基本学理的认识框架；第二章为基于供给侧改革视角探析新时代“体教融合”的内涵及路径选择；第三章为基于供给侧改革视角探析普通高校竞技体育发展的新生态；第四章为普通高校竞技体育优势项目及优势队伍发展分析；第五章为奥林匹克教育的内涵及中国实践。笔者在本书撰写过程中，由太原理工大学体育学院王晓玲、幸辰、孔令辰、郭晋慧、董英俊、孙楚、马庆宇等研究生帮助收集整理素材，在此真诚地向他们表示感谢。另外，在本书撰写过程中，笔者采访了多位专家，参阅、引用了多篇文献和多部书籍，在此谨向有关作者和单位表示深深的谢意。

由于笔者知识和能力有限，书中不足或不妥之处，敬请有关专家、同人及读者不吝赐教。

2021 年 10 月

目 录

第一章

供给侧结构性改革基本学理的认识框架

推进供给侧结构性改革，是适应和引领中国经济发展新常态的重大创举，是党中央在全面分析国内经济阶段性特征的基础上，提出的调整经济结构、转变经济发展方式的治本良方，更是落实当代中国“全面建成小康”“全面深化改革”“全面依法治国”“全面从严治党”战略布局的指导方针。本章试图对供给侧结构性改革及其基本学理勾画框架性认知。

第一节　供给侧结构性改革的背景和提出过程

一、供给侧结构性改革的背景

经过改革开放30多年的快速发展，我国经济总量在2010年跃居世界第二位，成功步入中等收入国家行列，但随着经济总量的不断增长，过去支撑我国经济发展的劳动力资源、环境资源和资本投入的边际效益逐步递减。2008年国际金融危机爆发，世界经济进入深度调整期，全球贸易进入低迷期。受国内外因素的影响，我国经济发展正处于增长速度换挡期、结构调整阵痛期和前期刺激政策消化期的“三期叠加”阶段。[①]

① 中共中央宣传部. 习近平总书记系列重要讲话读本［M］. 2016年版. 北京：学习出版社，2016：141.

党的十八届三中全会将市场在资源配置中的“基础性作用”修改为“决定性作用”，这标志着社会主义市场经济进入一个新阶段，同时此次会议还提出“现代国家治理”“现代市场体系”和“现代财政制度”与之相对接。党的十八届四中全会提出“全面依法治国”；党的十八届五中全会强调创新发展作为第一动力引领协调发展、绿色发展、开放发展、共享发展，形成“创新、协调、绿色、开放和共享”的现代发展新理念；党的十八届六中全会又提出“全面从严治党”的新部署。这些逐渐形成了“四个全面”的战略布局。

我国经济发展进入新常态是党中央在综合分析世界经济长周期和我国发展阶段性特征及其相互作用的基础上做出的重大战略研判。习近平总书记从国家战略高度对新常态的特点内涵做出精辟阐释。我们要主动适应新常态、把握新常态、引领新常态，与时俱进，抓好经济工作，推动经济持续健康发展，为实现中华民族伟大复兴奠定坚实的物质基础。

二、供给侧结构性改革的提出过程

2015 年 11 月习近平总书记在中央财经领导小组第十一次会议首次提出，着力加强供给侧结构性改革，着力提高供给体系质量和效率，增强经济持续增长动力，推动我国生产力水平实现整体跃升。2016 年 1 月在省部级主要领导干部学习贯彻党的十八届五中全会精神专题研讨班上习近平总书记对供给侧结构性改革进行详细说明：供给侧结构性改革，重点是解放和发展生产力，用改革的办法推进结构调整，减少无效和低端供给，扩大有效和中高端供给，增强供给结构对需求变化的适应性和灵活性，提高全要素生产率。2017 年 10 月党的十九大报告指出，我国经济已由高速度增长转向高质量发展阶段，必须坚持质量第一，效益优先，以供给侧结构性改革为主线，推动经济发展质量变革、效率变革、动力变革，提高全要素生产率。2018 年 12 月习近平总书记在中央经济工作会议的重要讲话中进一步强调，必须坚持以供给侧结构性改革为主线不动摇，更多采取改革的办法，更多运用市场化、法治化手段，在“巩固、增强、提升、畅通”八个字上下功夫。

从 2015 年至今，习近平总书记在多个场合多次论述过供给侧结构性改革，在经济领域主要对其背景、目的、方法、措施等方面进行了详细论述。

第二节　供给侧结构性改革的内涵

一、供给侧结构性改革的重点是解放和发展生产力

供给侧结构性改革的重点是解放和发展生产力，落实好以人民为中心的发展思想，实现生产力的整体跃升。2015 年 11 月，习近平总书记在中央财经领导小组第十一次会议上指出，“要……，着力加强供给侧结构性改革，……，增强经济持续增长动力，推动我国生产力水平实现整体跃升。”2016 年 1 月，习近平总书记在省部级主要领导干部学习贯彻党的十八届五中全会精神专题研讨班上的讲话中指出，从政治经济学的角度看，供给侧结构性改革的根本，是使我国供给能力更好满足广大人民日益增长、不断升级和个性化的物质文化和生态环境需要，从而实现社会主义生产的目的。2016 年 5 月习近平总书记在中央财经领导小组第十三次会议上指出，供给侧结构性改革的根本目的是提高供给质量满足需要，使供给能力更好满足人民日益增长的物质文化需要，这是坚持以人民为中心发展思想的必然要求。

可见，供给侧结构性改革追求的是满足人民需要，解放和发展生产力，实现生产力的整体跃升。整体跃升式的发展，实际上就是追求一种超常规发展、跨越式发展。[①]作为改革开放的总设计师，邓小平同志提出“三步走”的经济发展战略。第一步实现国民生产总值比 1980 年翻一番，解决人民温饱问题。第二步到 20 世纪末使国民生产总值再增长一倍，人

① 贾康，冯俏彬，刘薇，等. 供给侧结构性改革理论模型与实践路径［M］. 北京：企业管理出版社，2018：41.

民生活达到小康水平。第三步到21世纪中叶，人均国民生产总值达到中等发达国家水平，人民生活比较富裕，基本实现现代化。到2000年，前两步已经如期实现。但第三步横跨50年，怎么走？中央规划了几个中间节点目标，要求在2020年实现全面小康，2030年完成健康中国的任务，2035年基本实现社会现代化，到2049年把我国建设成富强、民主、文明、和谐、美丽的社会主义现代化强国，进一步细化三步走战略的第三步。供给侧结构性改革就是要在改革的关键期攻坚克难，以能够继续实现整体跃升式的超常规发展。

“坚持以人民为中心”是中国共产党的本质要求，是新时代坚持和发展中国特色社会主义的基本方略之一。十九大报告明确指出必须始终把人民利益摆在至高无上的地位。进入新时代，我国社会主要矛盾已经转化为人民日益增长的美好生活需要和不平衡不充分的发展之间的矛盾。社会矛盾的变化对供给侧结构性改革提出了更深的要求。坚持以人民为中心，推进供给侧结构性改革，把增进人民福祉，促进人的全面发展作为出发点和归宿。为中国人民谋幸福，就是中国共产党人的初心和使命，应把满足人民需求作为改革的动力，把为人民谋幸福作为检验改革成效的标准。

二、供给侧结构性改革强调“供给端”和“结构性”

需求和供给是经济生活中一对既对立又统一的概念，需求是原生动力，供给对需求的响应构成经济循环和经济生活。需求是指有支付能力的有效需求，总需求由消费、投资和净出口“三驾马车”组成。[①]目前需求侧管理理论很流行，主要是解决总量问题，一般用税收、财政支出、货币发行等手段维护宏观经济稳定。但凯恩斯主义的“三驾马车”经济增长理论带来了一系列问题，如造成产能过剩，引发通货膨胀和资产价格泡沫，带来大规模地方债务，增加银行不良资产，甚至引发金融风

---

① 李佐军．我看供给侧改革：《供给侧改革：改什么、怎么改？》前言［J］．产权导刊，2016（7）：7-11．

险等。[①]

狭义的供给是指生产者在某一时期某价格水平上愿意并且能够提供的商品或劳务，广义的供给是指所有影响生产供给的供给侧因素或供给侧力量。供给侧管理主要是解决结构性问题，通过生产结构和要素配置的调整来提高生产的质量和效率，推动经济发展。

目前我国需求总量仍然较为充足，但需求内容发生了变化，供给没有跟上变化，我国经济发展强调供给侧。2016 年习近平总书记在重庆调研时指出，当前和今后一个时期，制约我国经济发展的因素，供给和需求两侧都有，但矛盾的主要方面在供给侧。同年在省部级主要领导干部学习贯彻党的十八届五中全会精神专题研讨班上的讲话中习近平总书记指出：没有需求供给就无从实现，新的需求可以催生新的供给；没有供给，需求就无法满足，新的供给可以创造新的需求。习近平总书记对供给与需求关系进行论述表明，需求可以催生供给，供给可以创造需求。

当前进行的供给侧结构性改革，是从生产端入手，不仅仅是淘汰落后产能，而是针对经济结构性问题的深层次矛盾而推进的全方位的改革，与十八届三中全会以来的全面深化改革密切相关，其本质属性是深化改革。从“需求侧”转向“供给侧”相当于从“政府调控侧”转向“全面改革侧”。[②]

在“三期叠加”的状态下，目前我国经济发展结构性问题突出。转方式调结构要靠供给侧改革，主要在产业结构、区域结构、增长动力结构、财富分配结构、要素投入结构与排放结构等方面进行调整，复杂程度高，需对症下药。经济结构调整要从增量扩能为主转向调整存量、做优增量并举。转方式调结构是从主要依靠简单劳动、扩大投资、大量投入能源资源等转向更多依靠创新驱动发展的过程。调整经济结构，转变

① 李佐军．我看供给侧改革：《供给侧改革：改什么、怎么改？》前言［J］．产权导刊，2016（7）：7-11．

② 朱克力．供给侧改革引领“十三五”［M］．中信出版社，2016（3）：66-67．

经济发展方式，从“量的增加”转向“质的提升”，坚持质量第一，效率优先，不断增强我国经济的创新能力，为实现“两个一百年”的奋斗目标提供经济支撑。

三、供给侧结构性改革的要素

经济学意义上的要素是指经济主体在从事生产经济活动时，都会涉及的主要投入。基于经济增长理论和新供给经济学等的研究成果，将供给侧的要素抽象为劳动力、土地和资源、资本、科技创新、制度与管理五个方面。这五个基本要素在不同的发展阶段和不同时期，其作用力和影响效力各有不同。一般来说，在经济增长早期，劳动力、土地、资本是最明显、最主要的要素；在经济体进入中等收入阶段后，科技创新、制度这两个要素一般会表现出巨大的潜力以及对冲前三项要素支撑力滑坡的重要价值，甚至成为全要素生产率（TFP）的主要贡献因素。①从技术变革的角度看，还可以考虑加入“数据”和“信息”这个新兴要素。而全要素生产率是聚焦在科技和制度上的，以促进要素的升级改造。其中科学技术无论是从马克思的“革命性力量”还是到邓小平同志的“第一生产力”都是重要的要素。学者的论证是生产力传统三要素劳动力、劳动对象和劳动工具里面不是要做加法变成四要素，这个组合不是“3+1”，而科技是“乘上去”的，这个放大效应是革命性的，颠覆性创新就是这个特定要素的贡献。②

在上述要素中，制度起着决定性作用。无论是劳动力积极性和创造性的发挥、资本效率的提高，还是各要素之间的配置效率，都由制度及其环境决定。制度变革和制度创新是促进经济发展的根源性供给力量。③2017 年 10 月，党的十九大明确将要素市场化配置作为经济体制改革的

---

① 冯俏彬，贾康．我国供给侧改革的背景、理论模型与实施路径［J］．经济学动态，2017（7）：35－43．

② 贾康，欧纯智．创新制度供给：理论考察与求是探索［M］．北京：商务印书馆，2016：28．

③ 李佐军．我看供给侧改革：《供给侧改革：改什么、怎么改？》前言［J］．产权导刊，2016（7）：7－11．

两个重点之一。2019 年 10 月，党的十九届四中全会通过的《中共中央关于坚持和完善中国特色社会主义制度、推进国家治理体系和治理能力现代化若干重大问题的决定》（以下简称《决定》）对继续深化各领域各方面改革的体制机制做出明确的规定。《决定》在建立和完善社会主义基本经济制度、推动经济高质量发展方面提出的“健全劳动、资本、土地、知识、管理、数据等生产要素由市场评价贡献、按贡献决定报酬的机制”对调动各方的积极性、创新性，提高全要素生产力，不断解放和发展生产力具有重要意义。“推进要素市场制度建设，实现要素价格市场决定、流动自主有序、配置高效公平”，使得要素活力激发，进行优化组合，不断推动我国经济增长向创新驱动转化。

2020 年 4 月为落实十九届四中全会关于建立现代要素市场的指导思想，《中共中央　国务院关于构建更加完善的要素市场化配置体制机制的意见》发布。基本原则包括：市场决定；健全制度，创新监管；问题导向，分类施策。推进土地、资本要素市场化配置，引导劳动力要素合理畅通有序流动，加快发展技术要素市场，加快培育数据要素市场，加快要素价格市场化改革，健全要素市场运行机制等内容，是新时代推进经济体制改革的一项具有标志性意义的重要成果。

四、供给侧结构性改革的要点

供给管理是针对供给侧问题展开的管理。2015 年底召开的中央经济工作会议明确的“三去一降一补”的整体部署就属于供给管理的内容。去产能是淘汰钢铁、水泥、建材等重化工行业的落后产能，是供给侧改革的重中之重。去库存首先针对的是房地产行业，通过农民工市民化进程等方式扩大有效需求，通过政策性加杠杆的方法合理解决问题。去杠杆是针对我国经济多年来负债率过高、金融风险压力较大制定的，降低政府和企业的负债水平，实现经济平稳发展。降成本是针对经济下行压力及高成本的挑战，降低交易、税费、财务、电力等成本，为实体经济赢得发展空间。补短板就是在一些被忽视或滞后领域增加有效供给，如脱贫攻坚、培育新兴产业、保护与修复生态环境、深入推进公共服务、兜底社会保障等。在2018年的政府工作报告中，李克强总理将“发展壮大新动能”和“加快制造强国建设”列为供给侧改革的前两位，突出产业升级转化。

五、供给侧结构性改革的成效

从2017年到2020年李克强总理做的政府工作报告数据中可见供给侧改革的成效。2017年单位国内生产总值能耗下降5%，2019年又下降了3.1%；2017服务业增加值占国内生产总值的比重上升到51.6%；2019年增长率接近60%；高技术产额、装备制造业较快增长；科技进步贡献率在2018年由52.2%提高至57.5%，到2019年再提高至59.5%；快速崛起的新动能正在重塑经济增长格局；2020年减税降费2.36万亿元，超过原定的近2万亿元规模。在去产能方面，到2019年1月“十三五”期间压减煤炭产能5亿吨、粗钢产能1.5亿吨的目标，有望提前两年差额完成；从产能利用率来看，煤炭的产能利用率从2016年初的不到59.5%大幅提升到2019年的70.6%。在去库存方面，到2019年商品房的库存量从7.11亿平方米降到了差不多5亿平方米，下降了2亿多平方米。①在去杠杆方面，其中一项到2018年11月全国规模以上工业企业资产负债率为56.8%，同比降低0.4个百分点。在降成本方面，其中一项为进一步深化“放管服”改革，降低制度交易成本，2018年1月到11月，规模以上工业企业每百元主营业务收入中的成本同比降低0.21元，较2015年同期下降1.78元。在补短板方面，加大基础设施、脱贫攻坚、城乡统筹发展等领域的投入力度，其中脱贫攻坚取得阶段性成果，至2019年底农村贫困人口减少1109万，贫困发生率降至0.6%。②关于扩大内需方面，2019年内需对经济增长贡献率为89.0%，其中最终消费支出贡献率为

---

① 卞靖. 供给侧结构性改革的最新进展和成效[EB/OL].（2019-09-20）[2020-1-05]. http://www.71.cn/2019/0920/1059706.shtml.

② 王昌林，郭丽岩. 供给侧结构性改革三年来取得阶段性显著成效[EB/OL].（2019-01-03）[2020-08-20]. https://www.sohu.com/a/286460532_692693.

57.8%，比资本形成总额高 26.6 个百分点。[①]我国供给侧结构性改革阶段性成效显著，得到国内国际广泛认同和积极评价。但经济发展中的深层次结构性、体制性制约问题仍未得到较好的解决，深化改革仍然在路上。

小　结

本章以习近平总书记关于供给侧结构性改革的重要讲话及论述为依据，试图对供给侧结构性改革及其基本学理勾画框架性认知，重点阐明了供给侧结构性改革的提出过程、理论内容，分析了供给侧结构性改革的内涵，为普通高校竞技体育改革研究提供理论支撑。

① 供给侧结构性改革成效明显[EB/OL].（2020-03-15）[2020-8-12]. http://www.ce.cn/xwzx/gnsz/gdxw/202003/15/t20200315_34491072.shtml.

第二章　基于供给侧改革视角探析新时代“体教融合”的内涵及路径选择

2020 年 4 月中央全面深化改革委员会审议通过的《关于深化体教融合 促进青少年健康发展的意见》使得“体教融合”得到了前所未有的重视，这是体育与教育深化改革的破冰之举，也是体育与教育深度融合的顶层设计，为未来体育与教育深度融合确定航向。同年 5 月两会期间 108 名政协委员联名提案：“重新梳理制定国家教育评价体系，把体育列为中高考必考科目，激发学校、家长、学生的内生动力。”中国篮球协会主席姚明认为，将专业运动员全纳入义务教育体系；中国女排队员张常宁认为，应提高高校高水平运动员的招生比例；[①]政协委员对体教融合的思路、方法等建言献策：这些均有助于促进体育与教育系统从“结合”走向深度“融合”。本章从供给侧改革的视角对新时代“体教融合”的内涵和路径导向进行探析。

第一节　新时代“体教融合”的新共识

1985 年 12 月国家体委、国家教委在山东掖县（现莱州市）召开全国业余体育训练工作会议，研讨《关于发展业余体育训练，努力提高学

---

① 两会体育提案：体育列入中高考必考项；将专业运动员全纳入义务教育体系［EB/OL］.（2020-05-25）［2020-9-23］. https://www.sohu.com/a/397540280_357668.

校体育运动技术水平的规划（1986—2000年）》，这标志着体育与教育的合作，正式拉开“体教结合”的序幕。经过三十多年的实践，“体教结合”的制度、路径和方法不断完善。“体教结合”一方面可为竞技体育培养高质量的后备人才；另一方面以提高带动普及，提升全体学生的身体健康水平。目前“体教结合”仍然存在较多问题，基于问题倒逼的角度，“体教结合”向“体教融合”的升级转化提上日程。从“体教结合”到“体教融合”不只是从字面上理解的两者相互交融的深度问题，更是推动体育与教育全面深化改革的“关键”一招。思想是行为的先导，思想决定行为，以“体教融合”为抓手进行的体育和教育领域的改革要求解放思想先行一步。换句话说，要摆脱不利于“体教融合”的旧思想，转向有利于“体教融合”的新思想。

一、回归“大教育”“大体育”，为人的全面发展共同发力

（一）新时代完善终身教育体系需回归教育主体、回归大教育

教育是一种有目的地培养人的活动，其本质是促进人的发展。有目的地培养人是教育这一社会现象与其他社会现象的根本区别，是教育的本质特点。[①]从古希腊的和谐教育论者到近代人文主义教育家，从马克思以前的空想社会主义者到当代的人本主义心理学家，关于人的发展的问题，始终是他们思考并试图回答的问题。《礼记·学记》认为：“教也者，长善而救其失者也。”西方著名教育家裴斯泰洛齐指出，教育的目的在于发展人的一切天赋力量和能力。[②]直到今天，只有马克思在人的发展问题上第一次做出了全面的科学解释，并创立了科学的关于人的全面发展的学说。他认为共产主义是以建立在个人全面发展和他们共同的社会生产能力成为他们的社会财富这一基础上的自由个性为特征的。[③]在这里，人们既摆脱了人的依赖关系，又摆脱了物的依赖关系，个人将得到全面而

---

① 王道俊，郭文安．教育学［M］．北京：人民教育出版社，2016：16．

② 曹孚．外国教育史［M］．北京：人民教育出版社，1979：159．

③ 马克思．经济学手稿［M］//马克思，恩格斯．马克思恩格斯全集：第46卷．北京：人民出版社，1979：104．

自由的发展。[①]这为我国制定社会主义教育目标提供了理论依据。

1957年毛泽东主席在最高国务会议上指出，我国的教育方针应该使受教育者在德育、智育、体育几个方面都得到发展，成为有社会主义觉悟的有文化的劳动者，此后无论是宪法、义务教育法、教育法，还是关于中国教育改革的相关决定，都秉承这一脉络来表述我国的教育目的，重点强调培育“德、智、体、美、劳全面发展的社会主义的建设者和接班人”。2015年修订的《中华人民共和国教育法》明确规定：“教育必须为社会主义现代化建设服务、为人民服务，必须与生产劳动和社会实践相结合，培养德、智、体、美等方面全面发展的社会主义建设者和接班人。”教育目的在“人的全面发展”和“社会主义建设者和接班人”的基础上增加了“为人民服务”的要求。不仅如此，2016年习近平总书记在全国高校思想政治工作会议上强调，“我国高等教育发展方向要同我国发展的现实目标和未来方向紧密联系在一起，为人民服务，为中国共产党治国理政服务，为巩固和发展中国特色社会主义制度服务，为改革开放和社会主义现代化建设服务”[②]，将教育改革与我国统筹推进的“五位一体”总体布局和“四个全面”战略布局紧密联系在一起，以实现促进教育服务人的发展和服务社会的发展要求。

促进人的全面发展的教育目的任务，主要是在学校内完成的，构成了有目的、有计划、有组织的狭义教育的范畴。教育的总目标被划分成各级各类的专业培养目标、课程目标和教学目标，主要按照学科课程模式推进。从时间维度上，教育被划分为小学、中学和大学三个阶段，分别归属于义务教育、基础教育和高等教育；从空间维度上，教育被划分为语文、数学、英语等学科教育。按照逐渐细分的思路，各级各类教育主体各司其职，明确规定了自己的发展任务和细化目标，用以高考成绩

① 马克思，恩格斯. 德意志意识形态［M］//马克思，恩格斯. 马克思恩格斯全集：第3卷. 北京：人民出版社，1965：516.

② 习近平在全国高校思想政治工作会议上强调：把思想政治工作贯穿教育教学全过程 开创我国高等教育事业发展新局面［N］. 人民日报，2016-12-09（1）.

为主的成绩、就业率评价育人成果。这种教育模式在20世纪后半叶发挥了重要的作用，为国家培养了一批批优秀人才，推动了我国的现代化建设。

然而进入21世纪，随着信息时代的到来，互联网、大数据、云计算、深度学习等技术发展迅速，物理、数学、生物等领域跨界融合，人工智能、机器人等一系列新兴技术不断涌现。随着新的商业模式出现，生产、消费、运输和交付体系被重塑，人们的生产生活方式发生了根本性变化。这也对学校教育的教育理念、教育体系产生了革命性的影响。我国的教育不断改革。其中在高等教育领域，党的十八大提出“推动高等教育内涵式发展”；十九大提出“实现高等教育内涵式发展”。2019年中央相关文件提出高等教育要努力发展新工科、新医科、新农科、新文科。以四新为抓手，进行一场意义深远的高等教育界的质量革命。其中“六卓越一拔尖”计划2.0作为一流本科建设的中国方案，标志着中国高等教育改革逐渐成形、成熟。目前高等教育形成了产学研深度合作育人的新机制，形成了双师双能型教育队伍结构。这些改革早已超出学校的范畴，与社会紧密结合，须以一种大教育观来统领和认识。

2020年初爆发的新型冠状病毒肺炎疫情是对教育界的一个大考。学校作为人员密集的场所，是抗疫的重中之重。教育信息化改革，“线上教育，停课不停学”成为主流，MOOC平台、超星平台、腾讯会议和钉钉群等线上平台和会议室成为师生学习的主要媒介，这对学校“教师为主”“教材为主”“课堂为主”的传统教育模式提出了新挑战。这一教育形式也使学校教育、社会教育和家庭教育相结合，在空间上形成“大教育”的实践形态。

20世纪60年代，保罗·朗格朗提出了终身教育思想，短短几十年，已经在世界各国广泛传播。目前对终身教育比较普遍的看法是人们在一生中所受的各种培养的总和。它开始于生命之初，终止于生命之末，横向包括学校、家庭和社会各个不同领域所受的教育，最终目的是维持和改善个人社会生活的质量。1996年联合国教科文组织的报告《教育——

财富蕴藏其中》重申了终身教育的理念，并将学会认知、学会做事、学会共同生活和学会生存作为教育的四大支柱，为未来教育改革提供了理论基础。

21世纪以来，随着终身教育思想的发展，人的学习已从“小学”和“大学”向两端逐步推进，从婴幼儿向老年教育延伸。学习已经成为人们生活中的重要组成部分，人人学习、终身学习呼吁学习型社会的建设。党的十六大报告提出：“把建设学习型社会，促进人的全面发展，作为全面建设小康社会奋斗目标的主要内容。”党的十八大提出，完善终身教育体系，建设学习型社会。《国家中长期教育改革和发展规划纲要（2010—2020）》明确提出，到2020年“基本形成学习型社会”，为学习型社会建设指明了时间节点。习近平总书记对终身学习和学习型社会建设高度重视，指出：教育是人类传承文明和知识、培养年轻一代、创造美好生活的根本途径。科技兴国，始终把教育摆在优先发展的战略位置，不断扩大投入，努力发展全民教育、终身教育，建设学习型社会，努力让每个孩子享有受教育的机会，努力让13亿人民享有更好更公平的教育，获得发展自身、奉献社会，造福人民的能力。①构建网络化、数字化、个性化、终身化的教育体系，建设“人人皆学、处处能学、时时可学”的学习型社会，培养大批创新人才，是人类共同面临的重大课题。②2019年中共中央国务院印发的《中国教育现代化2035》明确提出推进教育现代化要更加注重全面发展，更加注重面向人人，更加注重终身学习，更加注重共建共享。从终身教育、终身学习到建设学习化社会是教育发展史上的根本变革，无论是在时间维度还是在空间维度，早已突破狭义教育的范畴，使其与社会、政治、经济、文化紧密交织在一起，使其担当着服务中华民族伟大复兴的重要使命。这种教育应回归教育主体，回归大教育，回归培养人的教育本质。

---

① 习近平主席在联合国“教育第一”全球倡议行动一周年纪念活动上发表视频贺词[N]. 人民日报，2013-09-27（3）.

② 习近平：建设“人人皆学、处处能学、时时可学”的学习型社会[EB/OL].（2015-05-23）[2020-08-10]. http://news.cnr.cn/native/gd/20150523/t20150523_518620985.shtml.

（二）体育应回归教育，回归大教育

“体育”在19世纪被传入中国，其英文名称为“physical education”和（或）“sports”。physical education是体力教育，也被称为体育教育；“sports”是指与人体发展有关的身体活动。古希腊哲学家亚里士多德在“灵魂论”中首先将教育划分成德、智、体三个组成部分。文艺复兴后英国教育家洛克将德、智、体教育体系进一步完善，在其“幸福论”中明确提出“健全的精神寓于健全的身体”；击剑和骑马是绅士教育的必备内容，是对体育的充分肯定。19世纪和20世纪欧美许多国家陆续制定相应的政府法令或通过议会立法，将体育作为各级学校的必修课程，体育成为学校教育的重要组成部分。

19世纪末严复在《原强》中首先提出德、智、体三育的教育观，认为：“今者论一国富强之效，而以其民之手足体力为之基”；康有为、梁启超也积极倡导德、智、体三育教育观，以达到自强保种，救亡图存的目的。1904年1月清政府颁布《奏定学堂章程》，正式将体操纳入学校课程体系，揭开了近代体育课程的序幕，但其内容以西方体操为主，目的是培养具有尚武精神的学生和民众。1917年毛泽东在《体育之研究》中对体育与教育的关系进行充分论述，进一步确定了体育在德育和智育中的重要作用，揭示了身体是学习知识和道德的重要载体。而关于体育“强筋骨”“增知识”“调感情”“强意志”的四大功效则成为当时学校体育的重要思想内容。1923年国民党政府在《新学制课程标准》中将“体操课”改为“体育课”，体育正式成为学校教育的组成部分。

中华人民共和国成立后，毛泽东主席提出“健康第一，学习第二”“发展体育运动，增强人民体质”，为中国体育发展指明了方向。毛泽东主席对体育的重视使得体育获得了长期稳定的快速发展。体育被划分为学校体育、群众体育（或社会体育）、竞技体育和体育产业等组成部分。

学校体育属于狭义教育的范畴，由国家教委（现教育部）和国家体委（现国家体育总局）共同管理；群众体育和竞技体育、体育产业等属于国家体委（现国家体育总局）主管。在学校教育中，体育作为五育之一，教学大纲和教科书逐渐配套，体育促进青少年健康发展的问题受到

重视。但1978年恢复高考后，受高考指挥棒的影响，体育逐渐成为“小三门”，体育教师逐渐被边缘化，体育学时经常受到挤占，体育教育效果可想而知，而大学体育则是为中小学补课，体育成为“玩”的代名词。进入21世纪，我国基础教育不断深化改革，政策向体育倾斜。季浏教授提出的“强化学校体育，促进学生身心健康”的观点也逐渐获得共识。2018年在全国教育大会上习近平总书记指出，要树立健康第一的教育理念，开齐开足体育课，帮助学生在体育锻炼中享受乐趣、增强体质、健全人格、锤炼意志。[①]“四位一体”促进学生身心健康发展观念，为学校体育发展确定方向。教育部体育卫生与艺术教育司王登峰司长认为学校体育“四位一体”的目标是针对教育的特点，特别是针对体育教育的特点而提出的，也规定了学校体育内容，要教会运动技能，勤练、常赛。[②]作为学校体育改革的试点，校园足球就是将育人作为根本，竞赛作为关键。体育要回归教育，要回归大教育，要回归培养人，促进人全面发展的本质。如果认识不到位，在中、高考中加大体育分值，有可能又成为一种新的体育的应试教育，与改革的初衷相背离。

（三）体育强国梦是中国梦的一部分，需重塑大体育观

中华人民共和国成立后，为了提高体育运动技术水平，努力攀登世界竞技体育高峰，我国发挥了社会主义集中力量办大事的制度优势，形成了“以思想一盘棋、组织一条龙、训练一贯制”“国家包办、政府部门分管、财政统包供给”为基本特征的竞技体育举国体制。[③]在这种体制保障下，经过几代运动员的努力，我国竞技体育率先获得长期稳定的快速发展。1984年许海峰在美国洛杉矶奥运会上夺得首枚奥运金牌；2008年北京奥运会中国夺得51枚金牌，位居榜首；2012年伦敦奥运会中国获得了境外参赛以来的最好成绩。田麦久教授明确提出中国竞技体育已

---

① 王恒志. 别让体育课变成体育展示课［N］. 光明日报，2018-09-17（2）.

② 王登峰. 中国学校体育正迎来前所未有的革命性变化［EB/OL］.（2015-05-23）［2019-11-28］. https://baijiahao.baidu.com/s?id=1651431461707003267&wfr=spider&for=pc.

③ 钟秉枢. 文化传承与精神永续：70年夺冠之路与国家队管理创新［J］. 天津体育学院学报，2019，34（5）：369-372.

经位列“世界第一集团”。从 1984 年到 2016 年中国奥运健儿共参加 9 届夏奥会，获得 244 枚金牌、167 枚银牌、155 枚铜牌；参加 11 届冬奥会，到 2018 年获得 13 枚金牌、28 枚银牌和 21 枚铜牌。2015 年我国成功获得 2022 年北京冬奥会的主办权，这将使北京成为奥运史上第一个既举办过夏奥会又举办过冬奥会的城市。短短二十几年，我国竞技体育实现跨越式、赶超式发展，打造了乒乓球、举重、射击等 7 大优势项目和摔跤等众多“潜优势项目”。然而，我国竞技体育在取得成绩的同时，也存在着一系列问题，如高成本投入低训练效益，夏奥项目和冬奥项目、奥运项目和非奥运项目发展失衡，竞技体育与青少年体育发展失衡，运动员就业问题，市场经济社会中职业体育发展滞后问题，竞技运动员的人才培养问题等，成为竞技体育进一步发展的“瓶颈”。

受竞技体育举国体制的影响，群众体育发展较为缓慢，北京奥运会后，才逐渐受到重视。2017 年习近平总书记指出，加快建设体育强国，就要坚持以人民为中心的思想，把人民作为发展体育事业的主体，把满足人民健身需求、促进人的全面发展作为体育工作的出发点和落脚点，落实全民健身国家战略，不断提高人民健康水平。把群众性体育纳入全运会，组织人民群众广泛参与。[①]习近平总书记的讲话表明，体育工作的本质在于增强人民健康，促进人的全面发展，打破对传统竞技体育属于高水平运动员的认知，让普通群众也参与全运会，在普及的基础上提高竞技运动水平，促使全国人民热爱体育运动、参与体育运动、发展体育运动，使竞技体育与群众体育有机统一。

竞技体育的快速发展不仅使我国从体育大国向体育强国迈进，而且一代代竞技运动员在运动场上所表现出的体育精神，更是中国精神、中华精神的重要组成部分。习近平总书记指出，加快建设体育强国，就要弘扬中华体育精神，弘扬体育道德风尚，坚定自信，奋力拼搏，提高竞技体育综合实力，更好发挥举国体制作用，把竞技体育搞得更好、

---

① 习近平会见全国体育先进单位和先进个人代表等［EB/OL］.（2017-08-27）［2019-04-05］. http://www.gov.cn/xinwen/2017-08/27/content_5220823.htm.

更高、更强，提高为国争光能力，让体育为社会提供强大正能量。加快建设体育强国，就要把握体育强国梦与中国梦息息相关的定位，把体育事业融入实现“两个一百年”奋斗目标大格局中去谋划，深化体育改革，更新体育理念，推动群众体育、竞技体育、体育产业协调发展。这种体育是“大体育”，将竞技体育、群众体育和体育产业统一发展。将体育纳入国家深化改革的大局中谋划，转型升级，协调发展，就应重塑大体育观。体育应满足于人民群众对美好生活的向往，服务于人民群众的美好生活，促进人的发展，促进社会和谐发展。2019 年国务院办公厅印发的《体育强国建设纲要》明确指出：“不断满足人民对美好生活的需要，努力将体育建设成为中华民族伟大复兴的标志性事业。”

二、大健康背景下，青少年健康问题引发高度关注

(一)“健康第一”思想与学校体育息息相关，应积极落实

健康是促进人的全面发展的必然要求，也是经济社会发展的基础条件。党和国家历来高度重视人民健康，尤其是青少年的健康。中华人民共和国成立初，我国明确了健康与学习、工作之间的关系，强调健康为首。学校体育作为教育的一个组成部分，与健康的关系更为密切，是落实“健康第一”指导思想的重要抓手。然而，随着应试教育的愈演愈烈，青少年为了学习，忽视健康发展，引发一系列问题。1993 年颁布的《中国教育改革和发展纲要》指出，中小学要由“应试教育”转向全面提高国民素质的轨道，面向全体学生，全面提高学生的思想道德、文化科学、劳动技能和身体心理素质。1999 年《中共中央国务院关于深化教育改革，全面推进素质教育的决定》提出：“学校教育要树立健康第一的指导思想，切实加强体育工作，使学生掌握基本的运动技能，养成坚持锻炼身体的良好习惯。”[①]20 世纪末我国的教育从应试教育逐渐转向素质教育，而发展素质教育使得体育在促进学生身心健康方面的作

---

① 中共中央国务院发布《关于深化教育改革全面推进素质教育的决定》[J]. 高教与经济，1999（3）：3-5.

用逐渐显现并受到重视。

2001年颁布的《国务院关于基础教育改革与发展的决定》就深化教育教学改革、扎实推进素质教育指出：“贯彻‘健康第一’的思想，切实提高学生体质和健康水平。增加体育课时并保证学生每天参加一小时体育活动。”①该决定明确了贯彻“健康第一”的基本途径是保证学生每天参加一小时的体育活动。每天参加一小时体育活动成为评价的重要指标。然而，青少年体质健康状况从1985年开始持续下降的状况仍未得到改变。2007年颁布的《中共中央国务院关于加强青少年体育增强青少年体质的意见》提出“认真落实健康第一的指导思想，把增强学生体质作为学校教育的基本目标之一”②，并提出全面实施《国家学生体质健康标准》，广泛开展“全国亿万学生阳光体育运动”“确保学生每天锻炼一小时”“举办多层次多形式的学生体育运动会”等措施，以增强学生体质、促进学生健康。2010年《国家中长期教育改革和发展规划纲要（2010—2020年）》提出，“加强体育，牢固树立健康第一思想，确保学生体育课程和课外活动时间”。③为认真落实党中央的要求，2011年教育部印发的《切实保证中小学生每天一小时校园体育活动的规定》指出，严格执行国家关于保证中小学生每天一小时校园体育活动的规定，建立保证学生每天一小时校园体育活动的有效工作机制。保证每天一小时校园体育活动是国家对学校教育的基本要求，以促进学生健康成长。在国家的高度重视下，2014年全国学生体质健康调研结果显示学生的身体、体重、胸围等发育水平继续提高；肺活量继2010年出现上升拐点后继续呈现上升趋势；虽然中小学生的速度、耐力、力量、柔韧等身体素质呈现稳中向好趋势，④但大学生的速度、爆发力、耐力等素质继续呈现下降趋势；视力不良检出率仍然居高不下，并继

---

① 国务院关于基础教育改革与发展的决定［J］. 中国民族教育，2001（4）：4-9.

② 中共中央国务院关于加强青少年体育增强青少年体质的意见［A］. 2007-05-07.

③ 国家中长期教育改革和发展规划纲要工作小组办公室. 国家中长期教育改革和发展规划纲要（2010—2020年）［M］. 北京：人民出版社，2010.

④ 国家体育总局. 2014年全国学生体质健康调研结果［J］. 中国学校卫生，2015，36（12）：4.

续呈现低龄化倾向；各年龄阶段的学生肥胖检出率持续上升。[①]学生体质下降问题仍未得到有效解决。2016年《国务院办公厅关于强化学校体育促进学生身心健康全面发展的意见》提出："以'天天锻炼、健康成长、终身受益'为目标，改革创新体制机制，全面提升体育教育质量，健全学生人格，切实发挥体育在培育和践行社会主义核心价值观、推进素质教育中的综合作用，培养德智体全面发展的社会主义建设者和接班人""研究制定运动项目教学指南，让学生熟练掌握一至两项运动技能，逐步形成'一校一品''一校多品'教学模式，努力提高体育教学质量"。学校体育将从体育课时和校园体育活动时间等指标数量的增加转向"运动技能的掌握水平"等质量的提高，促使学生养成锻炼的习惯，形成终身体育意识。2020年7月中央全面深化改革委员会第十四次会议审议通过《深化新时代教育评价改革总体方案》指出"改进结果评价，强化过程评价，探索增值评价，健全综合评价"，切实破除"五唯"顽瘴痼疾，建立新的评价制度和机制。尤其是对应试教育结果评价进行改革，将过程性评价、增值评价和综合评价相结合，这为学校体育改革提供了契机和政策红利。

"健康第一"的教育思想，与学校体育密切相关。学校体育应在促进学生身心健康发展中体现其责任担当和功效，进一步夯实其在学校"五育"中的地位。

（二）人民健康上升为国家战略，青少年健康行动进一步细化

习近平总书记高度重视人民健康，提出："没有全民健康，就没有全面小康"的重要论断，把人民健康摆在优先发展的战略地位，积极推进健康中国建设。2016年中共中央国务院印发的《"健康中国2030"规划纲要》指出"以提高人民健康水平为核心，以体制机制改革创新为动力，以普及健康生活、优化健康服务、完善健康保障、建设健康环境、发展健康产业为重点，把健康融入所有政策，加快转变健康领域发展方式，

---

① 国家体育总局．2014年全国学生体质健康调研结果［J］．中国学校卫生，2015，36（12）：4．

全方位、全周期维护和保障人民健康，大幅提高健康水平”，[①]采用共享共建的路径，从供给侧和需求侧两端发力，统筹社会、行业和个人层面，形成维护和促进健康的合力。《“健康中国 2030”规划纲要》是中华人民共和国成立以来我国首次在国家层面提出的健康领域中长期战略规划。2019 年国务院印发《国务院关于实施健康中国行动的意见》，以《健康中国行动（2019—2030 年）》为行动纲领，细化落实《“健康中国 2030”规划纲要》的相关部署，围绕疾病预防和健康促进两大核心，提出将开展 15 个重大专项行动。

2020 年新型冠状病毒肺炎疫情暴发以来，习近平总书记亲自部署，反复强调“始终把人民群众生命安全和身体健康放在第一位”。在疫情迅速蔓延，防控工作面临严重挑战的重要关头，习近平总书记在 2020 年 1 月 25 日的中央政治局常委会议中强调：“生命重于泰山。疫情就是命令，防控就是责任。”[②]这为我国防疫工作指明方向，既采取最全面、最严格、最彻底的防控举措，坚决遏制疫情扩散蔓延势头。我国防疫工作交出的满意答卷与中央的正确部署和全国人民的努力，尤其是医护人员的责任和担当精神息息相关。习近平总书记时刻关注国内外疫情形式，高度重视抗疫的国际合作，2020 年 3 月在二十国集团领导人峰会上，他呼吁：“当前，国际社会最需要的是坚定信心、齐心协力、团结应对，全面加强国际合作，凝聚起战胜疫情强大合力，携手赢得这场人类同重大传染性疾病的斗争。”[③]在全球抗疫的斗争中中国以“守望相助，同舟共济”“团结合作是最有利的武器”为理念，在构建人类命运共同体中体现作为与担当。

健康中国战略要全方位、全周期维护和保障人民健康，学校教育是

---

① 中共中央，国务院．“健康中国 2030”规划纲要［A/OL］.（2016－10－25）［2019－12－12］. http://www.gov.cn/xinwen/2016-10/25/content_5124174.htm.

② 研究新型冠状病毒感染的肺炎疫情防控工作［N］. 人民日报，2020－01－26（1）.

③ 新华社．书写共建人类命运共同体的战“疫”篇章：记习近平主席推动新冠肺炎疫情防控国际合作［EB/OL］.（2020－04－05）［2020－06－05］. http://www.gov.cn/xinwen/2020-04/05/content_5499261.htm.

其中的一个组成部分。《"健康中国2030"规划纲要》提出："把健康教育作为所有教育阶段素质教育的重要内容。以中小学为重点，建立学校健康教育推进机制。"[①]健康教育作为素质教育的重要内容，其推进与学校体育紧密相连。在21世纪初，基础教育课程改革将原先的"体育课"改为"体育与健康课"，并颁布中小学《体育与健康课程标准》，这不仅是课程名称的变化，更是将健康教育的责任更多地放在学校体育中落实。健康中国战略中健康教育任务的落实，学校体育责无旁贷。2019年健康中国行动推进委员会印发的《健康中国行动（2019—2030 年）》提出15项重大行动，"中小学健康促进行动"就是其中之一。《健康中国行动（2019—2030年）》明确指出"中小学健康促进行动"的目标为"到2022年和2030年，国家学生体质健康标准达标优良率分别达到50%及以上和60%及以上；全国儿童青少年总体近视率力争每年降低 0.5 个百分点以上和新发近视率明显下降；小学生近视率下降到 38%以下；符合要求的中小学体育与健康课程开课率达到100%；中小学生每天校内体育活动时间不少于1小时；学校眼保健操普及率达到 100%"。[②]在管理上，"将学生体质健康情况纳入对学校绩效考核，与学校负责人奖惩挂钩，将高中体育科目纳入高中学业水平测试或高考综合评价体系；鼓励高校探索在特殊类型招生中增设体育科目测试"，同时，"学校鼓励引导学生达到《国家学生体质健康标准》良好及以上水平"。[③]将学生体质健康状况纳入学校负责人的绩效考核，在高考综合评价体系中加入高中体育科目，用"指挥棒"促进学生的健康发展等，这些均使健康中国的战略规划在学校教育中得到进一步细化和落实。

2016年国务院印发的《全民健身计划（2016—2020年）》指出："以增强人民体质、提高健康水平为根本目标，以满足人民群众日益增长的多元化体育健身需求为出发点和落脚点，坚持以人为本，改革创新、依

---

① 中共中央，国务院．"健康中国2030"规划纲要［A/OL］.（2016-10-25）［2019-12-12］. http://www.gov.cn/xinwen/2016-10/25/content_5124174.htm.

② 健康中国行动推进委员会．健康中国行动（2019—2030年）［A/OL］.（2019-07-09）［2020-1-12］. http://www.gov.cn/xinwen/2019-07/15/content_5409694.htm.

③ 同上.

法治体、确保基本、多元互促、注重实效的工作原则，通过立体构建、整合推进、动态实施，统筹建设全民健身公共服务体系和产业链、生态圈，提升全民健身现代治理能力。”①该计划是从国家层面提出的近五年关于全民健身的战略规划，将青少年作为实施全民健身计划的重点人群，旨在全面实施青少年体育活动促进计划，通过积极创造青少年体育品牌活动等增强学生体质，促进学生健康。2017 年体育总局、教育部、中央文明办等联合印发的《青少年体育活动促进计划》提出，体育课时切实保障，每天锻炼 1 小时严格落实，课外体育活动广泛开展，青少年体育技能培训质量与效益持续提升，基本实现青少年熟练掌握 1 项运动技能，学生体质健康标准优良率达到 25%以上。《全民健身计划（2016—2020 年）》对青少年健康发展目标进一步进行了细化和规划。2019 年国务院办公厅印发的《体育强国建设纲要》提出，落实全民健身国家战略，助力健康中国建设。到 2035 年青少年体育服务体系更加健全，身体素养显著提升，健康状况明显改善。②“青少年体育发展促进工程”作为《体育强国建设纲要》的九大工程之一，从青少年体育赛事活动、竞技体育后备人才培养等方面为青少年健康发展发力。

2015 年国务院办公厅印发的《中国足球改革发展总体方案》提出，把校园足球作为扩大足球人口规模、夯实足球人才根基、提高学生综合素质、促进青少年健康成长的基础性工程，增强家长、社会的认同和支持，让更多青少年学生热爱足球、享受足球，使参与足球运动成为体验、适应社会规则和道德规范的有效途径。③校园足球的功能定位为促进青少年健康成长，使青少年热爱足球、享受足球。2019 年发布的《国务院办公厅关于促进全民健身和体育消费推动体育产业高质量发展的意见》将

---

① 国务院．全民健身计划（2016—2020 年）[A/OL]．（2016-06-23）[2019-11-21]．http://www.gov.cn/zhengce/content/2016-06/23/content_5084564.htm.

② 国务院办公厅．体育强国建设纲要[A/OL]．（2019-09-02）[2019-11-21]．http://www.gov.cn/zhengce/content/2019-09/02/content_5426485.htm.

③ 国务院办公厅．中国足球改革发展总体方案 [A/OL]．（2015-03-16）[2019-11-21]．http://www.gov.cn/gongbao/content/2015/content_2838167.htm.

全民健身与体育产业发展统筹规划，提出：“探索实行学生运动技能标准达标评定制度，推动每名学生熟练掌握至少 1 项终身受益的运动技能。广泛开展各级学校体育联赛。”[①]该文件旨在通过建立学生运动技能标准达标评定制度，培养学生的健身技能，增强体育消费黏性，激活健身培训市场。

综上所述，在国家层面提出的健康战略将“青少年健康促进行动”作为 15 项专项行动之一；体育强国战略将“青少年体育发展促进工程”作为九大重要工程之一；足球战略将“校园足球”作为青少年健康成长的基础工程；体育产业将探索实行运动技能标准达标评定制度。这些都将青少年作为健康促进的重点人群，通过具体行动计划、具体指标，促进青少年的健康发展，为“少年强则国强”筑基。

（三）“竞技运动”回归“sports”“身体素养”成为新理念

1. 竞技运动与游戏一脉相承，对青少年有很强的吸引力

“竞技运动”的概念在我国出现于 20 世纪 70 年代末。1979 年有学者提出，竞技体育是“研究如何加强运动训练的科学性，探索运动训练的客观规律，不断提高各项运动技术水平和成绩，攀登世界运动技术高峰，创造世界纪录，夺取比赛优胜的一个体育分支”。[②]此后，关于竞技运动的定义基本沿着这一思路延续下来。田麦久教授认为，竞技体育是体育的重要组成部分，是以体育竞赛为主要特征，以创造优异成绩、夺取比赛优胜为主要目标的社会体育活动。[③]即竞技运动是高水平运动员参与的竞技比赛。任海教授认为，在我国竞技运动是指运动精英或未来的运动精英们参与的高水平的竞技比赛，这相当于国外学界所说的“精英

---

① 国务院办公厅关于促进全民健身和体育消费推动体育产业高质量发展的意见［A/OL］.（2019-09-17）［2019-12-30］. http://www.gov.cn/zhengce/content/2019-09/17/content_5430555.htm.

② 颜天民. 竞技体育的意义：价值理论研究探微［M］. 北京：北京体育大学出版社，2003：65.

③ 全国体育院校教材委员会. 运动训练学［M］. 北京：人民体育出版社，2000：1.

运动”（elite sports）或“高水平竞技运动”（high performance sports）。[①] 将“精英运动”理解为“竞技运动”，使竞技运动在树立国家形象、增强民族凝聚力等方面发挥了重要的作用，但也使得“竞技运动”缺少了学校教育的根基，缺少了青少年的参与和热爱。

1969年美国著名体育社会学者洛伊（John Loy）认为：竞技运动是游戏的一种特殊形态，就活动本身而言，它是需要技能、谋略和运气，依靠体能进行的竞争性的玩耍；在组织层面上，它是制度化的游戏，涉及组织、技术、符号和教育诸维度；在社会管理层面上，它是一种社会设置，参与各方在竞技运动中有一定的秩序；在社会参与层面上，它是一种社会场景，各方在不同的场景中参与的程度与方式各有不同。国外学界大多将“竞技运动”置于玩耍、游戏的框架中讨论，按照play-game-sport的逻辑展开，与玩耍、游戏一脉相承，是玩耍、游戏在制度维度和组织维度上的延展。[②]竞技运动的游戏本质吸引青少年的参与，在参与中激发他们的潜能，使他们“更快、更高、更强”。皮埃尔·德·顾拜旦正是从英国教育家阿诺德在拉格比公学推行的“竞技运动自治”中获得灵感而创立现代奥运会的，旨在将体育运动与文化教育相结合，并在一种寻求相互了解、友善待人、团结和公平竞争的奥林匹克精神的指导下让人们参与没有任何歧视的体育运动，对青年进行教育。

任海教授认为，将竞技运动定义为精英运动，变大众参与为小众参与，便切断了它与广大青少年联系的纽带，使绝大多数青少年失去原本属于他们的活动领地。[③]竞技运动固有的游戏属性与青少年爱“玩”的天性有着本质的联系。在竞技运动中，青少年不仅能获得运动技能，锻炼身体，还能产生强烈而深刻的情绪、情感，培养坚定的意志及努力拼搏

① 任海.“竞技运动”还是“精英运动”？：对我国“竞技运动”概念的质疑［J］. 南京体育学院学报（社会科学版），2011，25（6）：1-6.

② LOY J W. The Nature of Sport：A definitional effort［M］// Loy J W，Kenyon G S. Sport，culture and society. New York：The MacMillan，1969：56-71.

③ 任海.“竞技运动”还是“精英运动”？：对我国“竞技运动”概念的质疑［J］. 南京体育学院学报（社会科学版），2011，25（6）：1-6.

的精神，不断完善人格。任海教授认为，一个在运动场上沉浸于竞技运动的青少年，其体质自然也是强健的，从这个意义上讲，健康是青少年参与竞技运动的副产品。[①]因此可见，竞技运动不仅是高水平运动员获得优异运动成绩为国争光的精英运动，更是青少年玩耍、比赛的身体活动。青少年在参与过程中对竞技运动产生由衷的喜爱和依恋，逐渐养成锻炼的习惯，为终身体育奠定基础。任海教授在2011年对“竞技运动”概念认知的转变，在我国体育界引发共识，尤其对理论研究者和体育管理者产生了很大的影响。

对“竞技运动”这一概念认知的变化在校园足球改革中表现明显。教育部体育卫生与艺术教育司王登峰司长认为，学校体育改革的目标在于使增强人民体质和提高中国体育竞技水平在学校体育里实现完美结合。他指出每个学生都健康了，全民健身就实现了。每个学生都掌握了至少一项运动技能，而我们又有常规的、经常性的赛事，优秀运动员脱颖而出一定是井喷式的，中国竞技体育水平一定会提高。这种改革的愿景在“校园足球改革”中已经初现端倪。校园足球的发展经验就是要教会运动技能，勤练、常赛。截至2019年底校园足球特色学校达到了2.7万所，早已超过原先2万所的计划。学生体质健康测试数据表明，校园足球特色校的学生比非体育项目特色校的学生体质健康水平更高；[②]通过组织校内联赛，每个年级的最佳人选组成校队，小学、初中、高中共13个组别，各省13个组别的最佳阵容进入夏令营分区赛，从夏令营分区赛的最佳球队中产生全国最佳阵容。从2014年到2019年底入选全国夏令营总营的小学、初中和高中最佳阵容已经达到800多人，其中130多人进入国内俱乐部梯队，还有30人进入国外俱乐部。[③]学校体育以校园足球

---

① 任海．“竞技运动”还是“精英运动”？：对我国“竞技运动”概念的质疑［J］．南京体育学院学报（社会科学版），2011，25（6）：1-6．

② 王登峰．用“433”蹚出一条中国学校体育改革发展新路［EB/OL］．（2019-07-24）［2019-08-10］．http://sports.sina.com.cn/china/other/2019-07-24/doc-ihytcerm5852425.shtml．

③ 王登峰在2019—2020全国青少年校园足球联赛工作会议上的讲话［EB/OL］．（2019-09-24）［2019-9-25］．http://sports.people.com.cn/n1/2019/1118/c430004-31460869.html．

为试点，以青少年健康为出发点，以培养高水平足球运动员为目标，不断深化改革，取得了较好的成绩。

2. 以“身体素养”新理念引领体育改革

近年来，“身体素养”一词在国际体育界引发热议，其理念已经被越来越多的西方国家所接受并付诸实践。2010 年《关于体育教育的国际立场声明》指出：“身体素养是体育教育的结果，是青少年全面发展和取得成就必不可少的基础。”2015 年联合国教科文组织重新修订的《国际体育教育、体育活动和体育运动宪章》将“身体素养”作为体育目的之一。身体素养以“具身认知”观作为理论基础，强调身心一元、主客一体。目前对“身体素养”的界定最有代表性的当属英国学者怀特黑德（M. Whitehead）的定义，即身体素养是为了生活而重视并承担参与身体活动的责任所需要的动机、信心、身体能力及知识与理解。[①]“身体素养”的建立是一个动态过程，贯穿于整个生命过程中，被称为“身体素养之旅”。“身体素养”理念的提出是对“终身体育”理念的完善和补充。“身体素养”进入学校，与学校体育相融合。2015 年联合国教科文组织发布的《高质量的体育教育——决策者指南》指出：整个中小学体育课程应保持的一个重要特性就是促进身体素养提升。[②]另外，“身体素养”颠覆了传统的“群众体育—竞技体育—高水平竞技体育这种宝塔式发展的认知模式，以矩形取代宝塔结构，并位于基础层面。在这一结构中娱乐体育与精英竞技不是基础与高端的关系，而是横向包容的关系（图 2-1）。这一理念为人们的体育参与提供了无限的可能，促进人们充分挖掘潜能，体验运动乐趣，养成终身体育的行为和习惯。“身体素养”理念的重要意义及其对社会生活的深远影响为今后的体育改革指明方向并已经进入《体育强国建设纲要》中。任海教授认为：接受教育，扫除“文盲”，让人们走出文化愚昧状态；而培养身体素养，扫除“体盲”，让人们走出身体愚昧状态，

---

① WHITEHEAD M. Physical literacy across the world［M］. London：Routledge，2019：8.

② McLennan N，THOMPSON J. Quality Physical Education—Guidelines for Policy-Makers［M］. Paris：UNESCO，2015.

这是当今各国体育义不容辞的使命。[①]这一新的使命不仅推动了学校体育、群众体育和高水平竞技体育等体育实践层面的改革，也推动了体育理论、体制机制、支撑系统等观念和制度层面的改革。更为重要的是，它为体育各领域的改革与发展确立了一个整体性的方向。

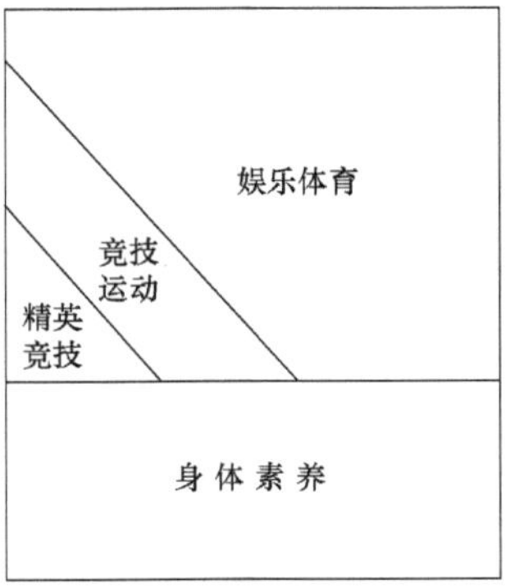

图 2-1　大众体育－终身娱乐模式

三、顶层规划，协同发力是大势所趋

在中国经济社会发展新阶段的“问题导向”下，为克服发展的不协调和结构性失衡弊端，追求可持续发展，政府牵头提供的“通盘规划”的供给，是供给管理的重要内容。供给管理是作为与经济学理论框架中的“需求管理”相对应的概念而被提出来的，“合乎逻辑地强调在供给侧机制中多样化而理想的政府作为，特别注重与政府产业政策、区域政策相关联的结构优化，强调增加有效供给的宏观调控”。[②]顶层规划关系到伟大战略目标的实现，具体内容涉及土地开发利用、生态环境、文教卫体、交通、市政等方面，由政府牵头形成高水平的、经得起检验的解决方案。中国实行的“大部制”和“扁平化”改革就是通过“顶层设计”打开行政审批制度结节，达到“多规合一”的目的的。顶层规划是政府综合各个维度需要覆盖的一切相关因素，打通各项的逻辑联系，从供给

① 任海. 身体素养：一个统领当代体育改革与发展的理念［J］. 体育科学，2018，38（3）：3-11.

② 贾康，苏京春. 新供给经济学［M］. 太原：山西经济出版社，2015：66.

侧优化视角搭建全局长远的系统化框架。

无论是伦敦泰晤士河的治理还是奥斯曼的巴黎规划都是由政府牵头形成规划后予以实施而成功的。与西方发达国家相比，中国经济实现追赶一赶超，在社会主义市场经济体制中将“市场”的作用由“基础性”升级为“决定性”，势必将供给优化中的顶层规划推上重要位置，也势必将规划的供给主体确定为政府。在房地产领域，政府主导的规划“先行”已经获得了一些成功经验。顶层规划是市场失灵领域的供给，这一失灵绝非表现在需求侧无力，而是基于土地的自然垄断和不动产布局调整的极高成本而无法形成供给的回应机制及其优化结果，表现为结构性问题的瓶颈制约，因而十分有必要由政府进行针对性的供给管理来统筹协调。[①]顶层规划是经济社会高速发展过程中，为避免产生“试错—改错”巨大社会成本的有效手段，应该在法治框架下行使权力。一次顶层规划不可能解决中国经济社会发展中出现的所有矛盾和问题，应有多轮顶层规划，逐步落实，但在每一轮的顶层规划中要锁定主要问题和主要矛盾。顶层规划将经济增长的要素如土地、劳动力、资本、科技和制度，以及其制约因素全部纳入系统考虑，通过理性的供给管理实现结构优化，激发经济活力。在顶层规划及其全面配套改革中，更多依靠市场力量对经济结构进行调整，从而合理地运用市场和政府力量的结合，顺利实现向高水平“升级版”经济增长方式和可持续增长路径转变。[②]另外，在密切联系实际中，有必要将制度供给纳入“新供给经济学”的理论框架中，针对中国改革深水区重大的现实问题寻求解决之道。[③]

在对顶层规划的性质、内涵及其内容进行分析的基础上，下面重点从制度或政策供给中寻找教育和体育领域中关于“体教融合”的解决办法。在体育领域中，国务院在 2007 年颁布的《中共中央国务院关于加强青少年体育增强青少年体质的意见》（又称“中共中央 7 号文件”），针对

① 贾康，冯俏彬，刘薇，等．供给侧结构性改革理论模型与实践路径［M］．北京：企业管理出版社，2018：213－214．

② 同上．

③ 同上．

青少年的健康问题，提出顶层设计和规划。之后，国务院或国务院办公厅陆续颁布相关政策文件，对体育领域的发展规划进行顶层设计。2015年颁布的《中国足球改革发展总体方案》提出“校园足球工程”促进青少年健康成长；2016年颁布的《全民健身计划（2016—2020年）》将青少年作为“重点人群”，提出“青少年体育活动促进计划”和“创造青少年体育品牌活动”，促进青少年身心强健；2019年颁布的《国务院办公厅关于促进全民健身和体育消费推动体育产业高质量发展的意见》指出，探索实行学生运动技能达标评定制度，推动每名学生至少掌握一项运动技能，为青少年运动技能掌握提供标准；2019年《体育强国建设纲要》提出“青少年体育发展促进工程”为青少年健康发展明确方向。中国高层对竞技体育、群众体育和体育产业发展做出了明确的顶层规划，为其各自领域的发展指明方向。但在体育领域，无论是竞技体育、群众体育还是体育产业的发展都十分重视青少年的健康问题，各自针对其特点展开顶层设计和规划。

在教育领域，国务院从20世纪末至今已经进行了多轮顶层规划。1999年针对应试教育的问题，《中共中央国务院关于深化教育改革，全面推进素质教育的决定》提出要发展素质教育，“学校教育要树立健康第一指导思想”；2001年印发的《国务院关于基础教育改革与发展的决定》提出，扎实推进素质教育，贯彻“健康第一”的思想，增加体育课时并保证学生每天参加一小时体育活动。在2018年全国教育大会上，习近平总书记针对体育教育提出，要树立健康第一的教育理念，开齐开足体育课，帮助学生在体育锻炼中享受乐趣、增强体质、健全人格、锤炼意志。2019年印发的《中国教育现代化2035》提出，增强综合素质，树立健康第一的教育理念，全面强化学校体育工作。[①]在教育领域，中共中央始终坚持“健康第一”的指导思想，将促进学生健康的主要任务作为学校体育的重中之重，体现体育作为“五育”之一的重要性，并提出具体的促

① 中共中央，国务院．中国教育现代化2035［A/OL］．（2019-02-23）［2019-06-05］．http://www.gov.cn/zhengce/2019-02/23/content_5367987.htm．

进学生健康的措施，如学生每天参加一小时的体育活动等。

随着人民健康越来越受到重视，健康领域的顶层设计不断完善，以2016年国务院印发的《“健康中国2030”规划纲要》为代表，提出把“健康教育作为所有教育阶段素质教育的重要内容”。在细化落实健康中国战略的过程中，《健康中国行动（2019—2030年）》提出“中小学健康促进行动”，并且《国家学生体质健康标准》提出了明确的健康指标。

国家对青年高度重视，针对14～35周岁的青年发展提出了战略性规划——《中长期青年发展规划（2016—2025年）》（以下简称《规划》）。《规划》提出，“持续提升青年营养健康水平和体质健康水平，青年体质达标率不低于90%”“引导高校学生‘走下网络、走出宿舍、走向操场’，养成健康文明的生活习惯”，并利用《国家体育锻炼标准》和《国家学生体质健康标准》对学校体育中强化体质健康指标进行硬性约束（表2–1）。

关于促进青少年健康发展的顶层设计，2007年颁布的“中共中央7号文件”具有针对性；2016印发的《国务院办公厅关于强化学校体育促进学生身心健康全面发展的意见》，提出更明确的、更具有针对性的指导方向；在体育领域、教育领域和健康领域近年来的顶层规划都对这一内容进行了简述，从不同侧面提出发展方向，共同为青少年的健康发展发力。2020年中央全面深化改革委员会第十三次会议审议通过的《关于深化体教融合 促进青少年健康发展的意见》，给予了“体教融合”前所未有的重视，从青少年健康和体育后备人才培养等方面对体育与教育深化改革破冰。这也是体育与教育深度融合的又一次顶层设计，为未来体育与教育的深度融合确定了方向。

表2–1 近年来我国颁布的促进青少年发展的相关政策、法规

时间	文件名称	相关条文/目标
1999年6月	《中共中央国务院关于深化教育改革，全面推进素质教育的决定》	针对应试教育的问题，提出要发展素质教育，学校教育要树立健康第一指导思想
2001年5月	《国务院关于基础教育改革与发展的决定》	扎实推进素质教育，贯彻“健康第一”的思想，增加体育课时并保证学生每天参加一小时体育活动

续表

时间	文件名称	相关条文/目标
2007年5月	《中共中央国务院关于加强青少年体育增强青少年体质的意见》	针对青少年的健康问题，提出顶层设计和规划
2015年3月	《中国足球改革发展总体方案》	提出“校园足球工程”促进青少年健康成长
2016年5月	《国务院办公厅关于强化学校体育促进学生身心健康全面发展的意见》	体育教学要加强健康知识教育，注重运动技能学习，保证每个学生接受体育教育的权利
2016年6月	《全民健身计划（2016—2020年）》	将青少年作为重点人群，提出“青少年体育活动促进计划”和“创造青少年体育品牌活动”，促进青少年身心强健
2016年10月	《“健康中国 2030”规划纲要》	将健康教育作为素质教育的重要内容，细化落实健康中国战略
2017年4月	《中长期青年发展规划（2016—2025年）》	青年体质健康提升工程和青年文化精品工程
2017年11月	《青少年体育活动促进计划》	广泛开展青少年体育活动和竞赛，提高学校体育活动质量，大力发展青少年足球运动，推动青少年冰雪运动的普及与提高，促进民族传统体育项目在青少年中的推广与普及；强化对青少年运动技能培训，建立青少年运动技能等级评定标准，加强对青少年的体育文化教育等
2019年2月	《中国教育现代化 2035》	增强综合素质，树立健康第一的教育理念，全面强化学校体育工作；提出具体的促进学生健康的措施，如学生每天参加一小时的体育活动
2019年7月	《健康中国行动（2019—2030年）》	中小学生正处于生长发育的关键阶段，实施“符合要求的中小学体育与健康课程开课率达到 100%”“每天校内体育活动时间不少于 1 小时”等中小学健康促进行动，并在《国家学生体质健康标准》中提出明确的健康指标
2019年9月	《体育强国建设纲要》	“青少年体育发展促进工程”为青少年健康发展明确方向
2019年9月	《国务院办公厅关于促进全民健身和体育消费推动体育产业高质量发展的意见》	探索实行学生运动技能标准达标评定制度，推动每名学生掌握至少一项终身受益的运动技能，引进专业教练员、退役运动员、体育培训机构等为学校体育课外训练和竞赛提供指导等
2020年9月	《关于深化体教融合 促进青少年健康发展的意见》	树立健康第一的教育理念，推动青少年文化学习和体育锻炼协调发展，加强学校体育工作，完善青少年体育赛事体系
2020年10月	《深化新时代教育评价改革总体方案》	针对不同主体和不同学段、不同类型教育特点，改进结果评价，强化过程评价，探索增值评价，健全综合评价

第二节 “体教融合”供给侧改革

在经济领域进行的供给侧结构性改革，不仅是淘汰落后产能，使供给结构与需求结构对等，而且是针对造成经济领域结构性问题的深层次矛盾所推进的全方位的改革，即全面改革，其改革内容可分为针对主体的改革、针对要素的改革、针对结构的改革。“供给侧”的“三大发动机”，即制度变革、结构优化和要素升级，能够拉动经济增长。①按照经济领域中供给侧改革的内容，本节尝试对“体教融合”的主体、要素、结构、制度、创新进行探讨。

一、“体教融合”的多元主体协调共生

“体教融合”，顾名思义，就是体育系统和教育系统从分离状态达到结合状态，再到融合状态的更新的组织形态，是体育和教育两个系统协调发展的“升级版”，其原生主体就是体育部门和教育部门。本章第一节对文件、政策的分析表明，以国务院及国务院办公厅为首的政府部门对青少年的健康发展、竞技体育后备人才的培养给予了高度重视并对其发展方向进行了定位，因而政府部门也是“体教融合”的一大主体。同时，“体教融合”不仅涉及政府部门、体育部门、教育部门，而且在社会主义市场经济中社会相关组织也介入其中，共同为青少年健康发展发力，从而构成了“体教融合”的多元主体。

（一）政府部门做好顶层规划，协调各方，积极落实

政府部门包括中央及省、市、县各级人民政府，拥有管理体育、教育的决策、监督和评价权利，教育改革、体育改革要与政府改革的步骤一致，适应政府主导的国家社会改革需要。一些政策文件明确提出教育改革、体育改革要适应政府管理体制。如《国家中长期教育改革和发展

① 李佐军．供给侧改革：改什么、怎么改？［M］．北京：机械工业出版社，2016：89．

规划纲要（2010—2020 年）》提出：“适应国家行政管理体制改革要求，明确政府管理权限和职责，明确各级各类学校办学权利和责任。”[①]《体育强国建设纲要》提出：“合理划分地方各级政府在体育领域的财政事权和支出责任，明确地方主体责任。加大政府性基金与一般公共预算的统筹力度。”[②]

在体育和教育领域，政府部门提供顶层规划，协调各方，积极落实。《中国教育现代化 2035》提出：“……加强党对教育工作的全面领导。各级党委要把教育改革发展纳入议事日程，协调动员各方面力量共同推进教育现代化。”[③]《体育强国建设纲要》明确体育、发展改革、财政、税务等部门和单位要建立目标任务分解考核和动态调整机制，确保体育强国建设目标如期实现。这些要求说明，体育强国、教育强国建设和其他强国建设密切相关，强调了体育部门、教育部门与相关部门和单位要协同发力，积极落实。

（二）体育部门深化“放管服”改革

国家体育总局及各省市体育局是体育的主要管理部门。国家体育总局是体育管理的最高组织机构，1998 年由 1952 年成立的中央人民政府体育运动委员会改组成立，主要职责是大力发展竞技体育，普及群众体育，推动我国体育事业的蓬勃发展。国家体育总局由办公厅、政策法规司、群众体育司、竞技体育司、青少年体育司等部门组成，并下设运动项目管理中心以及各省市体育局。长期以来我国体育管理受特殊国情的影响实行的是举全国之力发展竞技运动的举国体制。竞技体育实行以国家队为龙头，以省级专业队为中坚，以地、市、县业余体校为支撑，以奥运会、亚运会等国际、国内重大体育比赛为标杆，举全国之力，为国

---

① 国家中长期教育改革和发展规划纲要工作小组办公室. 国家中长期教育改革和发展规划纲要（2010—2020 年）[M]. 北京：人民出版社，2010.

② 国务院办公厅. 体育强国建设纲要[A/OL].（2019-09-02）[2019-11-21]. http://www.gov.cn/zhengce/content/2019-09/02/content_5426485.htm.

③ 中共中央，国务院. 中国教育现代化 2035 [A/OL].（2019-02-23）[2019-06-05]. http://www.gov.cn/zhengce/2019-02/23/content_5367987.htm.

争光的体育组织管理和运行方式。20 世纪 90 年代，体育进行法制化改革。1993 年红山口会议后，国家体委（国家体育总局前身）相继成立运动项目管理中心，采用“运动项目中心和单项运动协会”模式，朝着“协会实体化”方向改革。举国体制是在计划经济体制下形成和发展的，其制度支撑力来自全能政府的治理理念和自上而下的层级构架。[①]随着党和国家对奥运争光战略的强调，整个体育运行机制逐步退让成了竞技体育举国体制，纵向省市体育局的功能设置也进行了一定的调整，国家和省级体育行政部门侧重抓提高，地市基层体育行政部门主要抓普及。[②]这一改革在 21 世纪初效果显著，但到 2008 年奥运会后，中国奥运备战效率持续下滑。同时，就外部而言，这一体制机制与教育、文化、卫生部门之间缺乏必要的横向沟通协调；就内部而言，其造成了竞技体育、群众体育及后来的体育产业之间发展不平衡。另外，政府办竞技体育的路径依赖使得社会资本参与难度增大。王家宏教授等认为，体育改革是行政主导而非体育规律推动，体育体制改革仍然未能真正完成管、办分离和政、企分离，这是近 20 多年来体育改革举步维艰的症结所在。[③]

国家体育总局的青少年体育司及各省市的青少年体育处、科等是青少年体育发展的主要管理部门。基本职责主要包括制定学生体质监测及健康标准，推动青少年体育服务体系建设，参与指导全国青少年体育竞赛及运动员的等级管理，指导竞技体育后备人才培养等。近年来青少年体育司及其纵向管理部门主要对举办全国青年运动会、实施青少年体育 U 系列赛事工程、青少年体育冬夏令营、青少年拔尖人才工程、校园足球、普及冰雪运动等进行了一系列创新举措，并积极推进体教融合。虽然取得了一些成绩，但“体教融合”之路仍较为艰难。专家认为，我国体育部门推动体育发展仍然习惯于外延扩张和行政推动等违背教育和体

---

① 鲍明晓. 构建举国体制与市场机制相结合新机制 [J]. 体育科学，2018，38（10）：3-11.

② 同上.

③ 王家宏，鲍明晓，谭华，等. 聚焦改革开放 40 年：中国体育改革与发展的思考 [J]. 体育学研究，2018，1（6）：64-73.

育发展规律的粗放手段，体教结合仍然是一句空谈。[①]

随着社会主义市场经济体制改革不断深化，市场机制已经成为我国体育发展的一个重要组成部分。不仅如此，充分发挥市场机制来促进体育发展，也是世界体育强国的通行做法。为了建设体育强国，推动体育治理体系和治理能力现代化，要不断深化体育行政机构改革，理顺政府与市场关系，将从过去自己管、自己办转变为充分调动社会和市场力量来全面办体育的组织协调和服务能力，将该管的事管好管到位、该放的权放足放到位、该提供的服务提供到位。[②]青少年体育发展也应如此，尤其是体育竞赛要从办向管不断转变。姚明认为，从体育部门的角度出发，培养体育教师和体育教练，与为校园赛事活动提供服务，是现阶段深化体教融合工作的主要抓手。[③]

（三）教育部门以校园足球为试点推进学校体育改革

教育部及其纵向的各省市的教育厅、县区级的教育局和各级各类学校是教育的主要管理主体。教育部内设多个司、局，其中基础教育司、高等教育司、体育卫生与艺术教育司是“体教融合”的主要管理部门。体育卫生与艺术教育司的职责明确规定：指导大中小体育、卫生与健康教育、艺术教育、国防教育工作；拟订相关政策和教育教学指导性文件，规划、指导相关专业的教材建设以及师资培养、培训工作；协调大中小学生参加国家体育竞赛和艺术交流活动等。我国教育改革主要是在国家统一领导下，自上而下的行政命令式改革，以行政选择性的改革实验方式，不断提高教育质量和教育公平，补齐教育短板，加速推进教育现代化建设。但“唯分数、唯升学、唯文凭、唯论文、唯帽子”的顽瘴痼疾依然存在。十九大以来，教育部门不断深化改革，提升教育服务经济社会发展能力，调整优化区域布局、学科结构、专业设置，加快一

---

① 王家宏，鲍明晓，谭华，等. 聚焦改革开放40年：中国体育改革与发展的思考［J］. 体育学研究，2018，1（6）：64–73.

② 张纪南. 深化机构和行政体制改革［N］. 人民日报，2017–12–28（7）.

③ 姚明谈深化体教融合促进青少年健康发展：开放资源，主动作为［EB/OL］.（2020–06–01）［2020–11–08］. http://sports.people.com.cn/n1/2020/0601/c22149-31731137.html.

流大学和一流学科建设，推进产学研协同创新机制，改革教育评价体系，着重培养创新型、复合型和应用型人才。2020 年 7 月中央全面深化改革委员会第十四次会议审议通过《深化新时代教育评价改革总体方案》指出，改进结果评价，强化过程评价，探索增值评价，健全综合评价，着力破除五唯顽疾，建立新的评价制度和机制。教育评价是教育改革方向的指挥棒，该方案有破有立，对教育的高质量发展提出更高的要求。

改革教育评价体系，从学校体育的角度讲，一方面就是调动政府、教育行政部门、学校校长的积极性；另一方面就是对学生的评价。在学校体育改革中积极推进“教体融合”，为国家竞技体育人才发展打通一条国民教育通道。在评价体系改革中，实施中考体育加分政策，甚至在高考中也考虑加入一定的分值。教育部体育卫生与艺术教育司及省市教育厅及教育局的相关部门，聚焦“教会”“勤练”“常赛”，完善学校体育“健康知识+基本运动技能+专项运动技能”教学模式，以“校园足球”为试点不断推进学校体育改革。目前校园足球特色学校已经认定了 2.7 万多所，搭建了一个从班级到学校、到区域到县区市到省乃至到全国的竞赛体系，设立“满天星”训练营；已有 181 所高校招收高水平足球运动员，每年招收大约 10 名学生。在激励机制方面，构建“1+2+6”模式，即通过特色学校，要求一所中学对应两所初中，对应六所小学。小学特色学校学生可以直升初中特色学校，初中特色学校中成绩优异的学生可以升对口高中，为校园足球开辟一条升学绿色通道。

（四）体育社会组织在法治框架下进行实体化改革

我国体育社会组织主要有四类：体育社团、体育基金会、群众体育组织和体育民办非企业单位。长期以来我国政府与社会组织之间属于“强政府、弱社会”的关系，采用的是管制—依附模式。[①]体育社会组织依附于体育政府部门生存，其中单项体育协会依托于运动项目管理中

① 张小航．我国体育社会组织治理制度改革的学理分析与实践探讨［J］．天津体育学院学报，2020，35（2）：175－182．

心，与体育行政部门同构，形成独特的“中心+协会”管理模式。从1998年开始，全国性单项体育协会与运动项目管理中心“脱钩”，探索实体化改革的路径。2015年中国足球协会与国家体育总局脱钩标志着新一轮单项协会改革正式开启。这一轮改革与国家行业协会商会改革同期进行。党的十八大提出，加快建立政社分开、权责明确、依法自治的现代社会组织体制。2015年印发的《行业协会商会与行政机关脱钩总体方案》提出，切断行政机关和行业协会商会之间的利益链条。同年，文化部、体育总局等联合制定了《关于做好政府向社会力量购买公共文化服务工作的意见》，很多省市也相继制定了本区域内的购买服务指导意见。在国家层面，国家民政部与国家发展改革委联合推动，在2015—2016年确定292家试点单位，其中属于国家体育总局业务主管的全国性体育社会组织包括全国体育运动学校联合会、中国大学生体育协会等19家。①关于社会组织治理，党的十九大进一步提出，加强和创新社会治理，要建立共建、共享、共治的社会组织治理格局。这也为体育社会组织改革指明了航向。王家宏教授等认为，“独立社团法人”是单项协会改革的目标方向，而推进其向纵深方向发展离不开法治。②通过足够的法律保障，倒逼体育社团完善自身的内部治理结构和治理机制，强化制度供给，推进考评机制，由“行政化控制”向“体制性吸纳”转变。③

体育社会组织中参与“体教融合”较多的当属青少年体育俱乐部。从2000年开始试点，2012年国家体育总局青少年体育司提出体育俱乐部实体化发展战略。2016—2018年国家体育总局经综合评审和批准，任命“北京市东城区一七一中学青少年体育俱乐部”等150家俱乐部为“国家示范性青少年体育俱乐部”，利用年度彩票公益金，每年资助每个

① 张小航．我国体育社会组织治理制度改革的学理分析与实践探讨［J］．天津体育学院学报，2020，35（02）：175－182．

② 王家宏，蔡朋龙．全国性单项运动协会社团法人实体化改革趋向与推进的法治化路径研究［J］．体育学研究，2019，2（06）：1－14．

③ 王家宏，蔡朋龙．国家治理视阈下全国性单项运动协会改革与发展的现实审视与推进策略［J］．成都体育学院学报，2018，44（6）：9－17．

俱乐部 10 万元，资助周期为 3 年。[①]国家体育总局依托第三方机构建立示范俱乐部综合服务管理平台和服务体系，推动俱乐部标准化、专业化、品牌化建设。其中上海市各类青少年体育组织发展较快。上海市体育局着力扶持和壮大青少年体育协会，引导其成为上海市青少年体育社会组织发展的枢纽型协会，鼓励体育社会组织举办“上海市青少年体育俱乐部联赛”“上海市少儿体育联赛”等品牌赛事，并向体育社会组织购买体育课程配送服务，组织体育专项培训进校园等。仅 2019 年上海市体育局委托社会组织开展冬夏令营等活动，惠及青少年超过 6 万余人次。[②]

综上所述，“体教融合”的主体主要包括政府部门、体育部门和教育部门以及体育社会组织，同时卫生健康等部门也参与其中，这些主体有必要重建各自的动力机制，形成协调共生、互利共赢的新的组织形态。即学校通过竞赛组建运动队，与业余体校、体育俱乐部有机融合，青少年体育竞赛、学校体育竞赛和职业竞赛体系有机融合，运动项目协会对赛事进行审批、认证、管理和监督，不同类别的运动员分层有序参赛。钟秉枢教授认为，完善深度融合专业体工队和高校高水平运动训练和竞赛体系的培养模式，如构建体育体系、教育系统、社会组织多元投入的我国新型竞技体育人才培养体系和自下而上的“金字塔”式竞赛体系。[③]教育部体育卫生与艺术教育司王登峰司长指出构建县（区）、地（市）、省、国家四级学校体育竞赛制度，加强教体融合，建立优秀运动竞赛人才训练营，探索校园体育与青少年俱乐部共同开展联赛，与专业化青少年竞赛体系有机结合，深度融合。[④]体育部门和教育部门在青少年竞赛体系建设和人才培养方面已经达成共识，并积极行动。例如，在校园足球工程

---

① 国家体育总局办公厅．体育总局办公厅关于资助命名“国家示范性青少年体育俱乐部（2016—2018）”的通知［A/OL］．（2016-06-27）［2018-9-19］．http://www.sport.gov.cn/qss/n5015/c731119/content.html．

② 同上．

③ 体教深度融合，打破体制藩篱：专家把脉中国学校体育发展［EB/OL］．（2019-07-13）［2019-8-20］．https://baijiahao.baidu.com/s?id=1638925312592217993&wfr=spider&for=pc．

④ 深化体教融合，就是如何让学生爱上体育课的问题［EB/OL］．（2020-04-28）［2020-08-15］．http://k.sina.com.cn/article_6474558207_181e9eaff00100zgcm.html．

中，教育部完善与体育部门、中国足球协会联动机制，形成校园足球与足球青训体系在教学、训练、竞赛方面的“一体化设计、一体化推进，自成体系、相互支撑”的发展格局；全国青少年校园足球工作领导小组办公室与中国足球协会已经联合举办了两届全国青少年足球超级联赛和女子乙级联赛；全国青少年校园足球工作领导小组办公室分别与广东省教育厅、梅州市教育局、广州富力足球俱乐部，上海市教委、浦东新区教育局、上海绿地申花足球俱乐部签署战略合作框架协议，共推梅州市、上海市浦东新区青少年校园足球“满天星”训练营建设。① 2020 年青岛市体育局、市教育局联合发布《体育教练员进校园实施意见》，对体育教练员进学校开展青训工作做出了明确的规定。北京 2022 年冬奥会筹备期间，冰雪运动受到较大关注。其中 2020 年 7 月中国冰球协会、中国中学生体育协会及北京奥众体育发展有限公司三方协商发展青少年冰球运动的事宜，其中中国冰球协会负责提供冰球行业的制度支撑，中国中学生体育协会提供扩大冰球人口的政策支撑；奥瑞金冰球俱乐部和其他优秀俱乐部提供引领青少年冰球社会化、市场化的实践支持，这是体育部门、教育部门和体育社会组织共商共建共享、合作共赢的典型案例。

二、通过要素升级，提质增效，促进“体教融合”

要素升级作为经济发展的重要动力，与劳动力、土地、资源和资金等要素投入量的增加不同，主要表现为生产要素质的提升，即由主要依靠劳动力、土地、资源等普通要素向主要依靠知识、技术、人才和信息等高级要素的升级转换，资源配置由“吃资源”向“吃知识”的跃升。而这些高级要素的实现须依靠技术的进步、人员素质的提升、资金效率的提高、基础设施的完善。“体教融合”同样也包含了劳动力、场地设施、资源及资金等要素。“体教融合”这一新的组织形态，需要提高全要素生产率。

① 全国青少年校园足球工作领导小组办公室. 全国青少年校园足球工作五年总结及 2020 年工作部署［A/OL］.（2019-12-20）［2019-12-30］. http://www.moe.gov.cn/fbh/live/2019/51635/sfcl/201912/t20191220_412768.html.

（一）增加劳动的有效供给，提升人力资本，促进“体教融合”

2015 年 12 月习近平总书记在中央经济工作会议上明确提出“加大投资于人的力度”的重要理念。①2016 年 12 月在中央经济工作会议上，习近平总书记又把提升人力资本水平明确为供给侧结构性改革中“补短板”的一项重点工作。②以“体教融合”为抓手促进青少年健康发展和培养体育后备体育人才，体育教师、教练员、体育管理者等作为劳动力要素的劳动必不可少。影响劳动的主要因素有人口、人口结构、劳动力结构、就业率、劳动时间、工作率和制度等，③增加体育教师、教练员、体育管理者等人口数量、调整劳动者结构、延长劳动时间、提高工作率等可增加供给数量，如教育部通过增加编制新招聘体育教师及招聘兼职体育教师，使得中小学体育与健康课的教师人数已由 2015 年的 56.6 万人，增加到 2018 年的 65.3 万人。④但随着中小学体育与健康课程改革，学时增加，其教师需求数量也增加，目前仍有 20 万人的缺口。⑤而要增加“体教融合”的有效供给还须提升体育教师、教练员和体育管理者的质量，改革收入分配体制，调动其积极性和创造性。其中提升劳动者的质量就是提升人力资本，可通过增加教育、体育投资，教育及体育培训等形式实现。

目前，政府部门、教育部门和体育部门积极创新提升体育教师、教练员及体育管理者的人力资本。如校园足球工程开展校园足球骨干师资国家级培训、特色学校校长和体育教师培训，2015—2019 年累计培训 35 万人，设立了 5 个校园足球教练员培训基地，举办了 294 期 D 级教练员培训班，培训足球教师 7056 名，聘请 500 多名高水平外籍足球教练员到

---

① 中央经济工作会议在北京举行［N］. 人民日报，2015-12-22（1）.

② 中央经济工作会议在北京举行［N］. 人民日报，2016-12-17（1）.

③ 李佐军. 供给侧改革：改什么、怎么改？［M］. 北京：机械工业出版社，2016：139.

④ 教育部. 全国学生体质健康状况连续下滑的趋势得到初步遏制［EB/OL］.（2019-11-06）［2019-12-20］. http://www.moe.gov.cn/jyb_xwfb/xw_fbh/moe_2606/2019/tqh20191105/mtbd/201911/t20191106_407080.html.

⑤ 中国特色的学校体育之路越走越宽广：学校体育工作走过辉煌 70 年［EB/OL］.（2019-11-02）［2019-11-05］. http://www.moe.gov.cn/jyb_xwfb/s5147/201911/t20191104_406770.html.

国内任教，每年针对校园足球教练员举办为期3个月的出国培训，已有1700余名教练员赴法国、英国接受培训，其中840名教练员取得英格兰足球总会颁发的足球教练员一级证书和亚洲足球联合会颁发的D级以上等级教练员证书。从2019年起，全国青少年校园足球工作领导小组办公室分别在新疆、西藏、云贵地区设置送教上门培训点，解决偏远地区教师、教练员培训难等问题。[①]国家体育总局联合相关单位组织社会体育指导员培训、教练员岗位培训、全国退役运动员教师资格证培训、青少年体育俱乐部管理人员培训等提升相关人员的能力水平，打破制约我国普通学校运动队竞技能力发展的瓶颈。

（二）增加资本和资源的有效供给，促进"体教融合"

资本、资源是促进经济发展的重要力量。在早期社会，资本、资源被看成最重要的生产要素。这里的资本、资源是指物质资本，包括资金、机械设备及原材料，以及基础设施等。增加资本的有效供给，就是按照市场需求，供应投资率较高的资金、厂房、机械设备和基础设施等。[②]"体教融合"的资本主要包括资金、体育场馆设施等。增加"体教融合"的资金及场馆设施的有效供给，可为青少年健康发展提供基本保障。

"体教融合"的资本投入主要是教育部门和体育部门的行政投入。如2018年国家体育总局体育彩票公益金用于资助或组织开展青少年体育活动达38460万元，其中12350万元用于支持青少年赛事及赛事体系建设，5600万元助力青少年足球和篮球推广普及，3000万元资助青少年体育技能培训。[③]教育部不断增加中小学体育场地设施数量，中小学校体育馆面积从2015年的3178万m^2，增加到2018年的4355万m^2，运动场

① 全国青少年校园足球工作领导小组办公室.全国青少年校园足球工作五年总结及2020年工作部署[A/OL].（2019-12-20）[2019-12-30]. http://www.moe.gov.cn/fbh/live/2019/51635/sfcl/201912/t20191220_412768.html.

② 李佐军. 供给侧改革：改什么、怎么改？[M]. 北京：机械工业出版社，2016：139.

③ 国家体育总局，教育部. 关于深化体教融合 促进青少年健康发展意见的通知[A/OL].（2020-08-31）[2020-10-05]. http://www.gov.cn/zhengce/zhengceku/2020-09/21/content_5545112.htm.

面积从 2015 年的 133289 万 m^2 增加到 2018 年的 1476393 万 m^2；[①]中小学校体育运动场（馆）面积达标学校的比率从 2015 年的 68.6%增长到 2018 年的 89.6%，[②]2019 年又有较大的提升。2019 年全国教育事业发展统计公报表明：小学体育运动场（馆）面积达标学校占 90.22%，体育器械配备达标学校占 95.38%；初中体育运动场（馆）面积达标学校占 93.54%，体育器械配备达标学校占 96.56%；高中体育运动场（馆）面积达标学校占 91.62%，体育器械配备达标学校占 94.20%。由此可见，我国体育场地设施等硬件资源的投入不断增加，显著提高了学校体育的硬件环境，为体教深度融合促进青少年健康发展提供了保障。但目前“体教融合”的投入主要是行政资源、资本，民间资本较少，应加快投资体制改革，加大民间资本的投入比例，发展多种形式的资本市场。

（三）着眼于科技进步和信息化应用，促进“体教融合”

体育与科学技术发展密切相关，尤其是 21 世纪以来，科技创新已经渗入体育的方方面面，为其快速发展助力。无论是体育场馆的修建、体育器材设施的更新、运动技术的升级改造、运动员的训练、模拟仿真、青少年的健康锻炼、营养恢复，还是体育竞赛开闭幕式的大型演出、赛场的录像直播、辅助裁判的判罚工具、比赛环境的安全保障等都是科技进步和科技创新的体现和见证。“体教融合”培养优秀后备体育人才中运动员的选拔、训练、恢复、竞赛；青少年的科学健身、营养搭配、效果监测等都离不开科技支撑。科学技术为体教融合提供助力，科技水平越高，运用效率越高，则促进体教融合的供给力量就越大。

《体育强国建设纲要》强调在全民健身、竞技体育和体育产业发展中加强科技创新和信息化应用。在全民健身中运用物联网、云计算等新信

---

① 教育部体育卫生与艺术教育司．抓实抓牢中小学健康促进行动 有力支撑健康中国战略：教育部中小学健康促进行动有关情况［EB/OL］．［2019－12－20］．http://www.moe.gov.cn/jyb_xwfb/xw_fbh/moe_//tqh/sfcl//t_.html．

② 教育部．全国学生体质健康状况连续下滑的趋势得到初步遏制［EB/OL］．（2019－11－06）［2019－12－20］．http://www.moe.gov.cn/jyb_xwfb/xw_fbh/moe_2606/2019/tqh20191105/mtbd/201911/t20191106_407080.html．

息技术，促进体育场馆活动预定、经营服务统计等整合应用，推进智慧健身路径、智慧健身步道，实现资源整合、数据共享、互联互通。在训练中统筹国内国际体育科技资源，构建跨学科、跨地域、跨行业、跨部门的体育科技协同创新平台，加强科研攻关、科技服务和医疗保障工作。在体育产业中，支持体育用品研发设计、生产制造和示范应用，引导企业加大自主研发和科技成果转化力度；支持可穿戴设备和智能运动装备的研发与制造，显著提升体育用品供给能力。[①]体教融合既包含青少年的健康锻炼，又包含竞技体育后备人才的培训，这些都需要科技创新、科研攻关。李颖川指出，体育科技工作必须紧紧围绕体育运动实践主战场，着眼于重大任务、重要问题和重点方向，破解实践中遇到的关键性难题。[②]可通过改革科技管理制度和知识产权制度、培养科研攻关领军人才及团队等，大力发展高新科技和应用创新成果。

互联网、大数据、人工智能、区块链等技术的快速发展，深刻改变了社会对人才的需求和教育的形态。教育部将教育信息化作为教育系统性变革的内生力量，支撑引领教育现代化发展，推动教育理念更新、模式变革和体系重构。2018 年印发的《教育信息化 2.0 行动计划》提出，构建“互联网+教育”大平台；实现“宽带网络校校通”“优质资源班班通”“网络学习空间人人通”，[③]促进教育发展尤其是教育公平提质增效。

2020 年新型冠状病毒肺炎疫情期间，教育信息化获得了较高程度的运用。教育部、工业和信息化部、国家广播电视总局等部门合作，开通国家中小学网络云平台和中国教育电视台“空中课堂”，大学利用中国大学 MOOC 平台和超星平台，以及钉钉、腾讯等线上工具开展“停课不停

① 国务院办公厅．体育强国建设纲要［A/OL］．（2019-09-02）［2019-11-21］．http://www.gov.cn/zhengce/content/2019-09/02/content_5426485.htm.

② 李颖川．全面提升体育科技创新能力 助力体育强国和健康中国建设：在国家体育总局体育科学研究所 2018 年学术论文报告会暨建所 60 周年学术论坛上的讲话［J］．体育科学，2019，39（1）：3-4.

③ 教育部．教育信息化 2.0 行动计划［A/OL］．（2018-04-13）［2018-04-18］．http://www.moe.gov.cn/srcsite/A16/s3342/201804/t20180425_334188.html.

学”工作，全国超 3 亿师生受益。其中大中小学体育与健康课、体育专业学生的课程大多数在线上进行授课。国家体育总局积极征集开发居家健身优秀视频，为学生居家科学健身助力。运用信息技术，推进体教融合，线上、线下协同发力，可有效提高全要素生产率。习近平总书记指出，以供给侧结构性改革为主线，把握数字化、网络化、智能化融合发展契机，在质量变革、效率变革、动力变革中发挥人工智能作用，提高全要素生产率。①

三、通过结构优化，促进“体教融合”

结构优化是经济增长的重要动力。结构优化生产力就是将工业化、城镇化、区域经济一体化和产业转型升级等经济结构优化，将人口和生产要素从较低效率的地区、行业和岗位转移到较高效率的地区、行业和岗位的过程性动力。②“体教融合”同样需要优化结构，深化分工协作，处理好政府与市场的关系。

（一）从“三级训练网”向“小学—中学—大学—职业化一条龙”转化，促进结构优化

我国竞技体育后备人才培养主要在“举国体制”下采用各级县市体校、省级体工队和国家队“三级训练网”的培养结构。这种培养结构依然是我国优秀运动员后备人才来源的主渠道，具有不容置疑的地位。③但在充分肯定其合理性的同时，也应该看到计划经济体制下形成的竞技体育人才培养体系在市场经济体制下出现的许多难以解决的问题。以国家队为龙头的一条龙式训练体系，成才率较低，基层人才培养模式粗放，第三层级明显萎缩，招生难、就业难问题凸显。有资料显示，2014 年我国各级体育运动学校有 268 所，共 17243 人，2016 年减少至 236 所，人

① 习近平主持中共中央政治局第九次集体学习并讲话［EB/OL］.（2018-10-31）［2020-9-2］. http://www.gov.cn/xinwen/2018-10/31/content_5336251.htm.

② 李佐军. 供给侧改革：改什么、怎么改？［M］. 北京：机械工业出版社，2016：139.

③ 任海，张佃波，单涛，等. 体育改革的总体思路和顶层设计研究［J］. 体育学研究，2018，1（1）：1-12.

员也减少了 2477 人；2014 年我国二级运动员发展数量为 40479 人，到 2016 年锐减为 28834 人。[①]竞技体育后备人才数量的减少使我国奥运争光计划受到影响，如射击、体操、击剑等优势项目的发展受到挑战。在 CBA 联赛现有的 20 家俱乐部中，近六成球员为辽宁、山东、吉林、黑龙江、河北、江苏六省输送人才，而通过非专业队渠道进入联赛的球员仅 20 余人，中国篮球协会主席姚明认为拓宽青训渠道已是当务之急。[②]

"体教结合"和"体教融合"的方针政策正是为解决该问题在 20 世纪 80 年代伴随着我国从计划经济向市场经济的转轨提出的。它借鉴西方发达国家的经验，探索体育与教育的有机结合，对解决运动员的文化教育问题，使其更好地就业具有重要的现实意义。以高校高水平运动队为龙头形成的"小学—中学—大学—职业化一条龙"的培养模式，在培养全面发展的优秀运动员方面独具特色。其中以校园足球为试点的改革效果显著，足球后备人才培养在数量壮大的基础上，向质量提高方向迈进。从 2014 年到 2019 年，全国参加小学、初中、高中和大学四级联赛的学生共计 1255 万人次，有 3 万多名省级优秀人才参加全国夏冬令营。从 2018 年起，夏令营级别与国家等级运动员称号挂钩，704 名中学生获得国家一级运动员称号，9000 名中学生获得国家二级运动员称号，5000 名小学生获得国家三级运动员称号。[③]但目前在"小学—中学—大学—职业化一条龙"培养模式下的优秀人才输送率较低，难以担当我国奥运争光计划的重任。

目前，竞技体育"三级训练网"在培养全面发展的优秀运动员方面存在短板，尤其是优秀运动员的文化教育问题急需解决。在宝塔式的"三

---

① 陈洪．边缘革命视角下竞技体育后备人才培养的基层实践研究［J］．武汉体育学院学报，2018，52（1）：36-41．

② 体教融合成两会热点话题，姚明、朱婷、张常宁等提出了这些建议［EB/OL］．（2020-05-28）［2020-07-20］．http://sports.sina.com.cn/others/volleyball/2020-05-28/doc-iircuyvi5430741.shtml．

③ 五年，校园足球交出怎样的答卷［EB/OL］．（2019-12-21）［2020-01-04］．http://www.moe.gov.cn/fbh/live/2019/51635/mtbd/201912/t20191223_413122.html．

级训练网”的培养结构中，基层塔基招生难，层层晋升淘汰率高，被淘汰的运动员就业困难，因此这种培养体系需不断改革完善。虽然目前“小学—中学—大学—职业化一条龙”培养模式的优秀人才输送率较低，但随着社会的发展和家长对教育的普遍重视，优秀青少年运动员苗子向教育系统流动的趋势明显。学生在统一的教育计划指导下获得全面发展，并有特长。普通学校可为个人发展提供较好的物质环境。我国竞技体育“三级训练网”的塔基也就是县区的青少年训练体系的资本、资源可适度向教育系统倾斜，协调共生。姚明建议，将适龄体校学员、专业运动员全部纳入义务教育体系，提升专业运动员的人文素质、科学素质。①王登峰认为，让体育系统里更多的优秀人才到学校体育中来，也可使体育系统的优质场地资源为更多的学校所共享。②而教育系统需在增加竞技体育后备人才培养数量的基础上，不断提高人才培养质量。双方通过体制机制的改革，使体教深度融合，为青少年竞技体育后备人才培养筑基固本。

（二）根据人才成长规律，优化课程结构并畅通阶段衔接

“十年树木，百年树人”，人才的培养需要一个长期的过程。运动员的培养也需要持续进行。竞技体育后备人才“三级训练网”中，基层教育和中职教育在纵向培养过程中，每个学校各自为政，课程内容缺乏统一性、系统性、针对性和衔接性，培养质量较低。中职教育结束后，优秀运动员可进入普通大学或体育学院的高水平运动队或体工队乃至国家队，但前期文化学习基础薄弱，影响其在大学及以上阶段的学业表现和运动生涯结束后的职业发展。然而，基层教育、中职教育、大学及以上阶段教育要相互衔接。在基层教育中，随着《中华人民共和国义务教育法》的颁布，县区青少年业余体校的文化教育内容和时间需要满足硬性要求；省市级体育运动学校教育属于中专或高中职业教育，与职业教育

① 体教融合成两会热点话题，姚明、朱婷、张常宁等提出了这些建议[EB/OL].（2020-05-28）[2020-07-20]. http://sports.sina.com.cn/others/volleyball/2020-05-28/doc-iircuyvi5430741.shtml.

② 用 433 阵型蹚出学校体育改革新路[EB/OL].（2019-07-25）[2019-08-06]. https://baijiahao.baidu.com/s?id=1639974249705779237&wfr=spider&for=pc.

相对接，不能仅以当前的训练和竞赛成绩为考量标准。整个阶段的教育计划应根据运动员职业发展特点和成长规律来合理设置，优化课程结构，构建一体化、层次化和关联性强的竞技体育后备人才培养课程体系。

学校体育要达到“教会”“勤练”“常赛”的目标，整个体育教育计划和课程结构需不断优化。“教会”是体育与健康课程的主要目标。就课程设置而言，在横向上，不同运动项目的课时数需合理规划；在纵向上，同一项目大中小学各学段课程要衔接到位，针对具体学段安排好每个项目学习内容的先后顺序，以及学习的深度要求等，构建统一的体系化的课程结构。目前，《义务教育体育与健康课程标准（2011 年版）》与《普通高中体育与健康课程标准（2017 年版）》在课程目标、课程内容标准等方面的一致性和连贯性等衔接不畅，需进一步修订完善。《普通高中体育与健康课程标准（2017 年版）》强调的体育核心素养或《体育强国建设纲要》强调的“身体素养”应从小学开始培养，一直持续到大学，不能停留在高中阶段。哪些运动项目属于精学内容，哪些运动项目属于简学内容，以及哪些运动项目如足球、篮球等要求每个学段的学生应该掌握的内容和考核标准等，都需要进一步规划；不能出现“前滚翻”之类简单的运动技术在小学、中学乃至大学都要重新学习的“一滚到底”的现象。“勤练”和“常赛”是课外体育活动、课余体育训练和课余体育竞赛的主要任务。“勤练”要符合运动技能形成规律，“常赛”要配套完善的竞赛体系。课外体育活动和竞赛如何培养学生的运动兴趣和习惯，课余体育训练如何规划得科学有效且与体育课程相配套，如何建构一体化的学校体育体系是改革的重要内容。中国教育科学研究院于素梅研究员认为，一体化的体育课程体系建设以学生终身体育和身心健康发展需求为逻辑主线，建构纵向衔接、横向一致、内在统一、形式联合的课程总体框架，从基础、提高、拓展三个方面重新确立上下贯通的课程内容体系，从学段和单项两个方面研制体育学习评价标准。[①]这个一体化的体育

① 中国学校体育进入了一个全新的时代［EB/OL］.（2018-09-30）［2019-03-13］. https://baijiahao.baidu.com/s?id=1613047927313181552&wfr=spider&for=pc.

课程体系所涵盖的范围早已超出体育与健康课程，将课外体育活动、课余体育训练和课余体育竞赛统筹规划，优化学校体育结构，这是学校体育改革的关键一招。

（三）优化区域结构和项目结构，促进“体教融合”

为了推进“体教融合”培养优秀竞技体育人才，教育部门和体育部门着力建设国家高水平体育后备人才基地、体育传统项目学校、青少年体育俱乐部等项目工程，通过行政计划、项目拨款等方式大力扶持，但项目结构发展不平衡和区域结构发展不平衡的问题明显存在。国家高水平体育后备人才基地是以各体校为主要依托而组建的，2019 年认定的国家重点基地 119 所，一般基地 251 所，①主要分布在江苏省、广东省、浙江省和山东省等东部发达省份，中西部地区高水平竞技体育后备人才基地数量明显偏少，地域分布不平衡。体育传统项目学校主要在教育系统组织评选。这些学校积极开展特色项目训练和竞赛，强化体育课和课外体育训练，并辐射其他学校，共享优质资源，推动项目的区域发展。2014 年教育部和国家体育总局命名的百所体育传统项目学校中，北京、浙江、江苏、山东等省市的学校数量较多，而中西部地区相对较少。2018 年在全国青少年 U 系列赛事的办赛数量上，山东、江苏、广东、北京和河北位居前五，而新疆、青海、西藏则未举办相关比赛，因而这都体现出了鲜明的地域差异。②“体教融合”在经济发达省份发展较好，而在经济欠发达省份发展较差。该问题可以通过优势互补进行结构调整得到解决。例如，经济发展较快的湖北可与后备力量质量较高的辽宁进行合作，③湖北提供经费组建俱乐部，辽宁提供人力资源在俱乐部进行比赛训练，

---

① 国家体育总局. 体育总局关于命名“国家高水平体育后备人才基地（2017—2020）”的决定［A/OL］（2017-03-17）［2020-08-17］. http://www.sport.gov.cn/n316/n336/c793659/content.html.

② 王立伟，曹卫东. 中国青少年体育发展报告（2018）［M］. 北京：社会科学文献出版社，2020：74.

③ 孙克诚，李赞. 结构优化：竞技体育后备人才培养的生态化转变［J］. 北京体育大学学报，2018，41（9）：22-29.

通过深化改革，实现两地“共赢”。

无论是在竞技体育领域，还是在学校体育领域，运动项目发展的差别较大。在竞技体育领域，奥运优势项目发展较好，潜优势项目发展次之，非奥运项目发展较差。其后备人才培养中的项目供给同样如此，乒乓球、跳水等项目的人才培养质量较高，而田径、足球等项目的人才培养质量较差。学校体育主要包括田径、球类、体操、武术、水上、冰雪及民族传统体育等内容，其中田径、足球、篮球等项目开展得较好，而其他项目开展得较差。2018 年对全国 145270 名青少年的调查结果显示，我国学生经常参与的体育锻炼项目排名靠前的是跑步、跳绳和健步走等，运动项目的技术含量较低。①因此，逐渐加大运动项目的数量和质量供给，不断满足学生的个性化、多样化需求势在必行。如 2019—2021 年北京市认定的 225 所体育传统项目学校中多数以田径、篮球、足球、健美操、武术为特色，也有少量学校以羽毛球、乒乓球、曲棍球、棒垒球为特色。②随着北京 2022 年冬奥会的临近，冰雪运动在学校体育中获得快速发展，一些以冰上运动为特色的学校逐渐增多。

四、通过制度变革释放红利，促进“体教融合”

制度变革是供给侧改革中最重要、最根源的发动机，是提高全要素生产率的主要途径，要素升级和结构优化都要依赖它。③制度包括规则、组织和实施机制三个基本方面。2012 年李克强总理提出，改革开放是我国发展的最大“红利”。④自此“改革红利”成为热词，科斯提出交易成

---

① 王立伟，曹卫东．中国青少年体育发展报告（2018）［M］．北京：社会科学文献出版社，2020：118．

② 北京市体育局青少年体育处．2019—2021 年北京市体育传统项目学校名单［A/OL］．（2019–06–20）［2019–7–28］．http://tyj.beijing.gov.cn/bjsports/xxcx/sjxz/1608098/index.html．

③ 李佐军．供给侧改革：改什么、怎么改？［M］．北京：机械工业出版社，2016：92．

④ 李克强：改革开放是我国发展最大红利［EB/OL］．（2012–11–23）［2020–8–20］．http://finance.people.com.cn/stock/n/2012/1123/c67815-19671983.html．

本概念后，打开了研究制度的窗口。制度改革最重要的功能是降低交易成本，目前的行政管理制度改革、审批制度改革等可降低企业的交易成本，激发市场活力，释放改革红利。制度改革，通过合理配置资源，激发各个主体的积极性和创造性，提高生产要素和资源配置的效率，创造新的生产和消费空间，产生新的效用。党的十九届四中全会突出制度建设和治理能力建设的重要性。《中共中央关于坚持和完善中国特色社会主义制度 推进国家治理体系和治理能力现代化若干重大问题的决定》指出:“突出坚持和完善支撑中国特色社会主义制度的根本制度、基本制度、重要制度，着力固根基、扬优势、补短板、强弱项，构建系统完备、科学规范、运行有效的制度体系，加强系统治理、依法治理、综合治理、源头治理，把我国制度优势更好转化为国家治理效能。”体教融合促进青少年健康发展是属于补短板内容，国务院及相关部门出台相关政策（表 2–2）不断进行制度改革，促进体教深度融合。

表 2–2 近年来国务院及相关部门颁布的促进青少年健康发展的相关政策、法规中关于组织、规则、机制变革内容一览表

时间	文件名称	变革内容的相关条文
1999 年 6 月	《中共中央国务院关于深化教育改革，全面推进素质教育的决定》	按照“共建、调整、合作、合并”的方式，基本完成高等教育管理体制和布局结构的调整；完善基础教育由地方负责，分级管理的体制
2001 年 5 月	《国务院关于基础教育改革与发展的决定》	实行国家、地方、学校三级课程管理；改革考试评价和招生选拔制度；全面实施教师资格制度，严把教师进口关；加强中小学教师编制管理
2015 年 3 月	《中国足球改革发展总体方案》	调整组建中国足球协会，健全内部管理机制；健全协会管理体系；完善队员选拔机制；加大财政投入；成立中国足球发展基金会；建立足球改革发展部际联席会议制度等
2016 年 5 月	《国务院办公厅关于强化学校体育促进学生身心健康全面发展的意见》	进一步加强青少年体育工作部际联席会议制度；把学校体育工作列入政府政绩考核指标、教育行政部门与学校负责人业绩考核评价指标；完善体育与健康课程标准；健全风险管理机制等
2016 年 6 月	《全民健身计划（2016—2020 年）》	建立全民健身评价体系；完善法律政策保障；严格过程监管与绩效评估等

续表

时间	文件名称	变革内容的相关条文
2016年10月	《"健康中国2030"规划纲要》	健全政府健康领域相关投入机制，调整优化财政支出结构，加大健康领域投入力度；完善健康中国建设推进协调机制，统筹协调推进健康中国建设全局性工作
2017年4月	《中长期青年发展规划（2016—2025年）》	设立推动规划落实的部际联席会议机制；加强服务青年发展阵地建设；建立规划实施情况监测评估机制等
2017年9月	《关于深化教育体制机制改革的意见》	要健全教育宏观管理体制；要健全促进高等教育内涵发展的体制机制；要完善义务教育均衡优质发展的体制机制等；坚持放管服相结合；构建政府、学校、社会之间的新型关系
2017年11月	《青少年体育活动促进计划》	促进青少年体育组织建设；推进青少年社会组织能力建设；推进各级青少年体育行业协会建设；加强各级体育传统项目学校建设
2019年2月	《中国教育现代化2035服务》	构建完备的教育法律法规体系；提升政府管理服务水平；提高学校自主管理能力，完善学校治理结构；推动社会参与教育治理常态化
2019年7月	《健康中国行动（2019—2030年）》	完善学生健康体检制度和学生体质健康监测制度；有针对性地开展各类冬（夏）令营、训练营和体育赛事等
2019年9月	《体育强国建设纲要》	构建管办分离、内外联动、各司其职、灵活高效的体育发展新模式；深化体育领域"放管服"改革，精简行政审批事项；建立健全适应体育行业特点的人事制度、薪酬制度、人才评价机制等
2019年9月	《国务院办公厅关于促进全民健身和体育消费推动体育产业高质量发展的意见》	深化全国性单项体育协会改革；完善赛事管理服务机制；深化场馆运营管理改革；推动公共资源向体育赛事活动开放等
2020年10月	《深化新时代教育评价改革总体方案》	建立科学的、符合时代要求的教育评价制度和机制

（一）通过顶层规划，减少管制，优化服务，促进"体教融合"

根据供给学派的主张，减少管制需要通过制度变革来实现，特别是行政管制。当前正在推动的政府行政管理制度改革、审批制度改革等，就是减少管制的实际举措，可以减少束缚，解放生产力，提高生产率。[①]

① 李佐军．供给侧改革：改什么、怎么改？［M］．北京：机械工业出版社，2016：141．

2014 年政府工作报告提出“进一步简政放权”；2016 年政府工作报告进一步提出“推动简政放权、放管结合、优化服务改革向纵深发展”。教育领域不断探索与社会主义市场经济相适应的教育体制机制，在办学体制上进一步确立中央与省市自治区分级管理、分级负责的教育管理体制，建立以政府办学为主，社会各界共同办学的体制。高等教育实行政府宏观管理、学校面向社会自主办学；中等以下教育完善分级办学，分级管理。在教育制度变革和政策导向上，对教育质量和教育公平的关注取代了对数量、规模、速度的追求。新时代围绕教育领域的主要矛盾即人民群众接受优质教育的需求与教育发展不平衡不充分之间的矛盾深化改革。2017 年印发的《关于深化教育体制机制改革的意见》提出，坚持放管服相结合，构建政府、学校、社会之间的新型关系。①同年印发的《教育部等五部门关于深化高等教育领域简政放权放管结合优化服务改革的若干意见》提出，“破除束缚高等教育改革发展的体制机制障碍，进一步向地方和高校放权，给高校松绑减负、简除烦苛，让学校拥有更大办学自主权；下放高校教师职称评审权；扩大高校资产处置权”“完善民主管理和学术治理”。② 2019 年印发的《中国教育现代化 2035》提出“构建完备的教育法律法规体系”“提升政府管理服务水平；“提高学校自主管理能力，完善学校治理结构”“推动社会参与教育治理常态化”。③建立管办评分离、放管服结合为表征的教育治理体系，④着力推进政府转变教育行政职能；消减教育行政审批事项，实施清单管理制度；完善国家教育标准体系建设、落实监管责任，健全教育监督问责机制；推进社会组

① 中共中央办公厅，国务院办公厅. 关于深化教育体制机制改革的意见[A/OL].（2017-09-24）[2020-07-30]. http://www.gov.cn/zhengce/2017-09/24/content_5227267.htm.

② 教育部，中央编办，发展改革委，等. 教育部等五部门关于深化高等教育领域简政放权放管结合优化服务改革的若干意见 [A/OL].（2017-04-06）[2020-01-30]. http://www.moe.gov.cn/srcsite/A02/s7049/201704/t20170405_301912.html.

③ 中共中央，国务院. 中国教育现代化 2035 [A/OL].（2019-02-23）[2019-06-05]. http://www.gov.cn/zhengce/2019-02/23/content_5367987.htm.

④ 范国睿. 教育制度变革的当下史：1978—2018：基于国家视野的教育政策与法律文本分析 [J]. 华东师范大学学报（教育科学版），2018，36（5）：1-19.

织参与教育质量；优化教育服务环境等，通过制度变革理顺教育系统诸要素之间的关系，激发教育系统活力，推进教育现代化建设。[①]作为教育的一个组成部分，学校体育改革在教育综合改革中不断推进。

以中国足协、中国篮协等为代表的单项运动协会实体化改革，在职业体育管办分离、国家队建设、青训模式与后备人才培养、裁判员与教练员培养、品牌赛事塑造等方面已经取得一定的成效，但单项协会法人实体化改革仍缺乏针对性的顶层设计和配套措施；中国足协虽然实现快速脱钩，但与体育行政部门分离、管理体制、运行机制、社团法人治理结构等一些关键性工作的改革推进缓慢；由于单项运动协会的特殊性，如何协调各方利益、推动人员分流和身份转换，成为目前协会实体化的突出问题。[②]单项运动实体化改革要明确其民事主体的定位、产权性质，与行政部门建立契约型合作关系；通过完善相关法律法规，委员会建设、健全监督机制、厘清地方单项协会的关系等，不断优化服务供给。在青少年体育方面，要逐步建立和不断完善青少年运动技术等级评定机制、参赛选拔机制、教练员培养机制、激励机制、资金保障机制、市场运作机制、联席会议制度和校内外联动机制等，深化体教融合，形成新的组织形态。

（二）通过减少垄断、壁垒，激发活力，促进“体教融合”

减少垄断的目的是减少特权，鼓励公平竞争，激发市场活力，垄断包括自然垄断和行政垄断，其中最主要限制的垄断是行政垄断。[③]在体育部门和教育部门中也存在较多的类似垄断和壁垒，使“体教融合”之路困难重重。体育后备人才培养的重要一环是青训体系的建设，如足球组织是由校园足球、足球学校、足协青训中心和职业俱乐部梯队、社会人士开办的俱乐部等组成，规模和总量不小，但质量和效益偏低，突出问

---

① 周洪宇. 深化教育领域“放管服”改革，加快推进教育治理现代化［J］. 教育研究，2019，40（3）：15−19.

② 王家宏，蔡朋龙. 国家治理视阈下全国性单项运动协会改革与发展的现实审视与推进策略［J］. 成都体育学院学报，2018，44（6）：9−17.

③ 李佐军. 供给侧改革：改什么、怎么改？［M］. 北京：机械工业出版社，2016：114.

题是教育部门和体育部门的青训体系不能有效衔接。[①]如中国大学生足球联赛运动员的参赛资格明确规定：必须是在校在读本科、专科（含高职）学生或研究生；不包含体育运动学校、足球学校及具有同等性质的中等专业学校的运动员。篮球也是如此，中国篮协的U系列青少年赛事和校园篮球赛事在参赛资格上具有严格区分，一旦参加过U系列赛事，就无法再进入校园赛事体系。在籍、在读、在训等规定使得教育部门和体育部门的青训体系各自为战，运动员只能参加各自体系中的比赛。这种青训体系尤其是校园青训体系如何与国家队对标，培养竞技后备人才，是改革的关键一环。另外，学校系统和社会俱乐部之间在学生训练比赛中存在壁垒。由于担心球员流失，不少学校球队的教练不希望自己的队员到社会的培训机构接受培训，对于职业俱乐部前来“挖角”的现象也很警惕甚至反感。目前中国大学生体育协会和中国篮协在做积极尝试，让各个层级、各个年龄段的赛事能够整合在一个平台上。[②]青少年体育组织和体育协会的培育也是一个“新增量”。上海市把鼓励青少年体育俱乐部发展作为培育体育社会组织的重要内容，通过打造青少年体育行业枢纽组织、推进体育俱乐部规范发展和加强青少年体育行业评估监管，目前上海从事体育培训的俱乐部有近千家，在各类俱乐部注册的青少年运动员人数超过5000人，布局20余项。[③]

优秀退役运动员进入大学系统遇到壁垒，找工作难，晋升难。随着人才培养质量的要求不断提高，入学易，毕业难，尤其是体育专业的研究生培养与其他专业统一要求，使很多优秀运动员望而却步，进而无缘教师或教练员等职业岗位，这也是教育系统的人才流失。在大中小学学校体育的发展中，尤其是体育赛事的发展中，体育教师或教练员的运动

---

① 鲍明晓．足球改革进程中深层次制约因素及化解策略［J］．北京体育大学学报，2019，42（11）：10-22.

② 赛事是发展校园体育的抓手 体教融合需要打破壁垒［EB/OL］．（2020-05-26）［2020-8-20］．http://sports.people.com.cn/n1/2020/0526/c382934-31724256.html.

③ 王立伟，曹卫东．中国青少年体育发展报告（2018）［M］．北京：社会科学文献出版社，2020：259.

经历和比赛经验是个宝贵的财富，体育教育专业或其他体育专业本科或研究生毕业的学院派教师或教练员的比赛经验与这些专业运动员相比是较少的。随着学校体育的改革，体育教师的角色重新定位，对其专业能力的要求提高，但统一的招考政策使专业能力强的人无法进入体育教师、教练员队伍，而进入队伍的人则难以胜任体育教师尤其是教练员岗位。与优秀运动员升学难、找工作难等供给困难相对应的是需求侧的招录难、开工难。如某高校近 10 年无法招到一名术科专业教师，而退休的专业教师有 10 人之多，专业发展受限。据有关统计，江西省 1/3 的县体校没有专职教练员，30%的县体校有 1～3 人，教练员缺失成为影响江西省体校发展的重要因素。①进入学校后，体育教师或教练员的职称评定标准基本和普通教师一样，论文和著作等要求使其处于劣势地位，晋升难问题一直困扰着他们。因此，教育体制机制和体育体制机制的改革，应按照体育发展的特殊性区别对待，制定相关政策、策略，以激发相关人员的积极性和创造性，促进体教深度融合。

五、通过创新驱动，寻找新动力，促进“体教融合”

新一轮科技革命正在孕育兴起，信息技术、智能制造、互联网、大数据等新技术发展迅速，对相关产业带来重大机遇和挑战。我国原有的主要依靠要素成本优势、大量投入资源和消耗环境的经济发展方式已经难以为继，在新一轮国际经济竞争中只有实施创新驱动发展战略，推动以科技创新为核心的全面创新才行。习近平总书记指出：实施创新驱动发展战略，是应对发展环境变化、把握发展自主权、提高核心竞争力的必然选择，是加快转变经济发展方式、破解经济发展深层次矛盾和问题的必然选择。②2019 年政府工作报告指出，自主创新能力不强，关键核心技术短板问题凸显。创新驱动要坚持自主创新、确保自主可控和集中

---

① 王立伟，曹卫东．中国青少年体育发展报告（2018）［M］．北京：社会科学文献出版社，2020：259．

② 习近平论实施创新驱动发展战略［EB/OL］．（2019-05-30）［2020-8-16］．https://www.sohu.com/a/317606554_120026375．

力量。而坚持创新驱动的关键在教育，根本在人才，要深入实施科教兴国战略和人才强国战略，推进全面创新。

首先，体育领域和教育领域利用互联网、大数据共同搭建学生健康服务平台，监测学生的健康状况和成长过程。这个平台对学生的体质健康监测数据和体育锻炼情况，心理变化过程，营养、睡眠状况等有着长期的系统记录；能够针对学生每个阶段的体育锻炼问题和心理问题及时开具运动处方和健康处方进行科学指导；还能够对学生体育课及课外锻炼和训练的运动负荷进行科学监测和指导；能够通过简易的穿戴设备，采集相关数据，实现学生体育锻炼和健康发展从定性向定量的转变。对少数有运动特长的学生，学校、社会俱乐部及体育协会合作，共同研发体育后备人才发展数据平台，在这里，可详细记录每个学生运动员的运动技能和体能发展的数据，为日后优秀运动员选材及跨项选材提供参考。

其次，积极研发体育锻炼和运动训练的相关器材和设备，发明专利，既能调动参与者的兴趣爱好，也能提高青少年锻炼或训练的效能。随着人工智能、智能制造的迅速发展，积极研发智能自行车，智能篮球架，智能羽毛球、乒乓球发球机和陪练机，多功能攀爬设施，以及不同运动项目、不同运动水平的人员锻炼及训练的剂量效应监测设备等，使体育课、课外体育锻炼、运动训练和比赛从数量增加向质量提升转变。这些研究既需要体育教师、体育科研人员、学生从专业的角度提出设计及要求，也需要工科、理科专家提供理论支撑和技术支撑，通过学科交叉，实现创新发展。

再次，调整高校及科研院所增加对青少年健康发展和竞技体育后备人才培养的相关研究，健全产学研一体化体系。目前青少年体育受中国传统文化影响属于“玩”的范畴，在学习和玩耍的取舍上，受应试教育的影响，学习是重中之重。这种认知错误需要人体科学、脑科学、心理科学等相关学科不断进行基础研究，证明体育与学习的正向关系，证实体育对青少年的身体、心理和社会适应等方面发展的积极作用，用科学方法纠偏，并广泛宣传。高校中的体育院所、体育类高校尤其是体育科研院所重点研究高水平竞技体育人才的科技攻关和科技备战工作，尤其是奥运攻关。这类研究主题或研究成果能否在保证科技攻关的前提下，从优秀运动员的研究向后备人才培养或体育锻炼转移，如模拟仿真、生物力学分析、营养搭配方案、运动康复等，健全青少年健康发展和后备人才培养的产学研基地，利用这个“新增量”深入推进体教融合。

最后，创新驱动关键在人，而激励人创新则靠制度。人的知识水平、专业素养和创新精神，是创新驱动的动力源，而要使人愿意创新，愿意持续创新，则要有制度支撑。2015年，《中共中央 国务院关于深化体制机制改革加快实施创新驱动发展战略的若干意见》重点从体制机制改革方面提出对策。2019年，《中共中央关于坚持和完善中国特色社会主义制度推进国家治理体系和治理能力现代化若干重大问题的决定》指出：“完善科技人才发现、培养、激励机制，健全符合科研规律的科技管理体制和政策体系，改进科技评价体系，健全科技伦理治理体制。”着力破除体教融合中科技人员研发的障碍，创新人才培养模式，吸引各类人才，促进人才合理流动，优化配置，强化激励机制，发挥团队创新作用，营造宽松环境，激发创新活力，促进体教深度融合。

小　结

“体教融合”已从过去的聚焦于“后备竞技体育人才培养”转向了“促进青少年的健康发展”，其范畴大大扩展。从供给侧改革的视角来看，正确认识这个转变和体教融合的内涵，解放思想至关重要，从终身体育出发，将学校体育回归“大体育”和“大教育”，培养全面发展，具有运动特长的青少年，是“体教融合”的出发点和归宿；在大健康背景下，教育部、国家体育总局和学科专家共同发力出真招、出狠招，解决青少年的健康问题和竞技体育后备人才培养问题，多元主体协调共生。供给侧改革通过要素升级、结构优化和制度变革“三大发动机”，提高全要素生产率，拉动经济增长。“体教融合”在供给侧改革中属于“补短板”的内容，通过增加劳动力、资本和场地设施等资源的有效供给、依靠技术进步和信息化应用等实现要素升级；通过横向“三级训练网”和“小学—中学—大学一条龙”的后备人才的结构转向，纵向上各自体系的课程结构和阶段衔接优化，以及青少年体育发展的地域结构和项目结构调整等实现结构优化；通过顶层规划，减少管制，减少垄断、优化服务等制度变革，重构“体教融合”的新生态。另外，通过创新驱动推动“体教融合”全面改革。

第三章 基于供给侧改革视角探析普通高校竞技体育发展的新生态

普通高校竞技体育主要是由普通高校高水平运动员参加的各类比赛和高水平运动的统称。随着对“竞技体育”的概念认知从“高水平竞技”的范畴扩展到“游戏竞赛”的框架内，普通高校竞技体育的参与者应从高水平的精英运动员扩展到学校或学生自主组建的、定期参加比赛的运动个人和团队。这样普通高校竞技体育一般由高水平运动员、体育专业运动员和非体育专业运动员参与。

自 1986 年开始国家教委和国家体委提出普通高校试办高水平运动队以来，经历 30 多年的发展，普通高校高水平运动队取得明显效果。普通高校高水平运动队的办队规模从 1987 年开始的 51 所，到 2020 年增加到 283 所，开设的运动项目最多达到 26 项；可参加的赛事从省、市学生运动会及单项比赛到全国学生运动会、中国大学生体育协会单项竞赛，再到世界大学生运动会，以及国内外重大体育赛事。2011 年深圳成功举办了第 26 届世界大学生夏季运动会；成都成功申办第 31 届 2021 年世界大学生夏季运动会。这些都为国家培养了一批竞技体育后备人才，如清华大学 100 米运动员胡凯、参加中国足球甲级联赛的北京理工大学男子足球队等。纵向上，高水平运动队系统引领学校体育综合改革，对大、中、小学校体育发展起到“龙头”的带动作用，尤其是形成了“小学—中学—大学一条龙”竞技体育后备人才培养体系，为我国“奥运争光计划”筑基固本；横向上高水平运动队建设，带动高校体育发展及文化传承，加大对体育场馆、器材设施的投资力度并提高对体育工作的重视程度，通过“高水平学生运动员”的独特身份和智慧演绎吸引非体育专业学生关注体育赛事并积极参与体育锻炼和比赛，丰富校园文化、巩固校园特色和文化传统，推动高等教育内涵式发展。但目前普通高校高水平运动队建设仍存在发展目标不明确、运动员水平不高、布局不均衡、学训矛盾突出、招生与管理不规范、文化引领不强、带动效应不明显等问题。从整体上来看，普通高校较注重高水平运动队的发展，忽视体育专业学生竞赛和非体育专业学生竞赛。本章以供给侧结构性改革为视角探析高校竞技体育发展的新生态，提出普通高校竞技体育发展的路径策略，为普通高校竞技体育的可持续发展提供参考。

第一节　普通高校竞技体育供给侧改革的本质内涵

“供给侧结构性改革”是习近平总书记于 2015 年在中央财经领导小组第十一次会议首次提出的：“在适度扩大总需求的同时，着力加强供给侧结构性改革，着力提高供给体系质量和效率，增强经济持续增长动力。”2016 年习近平总书记阐述了供给侧结构性改革的主要内容：“供给侧结构性改革，重点是解放和发展社会生产力，用改革的办法推进结构调整，减少无效和低端供给，扩大有效和中高端供给，增强供给结构对需求变化的适应性和灵活性，提高全要素生产率。”[①]2017 年习近平总书记在主持中央政治局第三十八次集体学习时强调：“我国经济发展面临的问题，

---

① 习近平在省部级主要领导干部学习贯彻党的十八届五中全会精神专题研讨班上的讲话［EB/OL］.（2016-05-10）［2019-02-12］. http://www.xinhuanet.com/politics/2016-05/10/c_128972667.htm.

供给和需求两侧都有，但矛盾的主要方面在于供给侧。”①十九大报告明确指出“以供给侧结构性改革为主线，推动经济发展质量变革、效率变革、动力变革，提高全要素生产率”。进入新时代为了满足人民日益增长的美好生活需要，提高供给体系质量成为主攻方向。2019 年中共十九届四中全会强调“坚持以供给侧结构性改革为主线，加快建设现代化经济体系”。②

一、普通高校竞技体育供给侧改革的目的是促进发展，核心是“满足需求”

普通高校竞技体育供给侧改革的目的是从提高高校供给质量和竞技体育人才培养质量、促进青年健康发展出发，在适度扩大总需求的同时，加快供给侧结构性改革，矫正普通高校竞技体育相关要素的配置扭曲，扩大有效供给，提高供给结构对新时代人才需求和青年健康发展的适应性和灵活性，推动要素升级、结构优化、制度变革和创新驱动，提高全要素生产率，建立管理体制机制合理，规模质量皆佳，普及和提高相协调，适应社会主义市场经济体制和现代化发展需要的高校竞技体育新生态。

解决当前普通高校竞技体育的痼疾顽症要坚持问题导向和目标导向，高校竞技体育改革在公平与效率、投资和效益、国家需要和个人期望、理想与现实等方面推进，其中高校竞技体育供给侧改革是关键。其核心是通过提高高校竞技体育供给质量，优化供给结构，满足新时代学生体育运动的多样化、个性化发展和未来竞技体育的人才需求。高校竞技体育的终极产品需通过高水平竞赛和国家、社会、市场来检验。

---

① 习近平主持中共中央政治局第三十八次集体学习［EB/OL］.（2017–01–22）［2019–02–03］. http://www.gov.cn/xinwen/2017-01/22/content_5162360.htm.

② 中共中央关于坚持和完善中国特色社会主义制度 推进国家治理体系和治理能力现代化若干重大问题的决定［A/OL］.（2019–11–05）［2019–12–30］. http://www.gov.cn/zhengce/2019-11/05/content_5449023.htm.

高校高水平运动队的建队初衷和目标在1987年国家教委颁布的《关于部分普通高等学校试行招收高水平运动员工作的通知》中有明确表述，即“巩固和发展中小学体育传统项目学校和试点学校，提高普通高等学校体育运动技术水平，培养德、智、体、美、劳全面发展的高水平学生运动员”。[①]这个初心一直未改变，2017年颁布的《教育部关于进一步加强普通高校高水平运动队建设的实施意见》明确表述了普通高校建设高水平运动队的主要目的，即“引领学校体育课余训练和竞赛发展，为国家培养全面发展的高水平体育人才，完成世界大学生运动会及国际、国内重大体育比赛任务，充分展示我国大学生的精神面貌”。[②]可见，高校高水平竞技体育的主要目的有两个：一是提高普通高校的运动技术水平，培养全面发展的高水平竞技体育人才，完成重大体育比赛任务；二是引领学校体育课余训练和竞赛，传承校园文化，包括横向上对学校非体育专业学生的示范和引领，使其参与体育锻炼，促进健康发展，展示我国大学生良好的精神面貌；纵向上，“小学—中学—大学一条龙”培养体系发挥“龙头”作用，吸引中小学生参与和竞赛。

随着经济发展水平的不断提高，我国从体育大国向体育强国迈进。体育强国，不仅要求我国竞技体育达到世界一流水平，而且要求全国人民健康发展。而普通高校以高水平运动队为核心的竞技体育，作为人才培养第一资源的重要结合点，一方面要产出优质高效的精英运动员，为奥运争光计划输送竞技体育人才；另一方面要引领学校课外体育活动、课余体育训练和课余体育竞赛的发展，丰富校园文化，促进青年健康发展。两手都要抓，两手都要硬。然而，普通高校竞技体育发展现实状况与初衷相距甚远。目前高校培养的运动员能够参加世界级体育比赛的人数较少，能进入国家队的优质运动员更少，而较多项目的国家队出现典型的“招工难”和“用工荒”，如对于多次斩获冠军的中国女排来说，当

---

① 国家教委．关于部分普通高等学校试行招收高水平运动员工作的通知［A］．1987-04-09.

② 教育部．教育部关于进一步加强普通高校高水平运动队建设的实施意见［A/OL］．(2017-07-03)［2019-06-30］．http://www.gov.cn/gongbao/content/2017/content_5248226.htm.

前培养年轻有实力的球员是中国女排亟待解决的问题。精英运动员是紧缺人才，而高校培养的高水平运动员能胜任的则寥寥无几，高质量人才供给严重不足。促进青年健康发展是高校竞技体育的第二个重要使命。2020 年中央全面深化改革委员会第十三次会议审议通过的《关于深化体教融合 促进青少年健康发展的意见》明确指出，要树立健康第一的教育理念，推动青少年文化学习和体育锻炼协调发展，加强学校体育工作，帮助学生在体育锻炼中享受乐趣、增强体质、健全人格和锻炼意志。“体教融合”是“体教结合”的升级版，将其范畴从“少数高水平运动员”扩展到“非体育专业学生”，从注重高水平运动员的比赛成绩到强调整体学生的强身健体再到学生人格塑造的转变，切实提高人才培养质量。但 2014 年全国学生体质健康调查结果显示，大学生身体素质继续呈现下降趋势。[①]大学生的身体素质状况下降趋势未能扭转，其体育锻炼习惯和意识仍未形成，高校竞技体育改革迫在眉睫。

通过加强学科建设，调整专业结构、加强训练竞赛管理、科学评价竞赛和文化课成绩等实现育人减负的“降成本”、人才培养的“高效率”、评价成绩的“扬长与补短”和就业创新的“产能提升”能够解决办人民满意的体育教育问题。同时，丰富高校竞技体育供给内容、形式和途径，为非体育专业学生提供更多可选择的体育教育资源、教育环境和服务模式来替代或打破原先较为统一的培养模式，满足大学生的多样化、个性化需求，完善高校竞技体育发展的新生态。

二、普通高校竞技体育供给侧改革的重点是“放管服”，提升治理水平和治理能力

普通高校竞技体育属于高等教育的范畴，高等教育领域的“放管服”改革同样适用于高校竞技体育。2017 年印发的《教育部等五部门关于深化高等教育领域简政放权放管结合优化服务改革的若干意见》明确指出：“破除束缚高等教育改革发展的体制机制障碍，进一步向地方和高校放

① 国家体育总局. 2014 年全国学生体质健康调研结果［J］. 中国学校卫生，2015，36（12）：4.

权，给高校松绑减负、简除烦苛，让学校拥有更大办学自主权，激发广大教学科研人员教书育人、干事创业的积极性和主动性，培养符合社会主义现代化建设需要的各类创新人才，培育国际竞争新优势。”①针对高校学科专业、人员编制、用人进人、职称评价、薪酬分配、经费使用等方面改革提出明确要求：构建“政府管教育、学校办教育、社会评教育”的新型关系。在简政放权的同时，教育领域也需要“放管结合”。“放”是政府部门角色定位问题，厘清政府、高校和社会的边界和相互关系；“管”的核心是政府监管转型问题，涉及高校管理体制、运行机制、法律保障等以激发学校内生动力和活力；“服”的核心是政府通过构建高校治理机制和体制，提升治理能力，优化服务水平。通过“权利清单”“责任清单”和“负面清单”②制度，推进政府转变教育行政职能、大力削减教育行政审批事项。为了系统总结有益经验，展示一些地方和高校的创新做法，教育部推出高等教育“放管服”改革系列实践操作指南。

高校竞技体育在高等教育领域“放管服”和“管办评”改革中受益颇多，是“补短板”的内容。高校竞技体育中的高水平运动队属于特殊类招生范畴，其人才培养模式基本属于学科交叉领域，竞技比赛的成绩换算，竞技人才培养的经费使用按照高校统一标准执行，致使很多方面屡屡碰壁，如高水平教练员的外聘，校内兼职教练员的工作量换算、职称评定，运动员的训练经费和竞赛成绩奖励等。教育部等五部门出台的意见明确指出，高校依法自主管理岗位设置和自主设置内设机构，高校根据事业发展、学科建设和队伍建设需要，自主制订招聘或解聘的条件和标准，自主公开招聘人才，将高校教师职称评审权直接下放至高校，

---

① 教育部，中央编办，发展改革委，等．教育部等五部门关于深化高等教育领域简政放权放管结合优化服务改革的若干意见［A/OL］．（2017-04-06）［2020-01-30］．http://www.moe.gov.cn/srcsite/A02/s7049/201704/t20170405_301912.html.

② 教育领域“放管服”要用好“三个清单”［EB/OL］．（2019-04-03）［2019-06-12］．http://news.sciencenet.cn/htmlnews/2019/4/424801.shtm.

由高校自主组织职称评审、自主评价、按岗聘用等。[①]这为高校竞技体育的机构设置、管理体制和运行机制的创新、高水平教练员的外聘和内部培养等提供了政策依据，成为高校竞技体育发展的制度“红利”。高校根据项目特色对学生的联赛制度、带队教师的岗位培训及职称评定等进行管理和评价，有了较大的自主性和灵活性，激发了体育教师的带队积极性和学生参与体育锻炼和竞赛的内驱力。

三、普通高校竞技体育供给侧改革的关键是“结构性问题”

习近平总书记指出，影响经济增长的突出问题有总量问题，但结构性问题更为突出。[②]供给侧改革的重点是用改革的办法推进结构调整，减少无效和低端供给，扩大有效和中高端供给，增强供给结构对需求变化的适应性和灵活性。普通高校竞技体育作为高等教育的一个组成部分，其发展同样也存在结构性问题，需要调结构，转方式。

传统意义上，普通高校竞技体育仅涉及高校高水平运动队；但随着教育领域和体育领域改革的不断推进，尤其是党的十九大后，面对教育强国和体育强国的建设要求，教育领域和体育领域全面深化改革，人们对竞技体育的认知发生了深刻的变化，从培养“精英运动员”扩展到促进全体学生的健康发展。尤其是在2020年《关于深化体教融合促进青少年健康发展的意见》颁布后，“竞技体育”的概念进一步从思想意识层面转向实践操作层面。普通高校竞技体育的参与者从高水平运动队，扩展到体育专业学生和非体育专业学生。尤其是普通学生中有体育特长的学生，在学习文化课的同时，进行运动训练，组队参加各种类型的竞赛。这就构成了新的高校竞技体育的内容结构，即“高水平运动队+体育专

---

① 教育部，中央编办，发展改革委，等．教育部等五部门关于深化高等教育领域简政放权放管结合优化服务改革的若干意见［A/OL］.（2017–04–06）［2020–01–30］. http://www.moe.gov.cn/srcsite/A02/s7049/201704/t20170405_301912.html.

② 习近平在省部级主要领导干部学习贯彻党的十八届五中全会精神专题研讨班上的讲话［EB/OL］.（2016–05–10）［2019–02–12］. http://www.xinhuanet.com/politics/2016-05/10/c_128972667.htm.

业学生组队+非体育专业学生组队”。如何对这三个方面进行顶层设计和统筹规划，将“普及与提高”的关系进一步升级转型，需要深入思考。

运动项目是普通高校竞技体育关注的核心，也是各类竞赛举办的依据。2017年印发的《教育部关于进一步加强普通高校高水平运动队建设的实施意见》规定，具备建设条件的高校所举办的运动队项目数原则上不多于5个；按照突出重点、发挥优势、利于竞赛、动态调整的原则，不断优化高水平运动项目的规划布局。2020年印发的《教育部办公厅关于公布2020年普通高校高水平运动队技术调整结果的通知》规定，举办橄榄球、龙舟、棋（牌）类、定向越野、手球、垒球、射击、赛艇、攀岩、健美操等10项生源不足或能从普通在校生中选拔培养的高水平运动队项目，要逐步停止高水平运动队招生，2021年前要全部停止招生或调整到位。2020年高水平运动队的项目已经比2018年少了摔跤、柔道和赛艇3个项目，2021年将继续减少9个项目，只保留13个项目，这个调整实质是在项目数量上做“减法”，在项目质量上做“加法”。但被减项目的人才发展怎么办，如果推给家庭和市场，如何理顺关系？增量就是增加当前项目的运动队的数量，增量后势必引起竞争力增强，人才培养质量提高，但如何增也需要做好规划。在13个项目中，足球和冰雪是最大的增量项目。在“校园足球工程”的推动下，如何统筹高校高水平运动队和体育类的足球专业和足球学校发展？冰雪项目是在2015年北京2022年冬奥会成功申办后急需发展的项目，其小项如何规划，北京2022年冬季奥运会举办后如何发展？

教育领域乃至经济领域都存在区域发展不平衡的结构性问题，高校竞技体育发展地域差异也同样明显。就建队数量和运动项目数量和质量而言，均具有明显的聚集效应，华北和华东地区发展较好，而华中、西北、西南地区发展较差。

另外，在高校高水平竞技体育发展中，男运动员的人数和建队项目数均多于女运动员，具有明显的性别结构差异。

普通高校竞技体育供给侧改革将统筹规划内容结构、项目结构、地域结构和人才培养的性别结构，需要通过制度创新解决一系列关键问题，提升高校竞技体育结构的整体效能。

四、普通高校竞技体育供给侧改革的方向是“供需平衡”

供给和需求是对立统一的关系，保持总供给和总需求的动态平衡是保持经济增长的重要条件。需求侧的消费、投资和出口“三驾马车”重在短期调控。在国际金融市场不稳定，国内面临经济下行压力的背景下，做好需求管理可以改善市场预期，增强人们对经济的信心，避免经济增速短期快速下行激发各种矛盾和潜在风险，避免增大改革的难度和成本。[①]供给侧结构性改革要拿捏好需求管理的尺度，营造稳定的宏观环境。在高等教育领域，学校的概念、课堂的概念、教学的概念等已经发生了颠覆性的变化，教育改革向着“高质量”“可选择”“个性化”迈进，变化了的教育需求和体育需求，需要新供给，以实现再平衡。

高校竞技体育供给侧结构性改革离不开需求管理的配合。随着教育领域的“放管服”“管办评”改革不断推进，作为“补短板”一项的高校竞技体育可以通过增加资金投入，加强师资力量，改善体育场地设施和公共服务等带动高校竞技体育投资和消费需求增长。另外，还可以通过高校竞技体育内容和服务创新提高品质和质量，吸引和创造更多的体育需求。高校竞技供给侧改革的最终落脚点是更高水平的供需平衡。

第二节　普通高校竞技体育发展现状及供给问题分析

本节基于供给侧结构性改革的视角从供给主体、供给要素、供给结构三方面分析普通高校竞技体育发展的现状及问题。

---

① 王一鸣，陈昌盛，李承健．正确理解供给侧结构性改革［N］．人民日报，2016-03-29（7）．

一、普通高校竞技体育供给主体——以教育部及其相关部门为主

普通高校竞技体育的宏观供给主体主要由普通高校体育行政管理机构、高校体育教育及科研机构和社会组织构成。普通高校竞技体育的微观供给主体主要由普通高校内部的竞技体育管理机构构成。

（一）普通高校竞技体育的宏观供给主体

普通高校竞技体育的最高行政管理机构是国务院，具体工作由教育部和国家体育总局负责。

通过查阅相关政策文件发现，从 20 世纪 80 年代中后期高水平运动队由普通高校竞技体育供给主体开始试办到 21 世纪初由教育部和国家体育总局共同管理，2005 年后主要由教育部管理，国家体育总局的作用逐渐减弱。

1986 年印发的《关于开展课余体育训练，提高学校体育运动技术水平的规划》指出，办好一批培养高水平学生运动员的学校，在试点学校中选择几所中学和高等学校作为基地，训练全国学生体育代表团、队，举办体育竞赛，进行体育交流活动。[①]可见，普通高校高水平竞技体育的主要供给主体是教育部，我国学校课余训练工作需要教育、体育行政部门和各有关方面的共同努力。1987 年印发的《国家体育运动委员会、国家教育委员会关于著名优秀运动员上大学有关事宜的通知》提出，“由国家体委会商国家教委与有关高校联系入学事宜”，明确了国家体委在普通高校高水平运动队建设中的作用。同年国家教委印发的《关于部分普通高等学校试行招收高水平运动员工作的通知》提出，国家教委会同国家体委，根据《关于开展课余体育训练，提高学校体育运动技术水平的规划》中提出的目标和要求以及本办法的条款，组织人员定期对试点学校进行评估。[②]在普通高校试办高水平运动队的初期，原国家教委和原国家

---

① 国家教育委员会，国家体育运动委员会．关于开展课余体育训练，提高学校体育运动技术水平的规划（1986—2000 年）[A]．1986-10-30.

② 国家教育委员会．关于部分普通高等学校试行招收高水平运动员工作的通知 [A]．1987-04-09.

体委共同努力将这一事业不断推进。1995 年国家教委印发的《国家教委办公厅关于部分普通高等院校试办高水平运动队的通知》指出，以参加由国家体委或国家教委主办的全国运动会或单项比赛中获得个人项目前六名或集体项目前六名的主力运动员并具有高中毕业或同等学力者为招收对象，国家教委体育卫生与艺术教育司、高校学生司委托中国大学生体育协会各相应单项体育协会组织专家测评组。[①]这里明确了普通高校招收由国家教委或国家体委组织比赛并获取优异名次的运动员，其具体管理部门为国家教委体育卫生与艺术教育司、中国大学生体育协会及各单项体育协会。2005 年印发的《教育部 国家体育总局关于进一步加强普通高等学校高水平运动队建设的意见》提出：教育部、国家体育总局鼓励普通高等学校创造条件建设高水平运动队，对普通高等学校高水平运动队的建设进行宏观规划和指导。[②]这里明确了教育部和国家体育总局对普通高校高水平运动队的宏观规划和指导作用。但其具体职责任务划分没有明确规定。

2013 年国务院印发的《国务院关于取消和下放一批行政审批项目等事项的决定》指出，各地区、各部门要认真做好取消和下放管理层级行政审批项目等事项的落实和衔接工作，切实加强后续监管。[③]2014 年《教育部办公厅关于印发〈教育部职能转变方案〉及〈落实《教育部职能转变方案》任务分工〉的通知》明确将普通高校高水平运动队建设工作下放到省级教育行政部门。2017 年印发的《教育部关于进一步加强普通高校高水平运动队建设的实施意见》指出，“根据国务院有关转变政府职能的要求，普通高校高水平运动队建设评审工作下放到省级教育行政部门”，并首次明确了普通高校建设高水平运动队各主体的责任，即“各省

① 国家教育委员会办公厅. 国家教委办公厅关于部分普通高等院校试办高水平运动队的通知［A］. 1995-05-29.

② 教育部体育卫生与艺术教育司. 教育部国家体育总局关于进一步加强普通高等学校高水平运动队建设的意见［A/OL］.（2005-04-18）［2019-06-30］. http://www.moe.gov.cn/s78/A17/s7059/201410/t20141021_178151.html.

③ 国务院. 国务院关于取消和下放一批行政审批项目等事项的决定［A］. 2013-05-15.

级教育行政部门是本地区高校高水平运动队建设的责任主体，具体负责规划布局、建设评审、业务指导和监督管理等工作，要切实履行建设和监督主体责任，并结合当地实际，研究制订加强高校高水平运动队建设工作的具体实施方案……同时，要制定目标明确的高水平运动队建设发展总体方案，报省级教育行政部门进行备案”。可见，普通高校高水平运动队的责任主体是各省级教育行政部门，而以国家体育总局为首的体育系统的责任没有相关论述，这表明普通高校高水平运动建设由教育系统负主要责任。

普通高校高水平运动队的责任主体为省级教育行政部门，其规划布局、建设评审、业务指导和监督管理有了明确的定位，可提高普通高校高水平运动队的宏观管理效能。但教育系统独建的特征将导致体育系统和社会系统对普通高校竞技体育的疏远，可能会增加相关部门壁垒和介入困难，也可能导致部分优质资源的流失。

普通高校主要有中央部委直属高校和地方直属高校两大类。教育部直属高校是由教育部直属管理，其他部委高校有工业和信息化部、国家民族事务委员会等部委直属高校，这两类高校都属于中央部委直属高校，其供给资源较多，发展较快，师资力量强，教学条件一流，发展前景好，是高校中的精英。地方直属高校通常又称省属高校，是指隶属各省、自治区、直辖市、港澳特区等的高校，大多数靠地方财政供给；这些高校以服务区域经济社会发展为目标，着力为地方培养高素质人才。由表 3–1 可见，2020 年教育部直属高校招收的高水平运动员所占比例较大，达到 75.56%，其他部委直属高校有 15 所招收高水平运动员。这些中央部委直属高校，资源供给较好，高水平运动队发展较快。而地方直属高校招收的高水平运动员所占比例最小，为 8.03%，但地方直属高校数量最多，达到 184 所，占招收高水平运动员高校总数的 68.91%。不同地方经济发展水平不同，对高校的要素供给不同，高水平运动员的发展所受的影响不同，东部地区显著好于中西部地区。

表 3-1　2020 年招收大学生运动员的高校统计一览表（单位：所）

高校类型	东北		东北		华东		华中		华南		西南		西北		招生学校总数	高校总数	百分比（%）
	招生数	高校数	招生数	高校数	招生数	高校数	招生数	高校数	招生数	高校数	招生数	高校数	招生数	高校数			
教育部直属高校	21	28	4	6	21	28	8	9	2	3	6	7	6	7	68	88	75.56
其他部委直属高校	4	19	3	5	3	8	1	3	1	3	0	3	3	12	15	53	28.30
地方直属高校	34	351	22	244	56	641	23	300	16	203	20	330	13	222	184	2291	8.03
总计	59	398	29	255	80	677	32	312	19	209	26	340	22	241	267	2432	10.98

中国大学生体育协会（Federation of University Sports of China，英文缩写为 FUSC）成立于 1975 年，现隶属教育部，是经民政部审核批准、具有法人资格的国家级体育社团，是中华全国体育总会、亚洲大学生体育联合会（AUSF）以及国际大学生体育联合会（FISU）的会员单位，目前下设 35 个分会。《中国大学生体育协会章程》规定："中国大学生体育协会是由全国高等学校和省（自治区、直辖市）大学生体育协会及全国高等学校在校学生、体育教师、体育工作者及热心大学生体育事业的社会人士自愿组成的全国性、专业性、非营利性社会组织……中国大学生体育协会是根据法律、法规授权和行政机关委托，管理大学生体育竞赛的唯一合法组织。"①中国大学生体育协会作为社会组织，管理大学生体育赛事，每年组织 200 多项大学生体育赛事及活动，打造了中国大学生足球联赛、中国大学生篮球联赛（CUBA）等深受大学生喜爱的品牌赛事。中国大学生体育协会的主要任务是组织大学生体育赛事，制定竞赛发展规划、制定竞赛制度、规程和管理规定并组织实施，负责全国各级各类大学生体育竞赛的组织管理、指导和监督等。但目前中国大学生

① 中国大学生体育协会章程[EB/OL].（2017-11-15）[2018-05-16]. http://www.sports.edu.cn/web/institution/images/201910141571036935951_76.pdf.

体育协会组织的竞赛与体育系统的体育竞赛相分离，教育系统组织的竞赛体育系统的运动员不能参加；中国大学生体育协会与国家单项体育协会之间关系亟待理顺，业余运动员升级专业运动员的赛事体系仍不完善。

（二）普通高校竞技体育的微观供给主体

普通高校竞技体育的微观供给主体是学校内部的体育学院或体育系的竞赛训练部（或点）等。1987 年国家教育委员会印发的《关于试点高校培养高水平运动员的管理办法（试行）》指出：学校要加强对试点工作的领导，学校各有关部门应主动关心，并切实安排好学生运动员培养教育工作；学校应在主管体育工作校（院）长领导下，由校（院）办公室牵头，有关学生管理、教学、后勤、体育工作的人员参加组成相应领导机构，其中有 1～2 名专职工作人员，统一组织安排试点工作中的教学、教育、训练、学籍管理、教师配备后勤等各项工作；有关系（科）应有一位系（科）主任分管试点工作；运动训练工作由体育部或体育教研室负责，有条件的学校可成立训练竞赛组（室）。因此，在建队之初对普通高校竞技体育管理机构的要求就已明确：学校加强领导责任；成立领导机构和配置专职工作人员，明确分管任务；有条件的学校成立训练竞赛组（室）。普通高校在多年实践中基本是按照这一要求设立机构和人员，并对高水平运动员的招生、学习、训练和竞赛等工作进行专门管理的。如北京理工大学高水平运动队的建设和管理，实行校党委领导下的主管校长负责制，在学校体育与艺术教育委员会领导下，专门成立了高水平运动队建设领导小组，具体负责发展规划、学生思想、招生、训练比赛、学籍管理、后勤保障等各项工作，并做到分工明确、责任落实到人。

高水平运动员既要参加训练和竞赛，又要进行文化课学习。高水平运动员的训练和竞赛一般由体育学院（或部系）负责。而对于文化课教学，有些学校将其统一归属到某学院某专业的教学体系中，或与非体育专业学生一起，或单独排班，按照特定的培养计划进行；有些学校则将其分散到多个学院的多个专业。校内高水平运动员由多个部门共同管理容易引发不同部门之间交流障碍或不同部门规章制度发生冲突的问题。如高水平运动员在比赛期间，如何补习文化课，如何与不同课程教师沟通交流，学习落后的高水平运动员如何追赶等问题，需多个部门协调，不断寻找最优方案。另外，随着高校竞技体育内容结构由高水平运动队向体育专业学生队和非体育专业学生队延伸，体育专业学生由体育学院（或系）管理，这种由单一机构进行管理的方式比较容易达成；但非体育专业学生的带队、训练、竞赛、学习规划需不断完善；如何理顺三者之间的关系，优化资源配置，达到较高的管理效能，更是需要不断研究的问题。

综上所述，普通高校高水平竞技体育的最高管理机构是国务院，具体管理工作自20世纪80年代的建队开始到21世纪初由教育部和国家体育总局共同负责，2017年明确由教育部下放到各省级教育厅。各省级教育厅虽然对高水平运动员的招生、训练等方面具体负责，提高了管理效能，但也使其与体育系统和社会系统产生隔离，可能会流失优质教育资源。而普通高校高水平竞技体育的微观管理机制即学校内部的管理基本上是：运动员的训练和竞赛由体育部门管理，文化课学习由不同学科专业部门管理。多头管理时，其内部关系如何理顺的问题需不断进行研究。

二、供给要素——劳动力、资源和资金供给有限

要素升级作为经济发展的重要动力，与劳动力、土地、资源和资金等要素投入量的增加不同，主要表现为生产要素质的提升，即由主要依靠劳动力、土地、资源等普通要素向主要依靠知识、技术、人才和信息等高级要素的升级转换。高校竞技体育的要素包括劳动力、体育场馆设施和资金等，处于发展的早期阶段。普通要素占有重要位置，更需要依靠技术进步、人的素质提升、资金效率提高和场馆设施完善实现升级改造。

（一）普通高校教师或教练员水平有限，内生动力不足

“教育大计，教师为本。”教师是教育发展的第一资源，习近平总书记[①]高度重视教师队伍建设，提出了“四有”好教师标准，即要有理想信

① 习近平．做党和人民满意的好老师：同北京师范大学师生代表座谈时的讲话［N］．人民日报，2014-09-10（2）．

念、要有道德情操、要有扎实学识、要有仁爱之心，并鼓励教师做学生锤炼品格的引路人、学习知识的引路人、创新思维的引路人、奉献祖国的引路人，为教师的培养和专业成长指明了方向。习近平总书记十分重视知识分子在社会主义现代化建设中的地位和作用，并指出：“全面建成小康社会，我国广大知识分子能够提供十分重要的人才支撑、智力支撑和创新支撑。”①

普通高校的体育教师和教练员是高校竞技体育发展的第一资源，其专业能力和执教水平决定着高校竞技体育发展的水平。由于高校竞技体育的体育教师和教练员人数众多，对其全部进行调查较为困难，下面选取篮球项目的体育教师和教练员作为代表进行问卷调查和访谈。

1. 普通高校篮球教师或教练员的年龄结构分析

对 2019 年参加第十四届全国学生运动会篮球联赛预选赛（大学组）的 33 名篮球教师或教练员的调研（图 3–1）表明，年龄在 40 岁及以下的篮球教师或教练员占比高达 57.58%，属于青年篮球教师或教练员；41～50 岁的篮球教师或教练员占比为 30.30%，该类型篮球教师或教练员是团队的中坚力量，但所占比例较小；51 岁以上经验丰富、资历较深的篮球教师或教练员也仅占比 12.12%。整体来看，我国高水平篮球教师或教练员的年龄结构分布基本合理。

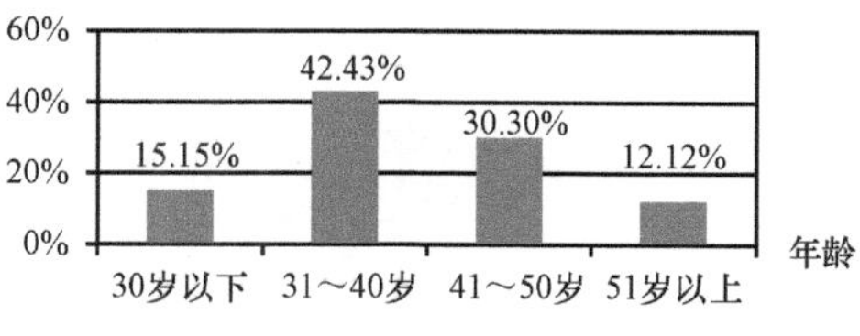

图 3–1　2019 年参加第十四届全国学生运动会篮球联赛预选赛（大学组）的篮球教师或教练员的年龄统计图

① 紧跟时代肩负使命锐意进取 为共同理想和目标团结奋斗［N］. 人民日报，2016–04–30（1）.

2. 普通高校篮球教师或教练员的学历和职称情况分析

学历水平是衡量一名体育教师或教练员知识水平和文化底蕴的重要指标。调查显示（表 3–2），在受访的 33 名篮球教师或教练员中只有 1 人为专科学历；有 66.67% 是硕士研究生学历；而本科和博士研究生学历的篮球教师或教练员分别占 21.21%和 9.09%。普通高校的篮球教师或教练员以硕士研究生学历为主，本科学历为辅，博士研究生学历较少。拥有硕士研究生学历表明这些教职人员有一定的科研能力，可在训练或竞赛中展开相关研究，为提升运动员的培养质量提供创新基础。高校高学历的体育教师或教练员总量偏小。这与体育学科博士学位授权点较少，每年招生人数较少密切相关。有一定运动经历，且能够参与运动训练和竞赛的高学历体育教师或教练员更是凤毛麟角。近年来，普通高校招聘时的学历条件要求均以博士研究生及以上学历为主，这就将很多符合训练要求的高水平教练员拒之门外，不利于高校竞技体育的发展。近十来年，术科教师退休人数较多，而招聘高水平体育教师尤其引进高学历的术科教师十分困难，高校竞技体育因高学历“门槛”而遭遇“用人荒”。普通高校竞技水平或执教水平高的体育教师或教练员引进困难成为普遍问题。

表 3–2　普通高校篮球教师或教练员学历情况

学历基本情况	人数	百分比/%
大专	1	3.03
本科	7	21.21
硕士研究生	22	66.67
博士研究生	3	9.09
总计	33	100

普通高校体育教师或教练员的职称代表着其学识水平和工作业绩，反映的是专业技术人才的专业能力和技术水平。在接受访谈的 33 名篮球教师或教练员中有讲师职称的为 10 人，占 30.30%；有副教授职称的为

15 人，占 45.46%；有教授职称的为 3 人，占 9.09%；有助教职称的为 5 人，占 15.15%（图 3–2）。从表面数据上看，我国普通高校篮球教师或教练员职称结构基本合理，讲师和副教授占比较高，但与年龄联系起来进行分析，其中有较多的大龄副教授。普通高校近年来职称评定按照统一标准和要求进行，体育教师或教练员评职称需要有省级或国家级课题、著作出版（有字数要求）、论文发表（有级别要求）等，但对带队成绩等指标统计较少。这一评价标准将许多适龄体育教师或教练员拒之门外，产生了较多的大龄讲师和大龄副教授。这严重制约了体育教师或教练员的带队积极性和创造性。带队成绩无法和职称评定挂钩，意味着体育教师或教练员的工作绩效不被主流认可，体育教师或教练员升职无望，容易形成习得性无助感，导致内生动力不足，工作懈怠，在较大程度上影响竞技体育人才的培养。

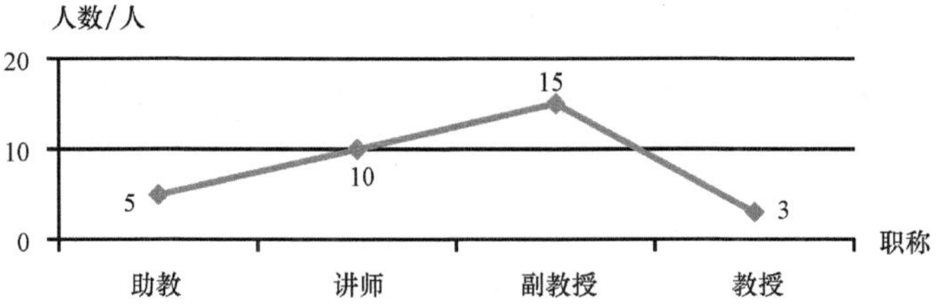

图 3–2　2019 年参加第十四届学生运动会篮球联赛预选赛（大学组）的篮球教师或教练员的职称统计图

3. 普通高校篮球教师或教练员的执教年限和运动经历分析

优秀的体育教师或教练员的执教经验非常重要，而执教经验的积累大多源于多年的执教经历和大量的实战训练和比赛。执教年限是考量体育教师或教练员执教经验的重要指标。由调查可见，33 名篮球教师或教练员的执教年限在 10 年以内的占到 57.58%，这表明半数以上仍需不断历练；执教年限在 11～15 年的占 15.15%；而经验丰富、执教年限在 16 年及以上的资深人员仅有 27.27%。执教年龄较长的人数偏少。

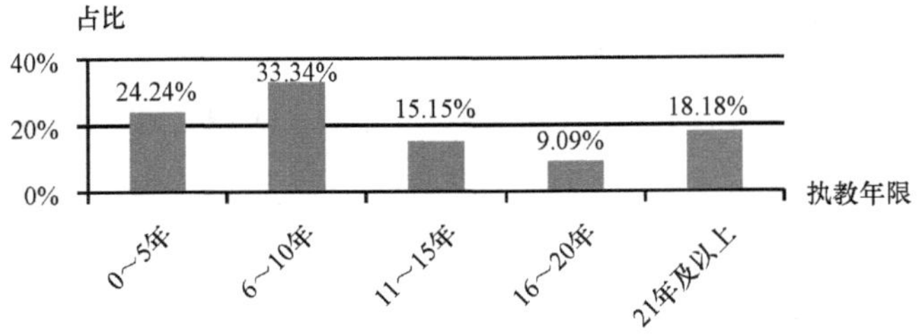

图 3-3　2019 年参加第十四届学生运动会篮球联赛预选赛（大学组）的篮球教师或教练员的执教年限统计图

运动经历或运动经验是体育教师或教练员的宝贵财富，尤其对运动员战术意识和战术能力的培养至关重要。由表 3-3 可知，在篮球教师或教练员中，健将级运动员占 15.15%；国家一级运动员占 48.49%。这说明普通高校高水平篮球教师或教练员的能力水平较高，这与 CUBA（中国大学生篮球联赛）赛事的发展密切相关。参加全国学生运动会的普通高校中篮球师资队伍水平高，学生运动员的竞技水平也较高。但是在参赛学校中仍有将近 1/4 的篮球教师或教练员没有任何运动员技术等级称号，参赛经验也较少，他们要带出能够取得好成绩的队伍，必须进一步提升能力水平。

表 3-3　篮球教师或教练员运动等级一览表

级别	健将级	国家一级	国家二级	无	总计
人数/人	5	16	5	7	33
百分比/%	15.15	48.49	15.15	21.21	100

4. 普通高校篮球教师或教练员的聘用情况

由图 3-4 可知，有 39.39%的篮球教师或教练员是全职的；51.52%是兼职的；9.09%是外聘的。普通高校一半以上的篮球教师或教练员除了要进行训练比赛外，还要将精力分配到体育课教学、课外体育活动等工作中。工作的多样性使得他们任教精力有限，面对训练和比赛任务时不能全力以赴，训练时间和质量难以保证，进而影响竞赛成绩和运动员的培养。在篮球教师或教练员中外聘人员数量较少，通常为篮球职业队退役的优秀运动员或教练员，对篮球训练和竞赛比较精通，执教水平较高，但多数普通高校因不能满足其较高的薪金要求而没有能力聘请他们。同时，从篮球职业队退役的优秀运动员或教练员想要进入普通高校任职，多数会因学历问题而被拒之门外。更多从篮球职业队退役的优秀运动员或教练员会选择进入社会俱乐部发展，与普通高校失之交臂。

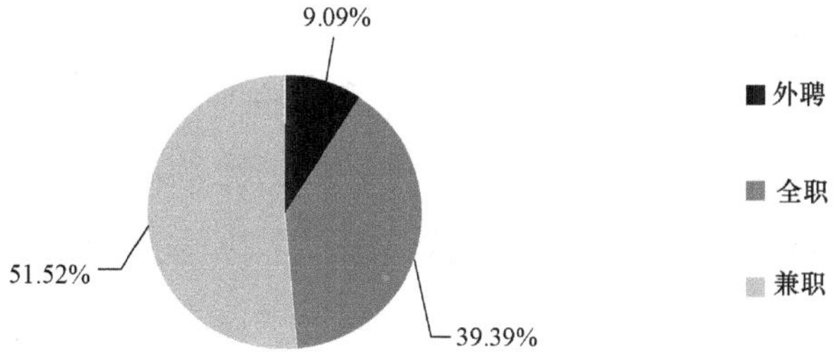

图 3-4　篮球教师或教练员的聘用情况

5. 普通高校篮球队教练员团队的配备情况分析

如表 3-4 所示，在 33 名受访的高水平篮球运动队的教师或教练员中，有 32 名教练员表示篮球队配备了主教练员，22 名教练员表示篮球队配备了助理教练员，占比分别达到 96.97%和 66.67%；但在专职领队、执行教练员和体能教练员配备方面占比分别仅有 21.21%、18.18%和 24.24%；而在营养师配备方面占比只有 3.03%。由此可见，篮球教练员团队中多数教练员身兼数职，一饰多角，进而影响篮球队的长远发展。

表 3-4　教练员团队的人员配备（$n=33$）

人员配备	配备人数/人	百分比/%
专职领队	7	21.21
主教练员	32	96.97
执行教练员	6	18.18
体能教练员	8	24.24
助理教练员	22	66.67
专职营养师	0	0
兼职营养师	1	3.03

（二）大学生运动员竞技能力较强、文化学习基础稍差，质量标准难以统一

1. 大学生运动员的招生人数及方式

普通高校招收高水平运动员主要有四种途径。第一种是体育专项测试成绩突出且高考成绩达到普通高校招生本科第二批最低投档分数线（简称“二本线”）。第二种是体育专项测试成绩突出且高考成绩达到二本线的 65%。这两类学生运动员均需参加体育专项测试和高考，两者都达线，且被报考学校录取才行。第三种是获得一级运动员、运动健将、国际运动员健将证书及武英级以上称号，且通过招生学校文化考核的运动员。这类运动员属于运动水平最高，但文化课成绩偏低的学生。因其竞技水平高，很多高校愿意招录该类运动员。第四种是通过单招考试录取的运动员。

对“阳光高考”平台上相关数据的统计显示，2020 年普通高校招收 22 个项目共 8459 名大学生运动员（表 3–5）。其中通过二本线的运动员最多，为 3927 人，占 46.42%；通过二本线 65%的次之，为 2716 人；通过单招合格线的人数最少，为 1816 人。从地区来看，北京市招生人数最多，为 771 人；青海省招生人数最少只有 2 人。不同地区招生人数有着明显的差异。大学生运动员中通过二本线的占多数，表明其文化课初始成绩较好，为完成学业做好了铺垫。但参加较高水平比赛的大学生运动员的文化课成绩相对较差。

表 3–5　2020 年普通高校招收高水平运动员的人数统计　（单位：人）

地区	达到二本线	达到二本线的 65%	达到单招合格线	总计
北京市	439	198	134	771
天津市	98	86	71	255
河北省	44	66	37	147
山西省	79	85	68	232
内蒙古自治区	86	59	35	180

续表

地区	达到二本线	达到二本线的 65%	达到单招合格线	总计
辽宁省	95	89	42	226
吉林省	73	64	42	179
黑龙江省	52	105	39	196
山东省	131	177	116	424
河南省	115	76	49	240
陕西省	159	98	67	324
甘肃省	121	51	33	205
青海省	0	1	1	2
宁夏回族自治区	31	7	5	43
新疆维吾尔自治区	30	27	20	77
上海市	273	156	93	522
江苏省	261	229	155	645
浙江省	107	97	61	265
安徽省	71	58	40	169
福建省	143	59	44	246
江西省	29	69	66	164
湖北省	223	156	124	503
湖南省	184	181	120	485
广东省	307	174	104	585
海南省	116	29	19	164
广西壮族自治区	37	54	34	125
四川省	307	91	84	482
重庆市	114	83	54	251
贵州省	58	28	18	104
云南省	144	63	41	248
总计	3927	2716	1816	8459

对 2019 年参加第十四届全国学生运动会篮球联赛预选赛（大学组）的篮球运动员的调查可知，通过高水平测试并且达到二本线的 65%的人数最多，达到总人数的 50.15%；其次是第三种高水平运动员，占 33.72%；第四种运动员达到 10.56%；通过高水平测试并且达到文化课二本线的运动员仅有 4.69%。因此，大多数运动员文化基础薄弱，文化课学习困难。高校内涵式发展注重学生的培养质量，学生运动员完成学业难度加大。第三种运动员的篮球竞技能力水平高，在训练中容易取得出色成绩，但提高空间有限，成为职业运动员的可能性较低，且文化基础薄弱，完成学业难度较大。第四种篮球运动员的技术水平较高，成绩提高空间较大，但也存在文化基础薄弱的问题。通过高水平测试并且达到二本线的 65%的篮球运动员的文化课成绩偏低，适应大学的专业课学习难度也较大，学习障碍较多。通过高水平测试并且达到二本线的篮球运动员的运动技术较好，并且文化课成绩也较优异，在专业学习中的压力和问题较少，适合成为我国普通高校高水平运动员的培养对象，但这类运动员参加高水平运动比赛的比例较低。

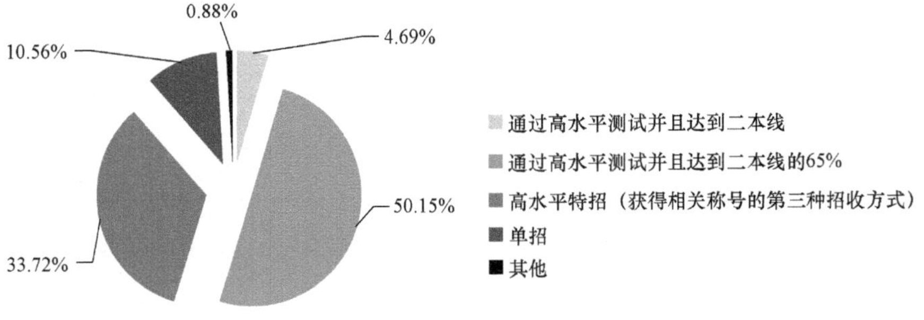

图 3－5 2019 年参加第十四届全国学生运动会篮球联赛预选赛（大学组）的篮球运动员的入学方式

2. 大学生运动员的运动等级情况

竞技能力是运动员比赛获胜的关键，决定着他们的运动表现和能力水平，学生运动员的竞技能力在一定程度上可通过其获取的运动等级证书反映出来。从 1985 年开始，运动员技术等级证书制度一直沿用至今。运动员等级分为国际级运动健将、运动健将、一级运动员、二级运动员和三级运动员共五个等级。2014 年国家体育总局颁布《运动员技术等级管理办法》指出：总局审批国际级运动健将和运动健将；总局授予各省级体育行政部门、新疆生产建设兵团体育局、总参军训部体育训练局、总政宣传部文化体育局一级运动员、二级运动员和三级运动员审批权。

由表 3–6 可知，2020 年招收的大学生运动员中一级运动员有 4075 人，其中男一级运动员有 2437 人，女一级运动员有 1638 人；二级运动员有 4335 人，其中男二级运动员有 2670 人，女二级运动员有 1695 人。由此可见，2020 年招收的大学生运动员中，一级运动员较多。这是个好现象，因为一级运动员越多，经过系统训练参加高级别比赛的运动员的基数就越大，争取优异运动成绩的可能性也就越大。一级运动员是高校教练员在选人时重点关注的对象，是各大高校相互争夺的人才。从表 3–6 可知，北京市高校招收的一级运动员最多，为 475 人；江苏省排名第二，为 356 人；广东省排名第三，为 335 人。东部经济发达区域招收一级运动员的人数较多。而青海省只有 2 人；贵州省也较少，为 35 人。从各省市自治区的分布来看，高校所在都市的经济发展越好，资源越好的高校越容易招收到高水平的运动员；而经济发展较差，资源较差的高校则招收的二级运动员的人数较多。在高水平的竞争中，运动员入校的等级在很大程度上影响了高校在比赛中的排名。从运动员性别上看，一级运动员和二级运动员中女性人数普遍少于男性人数，男女运动员发展不均衡。另外，还有少数定向越野运动员的运动等级评定与其他项目不一样，其中有 2 名五星级运动员，3 名 4 星级运动员，还有 19 名无等级运动员。

表 3–6　2020 年大学生运动员的运动等级统计表　　（单位：人）

地区	一级运动员				二级运动员				总计/人
	男/人	女/人	总数/人	占比/%	男/人	女/人	总数/人	占比/%	
北京市	276	199	475	61.61	186	110	296	38.39	771
天津市	74	62	136	54.40	64	50	114	45.60	250
河北省	34	17	51	34.69	53	43	96	65.31	147
山西省	66	36	102	43.97	68	62	130	56.03	232
内蒙古自治区	31	33	64	35.56	60	56	116	64.44	180
辽宁省	56	21	77	34.07	106	43	149	65.93	226
吉林省	49	39	88	49.16	59	32	91	50.84	179
黑龙江省	35	19	54	27.55	100	42	142	72.45	196
山东省	102	90	192	45.28	154	78	232	54.72	424
河南省	59	27	86	35.83	104	50	154	64.17	240
陕西省	76	45	121	37.35	127	76	203	62.65	324
甘肃省	55	39	94	45.85	81	30	111	54.15	205
青海省	0	2	2	100.00	0	0	0	0	2
宁夏回族自治区	11	10	21	48.84	10	12	22	51.16	43
新疆维吾尔自治区	18	8	26	33.77	38	13	51	66.23	77
上海市	165	103	268	51.34	156	98	254	48.66	522
江苏省	197	159	356	55.19	159	130	289	44.81	645
浙江省	72	77	149	56.23	66	50	116	43.77	265
安徽省	48	23	71	42.01	65	33	98	57.99	169
福建省	99	33	132	53.66	64	50	114	46.34	246
江西省	80	32	112	68.29	45	7	52	31.71	164
湖北省	170	103	273	54.27	143	87	230	45.73	503
湖南省	129	106	235	48.45	140	110	250	51.55	485
广东省	215	120	335	58.67	132	104	236	41.33	571
海南省	38	43	81	49.39	49	34	83	50.61	164
广西壮族自治区	34	31	65	52.00	32	28	60	48.00	125
四川省	115	71	186	38.99	178	113	291	61.01	477
重庆市	60	38	98	39.04	97	56	153	60.96	251
贵州省	22	13	35	33.65	40	29	69	66.35	104
云南省	51	39	90	35.57	94	69	163	64.43	253
总计	2437	1638	4075	48.28	2670	1695	4335	51.72	8440

从图 3–6 可知，我国普通高校高水平篮球运动员主要由一级运动员和二级运动员组成，其中一级运动员占比为 69.30%，二级运动员占比为 29.24%，运动健将占比为 0.88%。一级运动员是高校参加高水平体育比赛的主体，代表了高校的竞技水平。但代表最高竞技水平的运动健将极少，这意味着在真正的高手比赛中，普通高校运动员的整体竞争能力与体育系统相比较差，教育系统难以独自承担竞技体育后备人才培养的重任。

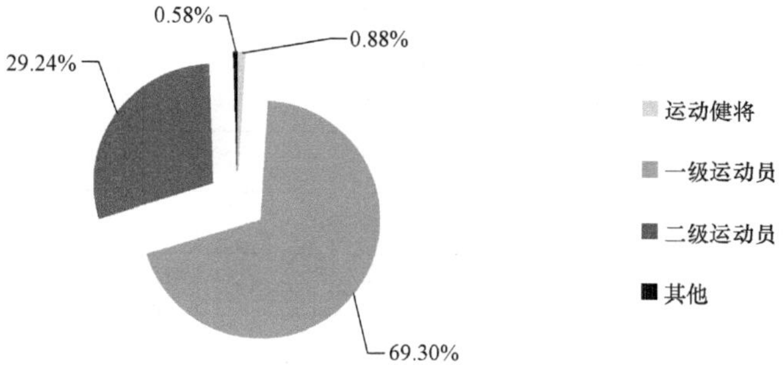

图 3–6　2019 年参加第十四届学生运动会篮球联赛预选赛（大学组）的篮球运动员的运动等级

3. 大学生运动员的训练年限

训练年限是运动员参加系统运动训练的年限。运动员通常需要经过 6～10 年的系统运动训练才能参加高水平赛事，优秀运动员训练的全过程持续时间可达 15～20 年。不同运动项目对运动员开始参加训练的年龄、进入专项训练的年龄、保持最佳竞技水平的年龄有着特定的要求。例如，优秀篮球运动员的黄金运动年龄一般是 28～32 岁。大学生运动员的年龄一般是 19～23 岁，这也是优秀运动员成长的关键期。其训练年龄的长短表示从事这项运动的时间长短。由表 3–7 可知，普通高校篮球运动员的训练年限在 6～8 年的人数较多，占 47.87%；训练年限在 9～11 年的运动员人数次之，占 31.40%；因此，多数篮球运动员的训练年限较长，运动经验较丰富。篮球运动员的训练年限越长，说明其参与篮球运动和系统训练的时间越长，其基本功越扎实，越有利于后期竞技能力的提升。大学生篮球运动员的训练年限如果达到 10 年以上，就意味着其从小学低年级就开始训练，运动经历长，运动经验丰富，经过大学系统培养成长为优秀运动员的可能性较大，普通高校的篮球运动员的整体提升空间较大。有些学校为了延长优秀运动员的运动生命，会推免他们攻读硕士研究生，甚至是硕博连读，激励其继续努力，增加运动年限，提升其竞技能力和专业水平。

表 3–7 大学生篮球运动员的训练年限情况

训练年限	人数/人	百分比/%
3～5 年	53	16.16
6～8 年	157	47.87
9～11 年	103	31.40
12 年以上	15	4.57
总计	328	100

4. 大学生运动员的专业分布

大学生运动员所读的高校及专业类型与其职业发展密切相关。对 2020 年录取大学生运动员的高校类型（见表 3–8）进行分析可知，综合、工科、财经、医药、师范、农业等 11 种类型的普通高校都招收高水平运动员，其分布较为分散。其中招生最多的为工科类高校和综合类高校，分别招了 90 人和 74 人；语言类高校招生最少，只有 3 人。从生源比例上看，每类高校招收高水平运动员的人数比例都较低，最低的为艺术类高校，才 3.96%。每类高校均招收高水平运动员，并且每类高校招收比例均较低，其好处是招生人数少，专业分散，毕业后容易被社会或市场接收，但缺点是分散招生、分散学习，不能形成较为统一的培养计划和培养模式，大学生运动员的学业质量标准较难统一。

表 3-8　2020 年录取大学生运动员的高校类别一览表

高校类型	华北		东北		华东		华中		华南		西南		西北		招生总数/人	高校总数/所	百分比/%
	招生数/人	高校数/所	招生数/人	高校数/所	招生数/人	高校数/所	招生数/人	高校数/所	招生数/人	高校数/所	招生数/人	高校数/所	招生数/人总	高校数/所			
综合	10	93	6	63	24	239	11	84	7	106	10	124	6	72	74	781	9.48
工科	23	137	14	89	26	237	9	180	3	61	7	94	8	89	90	887	10.15
农业	3	11	2	16	3	21	2	10	1	8	1	7	1	10	13	83	15.66
林业	2	2	1	4	0	5	1	3	0	1	0	3	0	1	4	19	21.05
医药	3	30	0	24	4	48	1	26	1	18	1	37	0	11	10	194	5.15
师范	6	45	3	27	8	57	4	43	5	21	3	45	3	24	32	262	12.21
语言	2	22	0	3	1	8	0	2	0	2	0	4	0	2	3	43	6.98
财经	6	42	2	18	7	53	3	37	1	21	2	17	2	16	23	204	11.27
政法	1	13	0	9	1	14	0	9	0	6	1	7	1	8	4	66	6.06
艺术	2	24	1	10	1	26	0	10	0	10	0	16	0	5	4	101	3.96
民族	1	1	0	2	0	0	1	4	1	2	0	5	1	3	4	17	23.53
总计	59	420	29	265	75	708	32	408	19	256	25	359	22	241	261	2657	9.82

我国普通高校高水平运动员专业设置较多。一些高校允许大学生运动员在几个不同专业中自由选择，还有一些高校仅设置一个专业，或单独编班或将其分散在不同班级中学习。由图 3-7 可见，无论是自由选择还是学校统一规定，高水平篮球运动员更倾向于选择体育学、管理学、文学、法学、教育学等文科专业。一方面学校考虑到学生运动员的学习基础薄弱；另一方面学生从自身情况出发，只希望顺利完成学业，并未考虑自己的未来就业方向与兴趣，这使其对毕业后的就业发展较为茫然。而高校高水平篮球运动员培养方案中的课程设置是为实现高水平运动员的发展目标服务的，培养其成为既掌握一定的专业文化知识和就业技能，又具有一定竞技水平的体育人才，即具有专业技能的复合型人才，以实现跨学科发展、为其将来就业做好准备。随着高校寻求内涵式发展、不断提高质量要求，高水平运动员的专业建设、课程设置及教学实践等方面也要体现质量标准和质量要求，提高毕业生的质量，这就要

求高水平运动员认真学习。然而如何协调学习与训练二者之间的关系也成为更加紧要的课题。

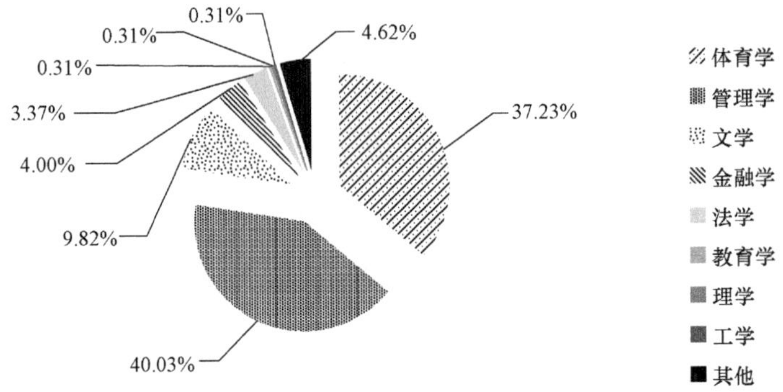

图 3-7　2019 年参加第十四届全国学生运动会篮球联赛预选赛（大学组）的篮球运动员的专业分布

5. 大学生运动员的学习困难情况

运动员进入某些高校后，可自选专业，而另一些高校则根据统一规定，对他们进行单独编班或与非体育专业学生混合编班。由调查可知，27.57%的篮球运动员认为课程困难；67.15%的篮球运动员认为课程难度一般；而认为课程简单的篮球运动员仅占比 5.28%。约七成大学生运动员能够完成学业，但仍有三成大学生运动员感觉学业困难，难以修满学分，无法正常毕业。

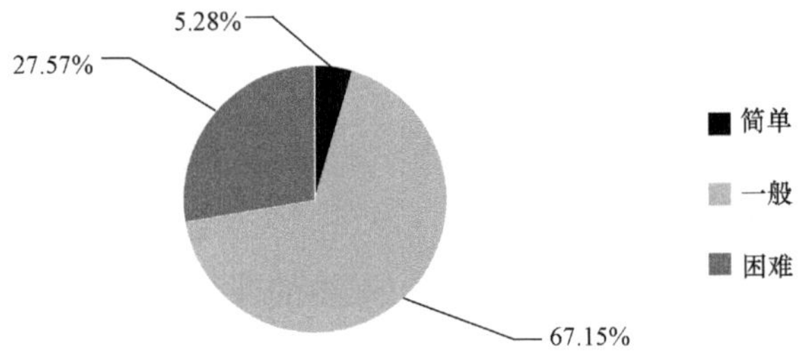

图 3-8　2019 年参加第十四届全国学生运动会篮球联赛预选赛（大学组）的篮球运动员的课程难度调查

对影响大学生篮球运动员学习的因素进行的调查（见表 3-9）显示，受学习基础差影响的人数占比最大，达 54.11%；而受学习时间少、学习和训练冲突影响的人数分别占比 18.99%和 10.13%；受学习不积极、不努力影响的仅占少数。由此可见，学习基础差是影响大学生运动员学习困难的重要因素，而学习时间少、学习和训练冲突等其他因素，可能导致高水平运动员学习效果差、难以跟上学习进度、对学习失去兴趣甚至放弃学习。

表 3–9 影响大学生篮球运动员学习的因素

影响因素	人数/人	百分比/%
学习基础差	171	54.11
学习不积极	12	3.80
学习不努力	34	10.75
学习时间少	60	18.99
学习和训练冲突	32	10.13
其他	7	2.22
总计	316	100

大学生运动员既要学习又要训练，其时间如何安排？由图 3–9 可知，高水平篮球运动员认为训练、学习同等重要的占比达到一半；以训练为主、学习为辅的占比为 40.84%；以学习为主、训练为辅的占比为 8.04%。由此可见，部分大学生运动员已经意识到学习的重要性，努力做到学习和训练两不误，但不少大学生运动员仍以训练为主，学习为辅。如何协调学训矛盾需亟待解决。

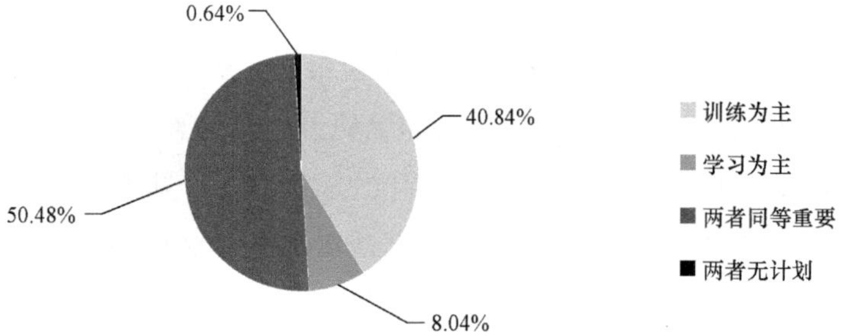

图 3–9 2019 年参加第十四届全国学生运动会篮球联赛预选赛（大学组）的篮球运动员的学习与训练计划安排

6. 大学生运动员进入大学的目的及期望

大学生运动员带着自己的梦想进入大学校园。对 2019 年参加全国学生运动会篮球联赛预选赛（大学组）的运动员进行的调查显示（见表 3–10），有 77.78% 和 76.90% 的大学生篮球运动员进入大学是为了提高竞技能力和学习专业知识；有 47.95%、37.72% 和 30.70% 的大学生篮球运动员分别是为了满足父母的期望、结交新朋友和感受校园氛围；而为了找到合适的工作的大学生篮球运动员占到 30.41%；为了读研究生的大学生篮球运动员占比仅为 20.76%。由此可见，大学生运动员进入大学的目的与高校培养目的基本是一致的，即提高其竞技能力和专业能力，感受大学文化，在毕业后能够从事相关工作。

表 3–10　大学生篮球运动员进入大学的目的（*n*=342）

目的	人数/人	百分比/%
提高竞技能力	266	77.78
满足父母的期望	164	47.95
结交新朋友	129	37.72
感受校园氛围	105	30.70
读研究生	71	20.76
学习专业知识	263	76.90
找到合适的工作	104	30.41
其他	33	9.65

注：样本中存在选择多个目的的个体。

通过对其职业发展目标的进一步调查显示，多数大学生篮球运动员想成为体育教师；46.20% 大学生篮球运动员想成为篮球教练员；而想成为职业运动员的大学生篮球运动员仅占 28.07%（见表 3–11）；还有 39.77% 的大学生篮球运动员毕业后想从事与专业对口的工作。由此可见，大学生运动员对其毕业后的职业发展更倾向于从事与体育或专项相关的工作。但有些大学生所读专业与体育类工作交叉不多。不少大学生运动员想成为体育教师，但教师资格证的获取对他们而言也是个难题。

表 3-11 大学生篮球运动员职业发展目标（$n=342$）

职业发展目标	人数	百分比/%
职业运动员	96	28.07
体育教师	242	70.76
篮球教练员	158	46.20
专业对口工作人员	136	39.77
其他	75	21.93

注：样本中存在选择多个职业发展目标的个体。

（三）普通高校高水平运动队的场地设施资源及支撑保障能够满足基本需要

体育场馆设施和器材设备是保证体育教学、课外体育活动和课余体育训练、竞赛所必不可少的物质条件，是高校基本教学条件建设的有机组成部分，也是检查、督导、评估和规范办学的重要内容之一。2004 年教育部办公厅印发的《普通高等学校体育场馆设施、器材配备目录》对高校体育场馆设备配备和体育场地要求及体育器材配备进行了明确规定：普通高等学校试办某项高水平运动队，应按该项目所需的场馆设施和器材进行配备，应有专项投入和安排。[①]建有高水平运动队的普通高校按照项目进行配备。

随着经济不断发展，我国的体育场馆数量不断增加。第五次全国体育场地普查统计：2003 年底全国体育场地总数量为 85.01 万个，全国体育场地总面积为 13.30 亿 m^2，人均体育场地面积为 1.03m^2。第六次全国体育场地普查统计：2013 年底全国体育场地总数量为 169.46 万个，全国体育场地总面积为 19.92 亿 m^2，人均体育场地面积为 1.46m^2。其中教育系统管理的体育场地 66.05 万个，占 38.98%；场地面积为 10.56 亿 m^2，占 53.01%。[②]据

① 教育部办公厅. 教育部办公厅关于印发《普通高等学校体育场馆设施、器材配备目录》的通知［A］. 2004-08-22.

② 第六次全国体育场地普查数据公报［A/OL］.（2014-12-26）［2019-05-12］. http://

统计，[①]到 2018 年底，全国体育场地总数量为 316.20 万个，全国体育场地总面积为 25.94 亿 m^2，人均体育场地面积达到 $1.86m^2$，其中：事业单位的体育场地面积为 12.6 亿 m^2；全国田径场地数量为 16.10 万个，其中设有 400 米环形跑道的田径场地数量为 3.80 万个；全国游泳场地数量为 2.44 万个，其中室内游泳馆数量为 0.95 万个；球类运动场地数量为 200.14 万个，其中足球、篮球、排球“三大球”场地共 107.32 万个，占 53.62%。2016 年印发的《全国足球场地设施建设规划（2016—2020 年）》指出：到 2020 年，全国足球场地数量超过 7 万个，平均每万人拥有足球场地达到 0.5 个以上，有条件的地区达到 0.7 个以上；有条件的高等院校均建有 1 个以上标准足球场地。[②]普通高校中的体育场馆、设施和器材配备不断更新完善。

1. 普通高校运动队硬件设施配备基本满足需求，但科技利用元素较少

高校竞技体育所需场地设施经过多年的发展，基本能够满足需要，但不同高校供给条件不同。由图 3-10 可知，高校篮球队的训练场馆设施多与非体育专业学生共用，但也有近半数高校能够单独配备，说明高校场馆设施能够满足基本需要。有条件的高校单独配备篮球训练和竞赛场馆设施，以保证训练质量，提高大学生运动员的竞技能力水平。近几年新申报高水平运动队的高校，其场馆设施状况有了较大改善。如 2017 年安徽省某高校拥有两个体育馆，其中一个体育馆总建筑面积为 12 809m^2，高达 30.58m，内设三层看台，拥有 5214 个座位，内设一个标准篮球比赛场地和一个训练场地，篮球架和计时器均为进口产品，完全达到正式比赛的

www.sport.gov.cn/n4/n210/n218/c328625/content.html.

① 国家体育总局经济司．全国体育场地统计调查数据［A/OL］.（2020-01-23）［2020-06-14］. http://www.sport.gov.cn/jjs/n5043/c941781/content.html.

② 国家发展改革委，教育部，国家体育总局，等．关于印发《全国足球场地设施建设规划（2016-2020 年）》的通知［A/OL］.（2016-05-09）［2019-06-30］. http://www.moe.gov.cn/srcsite/A17/s7059/201605/t20160510_242680.html.

要求，还设有力量训练房，配备齐全的组合器械。①2017 年印发的《教育部关于进一步加强普通高校高水平运动队建设的实施意见》指出：“申办某高水平运动项目必须具备与该项目要求一致的标准化的场馆和设施。”因此，成功申办高水平运动队的高校，其运动场馆、设施器材等硬件条件必须基本满足需求。

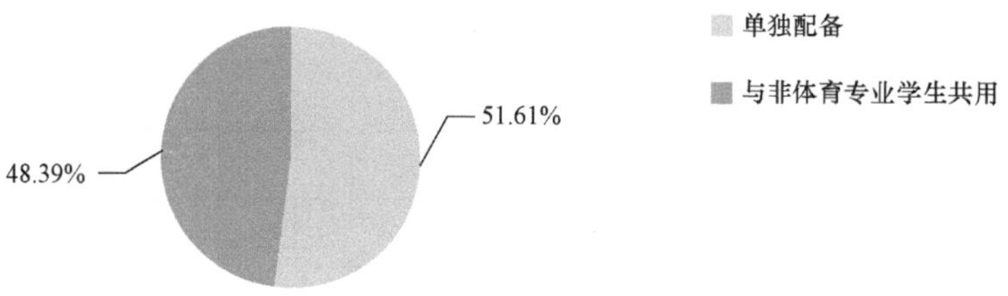

图 3–10　篮球队的训练场馆配置

对参加 2019 年第十四届全国学生运动会篮球联赛预选赛（大学组）的运动员进行的调查表明（见表 3–12），高校篮球队在篮球器械和力量训练器械设施方面的配置率较高，分别达到 81.82%和 93.94%；少数高校配备了运动恢复器械；极少数高校配备了科研仪器、可穿戴设备等，还有 3 所高校为篮球队设置了食堂单独窗口，以保证其营养均衡搭配。另一项调查（见表 3–13）表明，大部分运动员认为学校提供的运动场地设施能够满足需要，仅有少数运动员认为运动场地设施受限或训练辅助设施不足影响了运动队成绩的提升。与非体育专业学生相比，篮球队设施的配备有一定提高，但与专业队相比，还是有较大的差距，运动恢复器械、科研仪器等较少，科技利用元素缺乏，对其投入的科研服务水平不高。2017 年印发的《教育部关于进一步加强普通高校高水平运动队建设的实施意见》指出：充分发挥综合学科优势，组建高水平运动队服务团队，加强运动员运动康复、医务监督和运动营养，不断提高高水平运动队保障水平。由此可见，高校在高水平运动队服务团队、运动康复、医务监督和运动营养等方面还需不断跟进。

① 安徽大学申报高水平运动队自评报告［EB/OL］.（2017–11–09）［2019–06–15］. http://tyjs.ahu.edu.cn/2017/1109/c14500a182480/page.htm.

表 3-12 训练器械设施的配置情况（$n=33$）

器械设施	个数/个	百分比/%
篮球器械	27	81.82
力量训练器械	31	93.94
运动恢复器械	6	18.18
科研仪器	2	6.06
可穿戴设备	2	6.06
单独就餐场地	2	6.06
食堂单独窗口	3	9.09
其他	1	3.03

表 3-13 运动场地设施受限和训练辅助设施不足的情况（$n=342$）

内容	人数/人	百分比/%
运动场地设施受限	65	19.01
训练辅助设施不足	86	25.15

2. 运动队的年度预算经费不足、资金来源单一

由图 3-11 可知，26.47%的篮球队年度预算经费为 10 万～20 万元，35.30%的篮球队经费为 10 万元以下，23.53%的篮球队年度预算经费在 20 万～50 万元，仅 14.70%的篮球队年度预算经费能达到 50 万元及以上，而年度预算经费在 100 万元及以上的篮球队仅有 5.88%。2017 年印发《教育部关于进一步加强普通高校高水平运动队建设的实施意见》中指出：高校每年要根据建设需求设立不少于每名运动员 3 万元的高水平运动队专项经费，满足高水平运动队训练、比赛、培训、奖励、管理等方面（不含场地新建、改造，设备、器材的添置、维修等费用）的需要，并且专项经费要随学校教育经费的增长适当增加比例。如果按照每人每年 3 万元的建设经费估算，每年招收 5 人的篮球队，学制为四年，其经费预算大约在 60 万元，而多数球队面临资金短缺的问题，这在很大程度上阻碍了篮球队的发展。

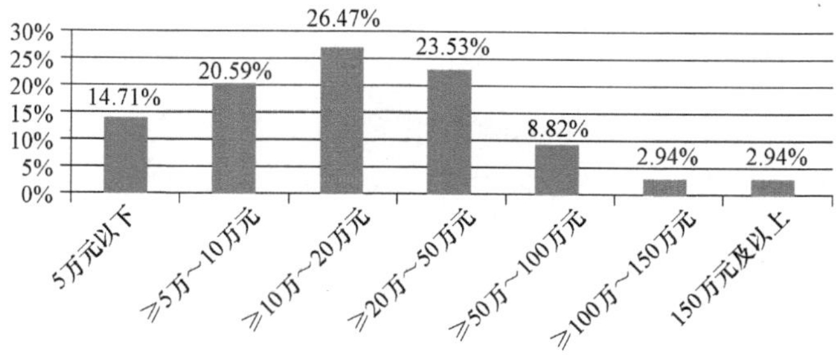

图 3-11　篮球队的年度预算经费

由图 3-12 可知，67.65%的篮球队的资金源于学校拨款，17.65%的篮球队的资金源于体育部门拨款，而社会企业赞助仅占比 8.82%，教育部门赞助和其他来源均占比 2.94%。经费是发展和建设高水平运动队的重要条件保障。经费的多少关系着运动队训练的硬件设施是否完备、康复保障训练辅助是否到位、教练员队伍是否健全、运动员是否具有训练比赛补贴、是否有竞赛奖励等方面的问题。虽然高水平运动队的训练经费整体呈上升趋势，但由上可知，整体经费缺乏，并且经费渠道较为单一。

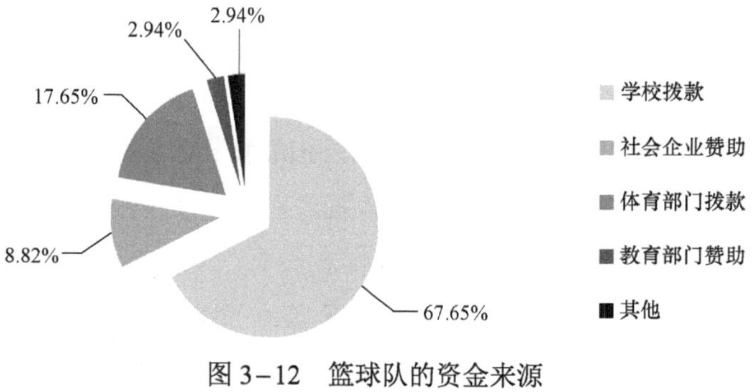

图 3-12　篮球队的资金来源

综上所述，普通高校的体育教师或教练员队伍年龄结构、职称结构、学历结构基本合理，但高学历体育教师或教练员偏少，并且有较多的大龄讲师或副教授，职业上升困难造成其训练和竞赛工作积极性不高，内生动力不足。运动队的教练员多为国家二级及以上运动员，运动经历丰富，经验较多，体验较强，但仍有一小部分教练员没有获得运动员技术等级证书，其竞技水平不高，参赛经验较少；外聘专业教练员少，优质资源欠缺；体育教师中兼职教练员较多。

大学生运动员的入学途径多元，一般而言竞技能力较强的运动员，其文化课成绩较低，而文化课成绩较高的运动员，其竞技能力一般，双优运动员较少，两不高运动员较多，向上输送率较低。大学生运动员或自选专业或遵照统一规定安排，单独编班或分散编班，培养质量标准难以统一。就专业方向和课程难度而言，多数人能够顺利毕业，但仍有少数人因基础太差，学习困难重重。整体而言，与非体育专业学生相比，大学生运动员的文化课学习基础薄弱，在高等教育强调质量发展的今天，其毕业难度进一步加大，学训矛盾也是影响其学习的重要因素。

普通高校提供的体育场馆、设施器材，基本能够满足需要。但多数高校的高水平运动队与非体育专业学生共用体育场馆设施，虽然提高了设施利用率，但如果设计安排不合理，可能会造成使用冲突。普通高校高水平运动队的基本配备符合要求，但大部分高校缺少服务团队。高水平运动队的资金配备不足，资金来源渠道较为单一，这些均影响高校高水平运动队从“有”向“好”的转型升级。

三、供给结构：普通高校竞技体育的四个结构性问题

普通高校竞技体育在内容结构上注重高水平运动队的发展，在项目结构上注重减量增质，在区域结构上强调东部地区发展，在性别结构上男性竞技体育发展好于女性竞技体育。

（一）高校竞技体育内容结构的发展各自为政，缺少顶层设计

普通高校竞技体育以高水平运动队为核心，培养竞技体育人才，促进青年健康发展。普通高校的竞技体育人才主要由三部分组成：一是高校高水平运动队，按照项目要求进行建设；二是普通高校体育专业中竞技体育人才培养（有些普通高校没有体育类专业）；三是非体育专业学生组队参加各类竞赛。这些高校的主要任务是提供文化课学习和运动训练，培养竞技体育人才和促进青年健康发展。

高校高水平运动队是对普通高校试点培养高水平运动员或试办高水平运动队的统称。[①]国家教委 1986 年印发的《全国培养高水平学生运动员试点学校申报审批暂行办法》和 1987 年印发的《关于部分普通高等学校试行招收高水平运动员工作的通知》明确了部分普通高等学校试办高水平运动队，“普通高校高水平运动队”的名称基本成型。1995 年国家教委印发的《关于部分普通高等院校试办高水平运动队的通知》进一步明确了部分普通高等院校试办田径等重点项目高水平运动队，普通高校高水平运动队处于试点、试办阶段。2005 年印发的《教育部国家体育总局关于进一步加强普通高等学校高水平运动队建设的意见》等文件在名称上取消了“试点”或“试办”的说法，改为“普通高等学校建设高水平运动队”，但一直没有对普通高校高水平运动队进行界定。直到 2017 年，《教育部关于进一步加强普通高校高水平运动队建设的实施意见》才对高校高水平运动队进行了定位：具备条件的普通高等学校，按照国家有关规定，通过招收具有较高运动水平的运动员学生，在文化学习之余组织开展专业运动训练、进一步提高运动项目竞技水平而组建的学生运动员代表队的统称。[②]这里明确了招收高水平运动队的学校需要按照国家规定，经过评估，具备条件；招收的学生须具有较高的运动水平；主要任务是“文化学习+专业运动训练”，组建运动队提高运动项目的竞技水平。

高等教育中体育类专业也是高校竞技体育的重要内容。2017 年颁布的《教育部关于进一步加强普通高校高水平运动队建设的实施意见》明确提出：“体育院校及普通院校体育类专业是高水平运动队建设的重要组成部分，要研究制定相应的鼓励、配套政策，充分发挥体育院校及普通院校体育专业学生在培养高水平运动员和体育学科等方面的综合优势，积极引导和鼓励优秀运动员报考体育院校相关专业及普通院校体育学类

---

① 刘海元．当前加强普通高等学校高水平运动队建设的若干问题探讨［J］．首都体育学院学报，2018，30（5）：422－427.

② 教育部．教育部关于进一步加强普通高校高水平运动队建设的实施意见［A/OL］.（2017－07－03）［2019－04－17］．http://www.gov.cn/gongbao/content/2017/content_5248226.htm.

专业，接受学习和训练。”体育专业学生主要包括体育教育专业、运动训练专业、足球专业等按照体育学科结构和专业结构培养的学生，但目前这类学生组队进行专业训练和竞赛较少，运动经历欠缺，进而影响其将来成为体育教师或体育教练员后的职业发展。

高校竞技体育的第三个组成部分由在体育方面有特长的非体育专业学生构成，由体育教师或教练员组织建队，参加相关比赛，活跃校园文化，示范引领群体性体育活动。《教育部关于进一步加强普通高校高水平运动队建设的实施意见》明确提出：“高校要把高水平运动队项目纳入体育课程体系，列入教学内容，改革创新体育课教学形式，广泛开展以高水平运动队项目为主体的课外活动和学生群体性竞赛，形成以高水平运动队项目为主体的校园体育文化，建成以高水平运动队为示范引领的多层次学生群体性体育社团。”如 CUBA 阳光组只允许非体育专业大学生参加，让篮球更好地融入校园文化，给非体育专业学生提供参赛的机会，促使其在全面发展的基础上展示特长。

普通高校竞技体育的三个组成部分，目前各自为政，处于分离状态。高水平运动队的运动训练和竞赛由学校高水平运动中心或体育学院的竞训部管理，文化课学习则由各自的学科专业学院进行管理，其主要目标是培养优秀竞技人才；体育专业学生由体育学院管理，主要目的是培养体育类应用型、复合型人才；非体育专业学生由学生所在的学院管理，训练和竞赛由体育学院或体育部管理，主要目的是发挥引领和示范作用，丰富校园文化，提升学生的身体素养。在普通高校中，不同部门组织的不同目的的竞技体育如何进行顶层规划，统筹布局，是个值得深思的问题。另外，普通高校的竞技体育如何与体育院校的竞技体育相融合，也是个重要问题。

（二）运动项目结构不断调整，需重新规划项目布局和人员配置

运动项目是高校竞技体育的根本，体育教学、训练和比赛均按项目实施，人员也按项目配置。近几年普通高校高水平运动队按照项目进行调整（见表 3-14），以提升办队质量。《教育部关于进一步加强普通高校高水平运动队建设的实施意见》提出：“逐步淘汰一批生源不足、没有运

动员技术等级称号的运动项目。……鼓励高校集中资源，向足球等国家重点发展项目、校园普及性较强和增强体质效果较好的项目进行调整。”《教育部办公厅关于公布2019年普通高校高水平运动队技术调整结果的通知》明确提出：“举办柔道、摔跤等项目的学校2019年停止相关项目高水平运动队招生；举办棋（牌）类、定向越野、龙舟、赛艇等生源不足的高水平运动队项目，有关高校要逐步停止高水平运动队招生，可向足球等国家重点发展项目、校园普及性较强和增强体质效果较好的项目进行调整，2022年前要全部停止招生或调整到位。”表3-14表明，2017年后高校高水平运动队的项目总量不断减少，与2018年相比，2019年减少了柔道和摔跤。2019年有3所学校停招柔道、有1所学校停招摔跤。2020年又减少了赛艇项目，有1所学校停招该项目。这3个项目停止招生的主要原因是生源不足。《教育部办公厅关于公布2020年普通高校高水平运动队技术调整结果的通知》规定：“举办橄榄球、龙舟、棋（牌）类、定向越野、手球、垒球、射击、赛艇、攀岩、健美操等10项生源不足或能从普通在校生中选拔培养的高水平运动队项目，要逐步停止高水平运动队招生，可向足球等国家重点发展项目、校园普及性较强和增强体质效果较好的项目进行调整，2021年前要全部停止招生或调整到位。”

表3-14　2016—2020年普通高校高水平运动队项目汇总

年份	数量/个	具体项目	备注
2016	25	足球、篮球、排球、乒乓球、羽毛球、武术、田径、游泳、冰雪、网球、击剑、跆拳道、棒球、健美操、垒球、手球、龙舟、棋牌、射击、攀岩、定向越野、橄榄球、赛艇、柔道、摔跤	
2017	25	足球、篮球、排球、乒乓球、羽毛球、武术、田径、游泳、冰雪、网球、击剑、跆拳道、棒球、健美操、垒球、手球、龙舟、棋牌、射击、攀岩、定向越野、橄榄球、赛艇、柔道、摔跤	
2018	25	足球、篮球、排球（室内排球、沙滩排球）、乒乓球、羽毛球、武术、田径、游泳、冰雪、网球、击剑、跆拳道、棒球、健美操、垒球、手球、龙舟、棋牌、射击、攀岩、定向越野、橄榄球、赛艇、柔道、摔跤	总的大项目没变，但是排球大项里分了室内排球和沙滩排球

续表

年份	数量/个	具体项目	备注
2019	23	足球、篮球、排球、乒乓球、羽毛球、武术、田径、游泳、冰雪、网球、击剑、跆拳道、棒球、健美操、垒球、手球、龙舟、棋牌、射击、攀岩、定向越野、橄榄球、赛艇	减少了柔道、摔跤
2020	22	足球、篮球、排球、乒乓球、羽毛球、武术、田径、游泳、冰雪、网球、击剑、跆拳道、棒球、健美操、垒球、手球、龙舟、棋牌、射击、攀岩、定向越野、橄榄球	减少了赛艇
2021	13	足球、篮球、排球、田径、乒乓球、羽毛球、游泳、冰雪、武术、网球、击剑、跆拳道、棒球	减少了健美操、垒球、手球、龙舟、棋牌、射击、攀岩、定向越野、橄榄球 9 项

从 2020 年高校高水平运动队招生项目来看（表 3–15）：足球项目布点最多，为 188；田径次之，为 136 个；篮球排第三位，为 113 个；前 13 个项目总布点有 733 个；而后 9 个项目，除健美操外，项目布点都是个位数。到 2021 年招收足球、篮球、排球、田径、乒乓球、羽毛球、游泳、冰雪、武术、网球、击剑、跆拳道、棒球 13 个项目，其他项目停止招生的主要原因是生源不足，普及率不高，引领性不强。并且运动项目停招或调整到位的时间节点从 2022 年，提前到了 2021 年，可见项目调整的紧迫性。项目调整后，被取消的运动项目的高校师资和场地资源如何合理调配，现有运动项目的数量如何增加，质量如何提高，也需不断研究。

表 3–15　2020 年普通高校运动项目布点情况汇总

序号	项目	开展项目的学校个数/所	占所有办高水平运动队的学校比例（283 所）/%	开展项目的省（直辖市）数/个
1	田径	136	48.1	30
2	足球	188	66.4	30
3	篮球	113	39.9	30
4	排球	64	22.6	26

续表

序号	项目	开展项目的学校个数/所	占所有办高水平运动队的学校比例（283 所）/%	开展项目的省（直辖市）数/个
5	乒乓球	43	15.2	23
6	羽毛球	29	10.2	15
7	网球	39	13.8	22
8	武术	35	12.4	17
9	游泳	46	16.3	18
10	冰雪	16	5.7	8
11	击剑	9	3.2	7
12	跆拳道	10	3.5	7
13	棒球	5	1.8	1
14	健美操	37	13.1	15
15	垒球	3	1.1	2
16	手球	4	1.4	1
17	龙舟	6	2.1	3
18	棋牌	1	0.4	1
19	射击	4	1.4	4
20	攀岩	2	0.7	2
21	定向越野	4	1.4	4
22	橄榄球	3	1.1	3

（三）普通高校高水平运动队的区域结构发展不平衡

1. 重点大学和重点学科高校高水平运动队区域分布具有明显差异

1998 年 5 月教育部决定建设一批世界一流大学和高水平大学，“985 工程”的名称由此而来，政府每年拿出中央财政收入的 1%，作为建设世界一流大学的资金。该决定从 1999 年正式实施，一期工程有 34 所高校入选，即“34 所”，二期工程有 5 所高校跻身其中。在 985 高校建设中，国家又实施了 985 工程优势学科创新平台建设项目。“211”大学与

211 工程相关，在 20 世纪 90 年代，面向 21 世纪，重点建设 100 所左右的高校和一批重点学科。2016 年教育部宣布《“211 工程”建设实施管理办法》文件失效，全国共有 112 所大学被列入 211 大学名单，其中北京地区有 26 所高校，办学数量最多。

“双一流大学”建设即世界一流大学和一流学科建设，于 2015 年启动。2017 年教育部等部委公布了一流大学和一流学科建设高校及学科名单，建设世界一流大学 42 所，其中 A 类 36 所。世界一流学科建设高校 95 所，双一流建设学科 465 个。其中 39 所 985 高校，全部进入双一流大学建设高校名单。国家重点大学、重点学科建设区域分布不平衡，东部地区较为密集，中西部地区较为松散，其中山西、内蒙古、江西、贵州、西藏、青海、宁夏、广西和海南等省份、自治区没有世界一流大学。2020 年国家建设一流大学 54 所，其中华北地区 12 所，华东地区 17 所，占全国一流大学数量的 53.7%；一流学科建设高校 103 所，华北地区 34 所，华东地区 32 所，占全国一流学科建设高校的 64.1%（表 3–16）。

研究生院是进阶教育研究机构，一般设在大学中，也有独立设立者，承担硕士、博士研究生的培养任务，体现科研实力。由表 3–16 可见，研究生院的地域分布与“双一流”高校建设具有一致性，也是华北地区和华东地区较多，占全国研究生院总数的 61.4%。

代表中国高等教育最高端的一流大学、一流学科和研究生院，具有明显的区域分布特征，东部发展较好，中西部发展较差。其实我国顶级高等教育发展的地域差异与经济发展的地域差异具有同构性。经济发展较好的区域，高端教育发展也较好，教育建设经费高，创新成果多，师资力量强，人才培养质量优。而中西部地区经济发展速度和质量均不如东部地区，顶级高校的数量和质量也远远落后于东部地区。

由表 3–16 可知，在一流大学中 2020 年有 39 所建有高水平运动队，占全国一流大学总数的 72.22%；有 64 所一流学科建设高校建有高水平运动队，占全国一流学科建设高校总数的 62.14%；有 50 所研究生院建有高水平运动队，占全国研究生院总数的 71.43%。虽然全国多数的“双一流”高校和研究生院建有高水平运动队，但距离全覆盖还有一定的发展空间。在全国七大地域分布中，华北和华东地区建有高水平运动队的顶端高校最多，这与全国重点大学和重点高校的地域分布高度一致，其中有 20 所一流大学建有高水平运动队，在全国 39 所建有高水平运动队的大学中占 51.3%；有 41 所一流学科建设高校建有高水平运动队，在全国 64 所建有高水平运动队的高校中占 64.1%；有 29 所研究生院建有高水平运动队，在全国 50 所建有高水平运动队的研究生院中占 58%。而华中、西南、华南地区分布较少，地域差异明显。

表 3-16　2020 年招收高水平运动队的“双一流”高校和研究生院的高校数量一览表

省市自治区	招收高水平运动队的一流大学数量/所	一流大学数量/所	招收高水平运动队的一流大学占比/%	招收高水平运动队的一流学科建设高校数量/所	一流学科建设高校/所	招收高水平运动队的一流学科建设高校占比/%	招收高水平运动队的研究生院数量/所	研究生院数量/所	招收高水平运动队的研究生院占比/%
华北地区	10	12	83.33	18	34	52.94	13	20	65.00
东北地区	4	5	80.00	6	7	85.71	5	7	71.43
华东地区	10	17	58.82	23	32	71.88	16	23	69.57
华中地区	4	6	66.67	3	7	42.86	4	5	80.00
华南地区	2	4	50.00	3	5	60.00	2	4	50.00
西南地区	4	5	80.00	5	9	55.56	4	5	80.00
西北地区	5	5	100.00	6	9	66.67	6	6	100.00
总计	39	54	72.22	64	103	62.14	50	70	71.43

2. 全国建有高水平运动队的普通高校地域分布不平衡

通过对 2016—2020 年建有高水平运动队的全国普通高校数量进行

统计（见表 3–17）后，五年内招收高水平运动队的学校数量增幅较小，2020 年与 2019 年相比还略有下降，这与教育部严控总量密切相关。在总量控制的前提下提高建队点的质量，是高校竞技体育供给侧改革的重点。从七大区域分布来看，2020 年华东地区建有高水平运动队的学校数量最多，为 86 所，华北地区次之，西北地区较少，为 24 所，华南地区最少，为 20 所。从招生人数上看（表 3–18），华东地区 2020 年招生最多，为 2435 人，占总人数的 28.79%；东北和西北最少，分别占 7.10% 和 7.69%。由此可见，全国建有高水平运动队的学校数量和招生人数具有明显的区域差异。量的基数大小，在某种程度上决定着质的优劣，因此全国不同区域的高校高水平运动队建设差异明显。

表 3–17　近五年我国各地区建有高水平运动队的普通高校数量统计表（单位：所）

地区	2016 年	2017 年	2018 年	2019 年	2020 年
东北	33	33	33	34	34
华北	59	59	60	62	60
华中	32	32	32	33	33
华东	82	82	84	86	86
华南	20	20	20	20	20
西南	24	24	25	26	26
西北	25	25	25	26	24
总计	275	275	279	287	283

表 3–18　2020 年我国各地区普通高校高水平运动队的招生人数分析

地区	东北	华北	华中	华东	华南	西南	西北	总计
人数/人	601	1585	1228	2435	874	1085	651	8459
百分比/%	7.10	18.74	14.52	28.79	10.33	12.83	7.69	100

3. 全国普通高校高水平运动队的运动项目地域分布不平衡

通过对近五年高水平运动队的运动项目数量进行统计（见表 3–19）后，全国七大区域内，运动项目的数量差异较大，如 2020 年华北地区最多，为 20 项，具体项目为田径、篮球、足球、乒乓球、羽毛球、健美操、游泳、排球、网球、武术、射击、击剑、跆拳道、橄榄球、定向越野、棒球、垒球、攀岩、棋牌、龙舟、冰雪；西北地区和西南地区项目最少，均为 11 项，如西北地区有田径、篮球、足球、网球、排球、乒乓球、游泳、健美操、定向越野、武术和射击，而击剑、棒球等“小众项目”全部为零。

表 3–19　近五年我国各地区试办高水平运动队的高校运动项目数量统计表（单位：项）

地区	2016 年	2017 年	2018 年	2019 年	2020 年
东北	16	16	16	16	15
华北	23	23	23	21	20
华中	14	14	14	13	12
华东	21	21	19	22	21
华南	13	13	14	13	13
西南	12	12	12	12	11
西北	11	11	11	12	11

从 2020 年不同运动项目招生人数上看（表 3–20），足球运动员人数最多，为 2577 人，占 30.46%，田径次之，排第三、第四、第五位的分别是篮球、乒乓球和游泳。除田径外，球类项目招生人数较多。大球项目中，排球招生人数最少；小球项目中，乒乓球招生人数较多。攀岩招生人数最少，只有 5 人。不同运动项目的招生人数有着显著的差异，高校高水平运动队是龙头，其招生人数的差异，意味着中小学生将来在该项目中发展人数的差异。其中足球项目，在“校园足球”的强力推动下，参与人数最多，举办竞赛也多，而其他项目相对较少。

表 3-20　2020 年不同运动项目招收高水平运动员的人数一览表

项目	华北		东北		华东		华中		华南		西南		西北		总计/人	百分比/%
	男/人	女/人	男/人	女/人	男/人	女/人	男/人	女/人	男/人	女/人	男/人	女/人	男/人	女/人		
田径	164	127	117	46	254	139	188	113	47	37	67	41	102	41	1483	17.53
足球	295	156	135	39	501	238	229	119	135	69	247	138	180	96	2577	30.46
篮球	77	84	41	29	123	94	66	55	46	41	85	51	23	23	838	9.91
排球	61	55	11	14	48	75	35	31	24	31	30	32	3	5	455	5.38
乒乓球	31	31	20	16	116	94	77	65	43	36	59	32	15	19	654	7.73
羽毛球	26	31	6	1	53	26	64	47	24	25	0	0	4	6	313	3.70
网球	45	26	20	12	61	42	33	28	8	6	88	71	35	19	494	5.84
游泳	73	45	25	14	108	57	9	4	101	55	19	12	21	15	558	6.60
冰雪	5	3	9	3	3	1	0	0	0	0	0	0	3	0	27	0.32
武术	20	18	2	2	58	48	24	11	16	16	32	20	17	9	293	3.46
跆拳道	19	14	0	0	8	6	0	0	26	21	33	17	0	0	144	1.70
击剑	11	11	2	4	41	19	0	0	25	12	0	0	0	0	125	1.48
棒球	14	0	0	0	27	0	0	0	0	0	0	0	0	0	41	0.49
健美操	66	45	7	0	44	29	17	11	5	1	12	11	13	2	263	3.11
手球	0	0	0	0	14	13	0	0	0	0	0	0	0	0	27	0.32
橄榄球	11	8	0	0	10	5	0	0	0	0	0	0	0	0	34	0.40
定向越野	4	1	0	0	0	0	0	0	10	4	0	5	0	0	24	0.28
攀岩	3	0	0	0	0	0	2	0	0	0	0	0	0	0	5	0.06
射击	3	1	0	0	29	23	0	0	0	0	0	0	0	0	56	0.66
垒球	0	1	0	0	0	14	0	0	0	0	0	0	0	0	15	0.18
棋牌	0	0	0	0	3	3	0	0	0	0	0	0	0	0	6	0.07
龙舟	0	0	15	4	7	1	0	0	0	0	0	0	0	0	27	0.32
总计/人	928	657	410	184	1508	927	744	484	510	354	672	430	416	235	8459	100.00

2021 年教育部将运动项目调整为 13 项后，东北、华东、华北地区 13 个项目能全部保留，华南地区 11 项，缺少击剑和棒球 2 项；华中地区 10 项，缺少击剑、棒球和冰雪 3 项；西北地区 9 项，缺少跆拳道、击

剑、棒球和冰雪4项；西南地区9个项目，缺少击剑、冰雪、棒球、羽毛球4项；华南地区将有11项，缺少棒球和冰雪2项。项目调整后，区域之间竞争更加激烈，可能形成强者更强，弱者更弱的局势，区域结构不均衡将进一步加大。

（四）普通高校高水平运动员性别结构明显，女性人数和女性项目占比都较小

通过对教育部“阳光高考”信息平台的数据进行统计（见表3-21）后，2020年普通高校招收高水平运动队的人数中，男生共5188人，占61.33%，其中一级运动员为2437人；女生共3271人，占38.67%，其中一级运动员为1638人。男运动员人数明显多于女运动员，优秀的男运动员人数也多于优秀的女运动员。

从普通高校高水平运动员招生项目上看，2020年只招男运动员的项目有两个，分别为棒球和攀岩；只招女运动员的项目为垒球。2021年项目调整后，未对女运动员设棒球项目，只设了12项；而对男运动员则设置了全部的13个项目。从每个项目招生人数上看，大多数都是招男运动员较多，例如，田径项目招收的男运动员占63.32%，男女性别结构差异明显。而排球项目招收的女运动员稍多，这与中国女排的重要影响有显著关系。

表3-21　2020年普通高校高水平运动员性别人数汇总表

项目	男运动员/人	百分比/%	女运动员/人	百分比/%	总计/人	百分比/%
田径	939	63.32	544	36.68	1483	17.53
足球	1722	66.82	855	33.18	2577	30.46
篮球	461	55.01	377	44.99	838	9.91
排球	212	46.59	243	53.41	455	5.38
乒乓球	361	55.20	293	44.80	654	7.73
羽毛球	177	56.55	136	43.45	313	3.70
网球	290	58.70	204	41.30	494	5.84
游泳	356	63.80	202	36.20	558	6.60

续表

项目	男运动员/人	百分比/%	女运动员/人	百分比/%	总计/人	百分比/%
冰雪	20	74.07	7	25.93	27	0.32
武术	169	57.68	124	42.32	293	3.46
跆拳道	86	59.72	58	40.28	144	1.70
击剑	79	63.2	46	36.80	125	1.48
棒球	41	100.00	0	0	41	0.49
健美操	164	62.36	99	37.64	263	3.11
手球	14	51.85	13	48.15	27	0.32
橄榄球	21	61.76	13	38.24	34	0.40
定向越野	14	58.33	10	41.67	24	0.28
攀岩	5	100.00	0	0	5	0.06
射击	32	57.14	24	42.86	56	0.66
垒球	0	0	15	100.00	15	0.18
棋牌	3	50.00	3	50.00	6	0.07
龙舟	22	81.48	5	18.52	27	0.32
总计	5188	61.33	3271	38.67	8459	100.00

综上所述，从内容结构或层次结构看，普通高校竞技体育主要由高水平运动队、体育专业学生和非体育专业学生组队参加的训练和比赛构成，有些普通高校没有体育类专业，其高水平竞技体育的参与者主要由普通高校高水平运动队和非体育专业学生组队构成，甚至还有些学校没有高水平运动队，其竞技体育参与者仅由非体育专业学生组队构成。本节主要对包含三个部分或两部分竞技体育的普通高校进行分析。根据相关政策文件，普通高校高水平运动队、体育专业学生、有体育特长的非体育专业学生三者组队训练和竞赛构成了学校竞技体育的内容结构和层次结构，但目前缺乏顶层设计，处于分离状态，其资源配置亟待优化整合。

从项目结构上看，普通高校竞技体育的运动项目发展正处于减量提质阶段。减量的目的是更好地集中资源、优化配置，以提升保留项目的数量和质量。相比 2016 年，2021 年已停招 12 个运动项目，其主要原因是生源不足或没有运动技术等级评定，这些项目从参与人数来看大多数属于“小众”项目，但从项目数量看，减去 12 个，保留 13 个，停招的项目占比较高，多为我国传统体育项目和学校特色项目，停招后的资源如何调整？保留的 13 项既要增加招生的数量还要提升培养的质量，符合当前改革的趋势，需加强规范性和竞争性以增强学校竞技体育的实力，但也存在同质化现象进一步加剧的问题。

从地域结构上看，普通高校竞技体育的发展与我国高等教育乃至经济发展具有同构性，在东部地区，一流大学和一流学科建设高校及研究生院校办高水平运动队的高校较多；而中西部地区，办高水平运动队的重点大学和重点学科建设高校数量少，普通高校中优质运动队伍更少，资源有限，竞争力较差。

从性别结构上看，女运动员人数和女运动员项目明显少于男运动员，普通高校在竞技体育发展中需进一步加强女性优势项目的发展以培养优秀女运动员。

第三节　供给管理：普通高校竞技体育政策供给的发展脉络

中华人民共和国成立初期，毛泽东主席提出“发展体育运动，增强人民体质”，学校课余体育广泛开展，业余体校的学生通过业余训练，既能完成训练任务又能保证完成学习任务，对运动员的管理采取计划经济模式，运动员退役后按照国家正式职工安排待遇。高考恢复后，应试教育不断得以强调，学生的学习压力变大，体育课因其“玩耍”的属性被排挤成“小三门”，参加业余训练的学生无法正常完成文化课的学习。为了取得高水平运动成绩，学生的训练时间延长，训练量加大，学训矛盾由此出现。20 世纪 80 年代，我国逐步建立市场经济体制，尤其国家事业单位人员编制采用“逢进必考”的规定后，运动员原有的退役保障机制受到冲击，原有的训练体系遭到破坏。体育和教育开始分离，既包括体育部门和教育部门的分离，又包括运动员的文化学习和运动训练的分离，还包括体育教育与其他学科教育的分离，体育受到排挤。

针对上述问题，1983—1985 年国家教委和国家体委两家试办体育传统学校。为了适应国际竞技体育发展的变化，为了满足中国参加世界大运会、中运会的需要，1985 年 12 月国家教委和国家体委在山东掖县（今莱州市）召开了全国学校业余体育训练工作座谈会，印发了《关于发展学校业余体育训练，努力提高学校体育运动技术水平的规划（1986—2000 年）》，这次会议后“体教结合或教体结合”走上历史舞台，普通高校高水平运动队作为一项重要内容不断发展，经历了四个阶段，主要由相关政策供给推动。

一、普通高校高水平运动队的试办阶段（1986—1994 年）

1986 年国家教委、国家体委印发的《关于开展课余体育训练，提高学校体育运动技术水平的规划》指出，办好一批培养高水平运动员的学校，必须在科学试验的基础上有步骤、有计划地进行。[①]同年颁发的《国家体育运动委员会、国家教育委员会关于著名优秀运动员上大学有关事宜的通知》提出，“奥运会、世界杯、世界锦标赛单项前三名获得者和集体项目前三名的主力队员以及世界纪录创造者”可免于参加全国高等学校招生统一考试，由高等学校进行必要的文化考核，并决定是否录取。

1987 年国家教委办公厅颁发的《关于部分普通高等学校试行招收高水平运动员工作的通知》指出：“凡在体育传统项目学校和试点中学学习的学生，符合《普通高等学校招生暂行条例》规定的报名条件，高中阶段获省级或省级以上体育竞赛前六名以及获二级运动员以上证

---

① 国家教育委员会，国家体育运动委员会. 关于开展课余体育训练，提高学校体育运动技术水平的规划（1986—2000 年）[A]. 1986-10-30.

书者，均可报考办高水平运动队的普通高等学校。”这明确了招生对象为体育传统项目学校和试点中学的学生，且高中阶段获得省级及以上体育竞赛前几名者。“考生必须参加全国普通高等学校招生统一考试……试点高等学校在统考结束后，应对考生进行严格的面试或体育加试”明确了考生要参加全国统一的文化课考试，还要参加面试或体育加试的考试办法。根据该条例，高考降分的范围：省级和省级以上体育竞赛前六名以及获得二级运动员证书者，试点高等学校可在当地本科院校控制分数线以下 50 分以内择优录取；在国际体育组织主办的各种正式比赛中获得前八名，全国性体育比赛（包括为参加世界中学生体育比赛举办的全国性选拔赛）中获得前六名以及获得运动健将、一级运动员证书者，试点高等学校可在当地本科院校控制分数线以下 80 分以内择优录取；文化考试总成绩在当地本科控制分数线以下 200 分以内，取得上述名次或证书，并确有发展潜力和培养前途的考生，可以被录取为预备班学员。

在当时的教育制度下，非运动员学生的高考升学率较低，形成“千军万马挤独木桥”的局面。运动员学生由于文化学习水平一般要低于非运动员学生，很难通过正常的高考升入大学，而该通知在政策层面解决了运动员进入高校的渠道问题。

1987 年国家教委印发的《关于试点高校培养高水平运动员的管理办法（试行）》对运动员进入高校后的学习、训练、管理等给出了指导性意见，加快了运动员队伍建设。学校选择相应专业、设计培养计划、减免部分课程，在适当的时候可以延长学生的修业年限等，并为他们所在的班级配备高水平的教师，安排适当的文化补习，以此来确保运动员的文化教育质量。对进入高校的运动员的学籍管理，强调了运动员由于训练、竞赛等特殊性，在课时数、考勤、选课、考试、调换专业、修业年限等方面做出了补充规定。对教练员队伍建设着重从教练员的选择、任用、待遇及评定等四方面进行。高校高水平运动队建设的后勤保障中学校体育场馆、设施建设应优先列入基建计划；设立试办工作专项经费，专款专用；建立运动员食堂等。

1993 年国家体委印发的《国家体委关于深化体育改革的意见》提出，改变原来在计划经济体制下，单纯依赖国家和主要依靠行政手段办体育的高度集中的体育体制。[①]在体育系统直属院校试办高水平运动队或俱乐部，逐步达成教学、科研和训练三结合的基地。

由此可见，20 世纪 80 年代末进入试点高校的既有免于参加全国统考的大学生运动员，也有参加全国统考并获得降分福利的大学生运动员。国家首次审批了 51 所（后增至 57 所）办高水平运动队的试点校。高校高水平运动队的试办工作逐步展开，一些项目的运动成绩甚至达到了国内最高水平，如东北财经大学的刘福祥以 3 分 48 秒的成绩摘夺 1500 米田径比赛桂冠，西安邮电学院（2012 年更名“西安邮电大学”）的谭明军打破男子 20 公里竞走全国纪录。同时，国家尝试建立从小学到中学再到大学的一条龙的竞技体育人才培养模式，在高校培养出了一些高学历的运动员。全国第四届大运会男子十项全能冠军薛冰是来自湖北农村的大学生，他进校后刻苦训练，达到了运动健将标准。天津南开大学硕士研究生谭莹，在全国第四届大运会女子七项全能比赛中夺得金牌，也达到了运动健将级标准。高校竞技体育的发展影响了中小学课余体育训练的开展，如山西省成成中学女排到 1994 年取得了山西省中学生排球联赛八连冠，全国中学生排球联赛第五名（1994 年）的成绩，学校被命名为“全国群众体育先进学校”“国家级体育传统项目学校”“全国培养体育后备人才先进学校”。该阶段的高校高水平运动员试行试点中有大量专业运动员进入高校，虽然解决了部分运动员的受教育问题，但这些运动员竞技能力提升有限，这对竞技体育后备人才培养不利，与初衷相背离。

二、普通高校高水平运动队的多样化发展阶段（1995—2004 年）

该时期高等教育进行体制改革，高校不断扩招，规模不断增大。高校高水平运动队的规模也在不断扩大，水平也在不断提高。一方面，由体制转轨、人事制度改革而引发的退役运动员安置问题不断凸显；另一

① 国家体育运动委员会．国家体委关于深化体育改革的意见［A］．1993-05-24．

方面，高校急需高水平的竞技体育人才，以实现参加世界大学生运动会的目标。1995 年国家教委颁发了《国家教委办公厅关于部分普通高等院校试办高水平运动队的通知》，与 1987 年的通知相比较，这一次提高了招生对象的运动成绩标准，改革了招生办法，放宽了录取条件，对满足招生条件的运动员给予了更大程度的优惠政策。

1995 年印发的《国家教委办公厅关于部分普通高等院校试办高水平运动队的通知》提出："努力提高我国大学生的体育运动水平，为国家培养全面发展的体育人才，以逐步实现由国家教委组队参加世界大学生运动会的目标。"教育系统为能够组队参加世界大学生运动，在政策层面为高竞技水平运动员进入高校提供了更大的支持力度。

招生对象明确规定"培养体育后备人才试点中学应届高中毕业生取得一级运动员证书者"。将运动员的竞技水平从原先的国家二级提升到了国家一级，这就将中学培养的学生运动员淘汰，而大量接收体育系统的专业运动员；扩大了生源范围，增加了"同等学力考生"，在政策上将专业运动员的身份合法化；文化课成绩确定了最低录取分数线，提出"国家教委高校学生司和体育卫生与艺术教育司确定最低录取分数线，招生院校择优录取"。招生院校有了更多的自主权。高校招生后在教学和管理中采取两大措施：按上述办法录取的学生为预科生，由招生院校负责补习文化课一年，经学校考试合格者，转入本（专）科学习，不合格者，做退学处理；学生在校期间，院校应尽量创造条件，妥善安排优秀运动员专业学习、体育训练，力争做到半读半训。要确保运动员达到学校培养目标，选择适合运动员学习的专业；制订符合运动员实际情况的教学计划。实行学分制的学校，可以适当调整所修课程，适当延长运动员在校学习年限。

2000 年国家体育总局印发的《2001—2010 年体育改革与发展纲要》提出："加快训练体制改革，建立适应社会主义市场经济体制的后备人才培养体系""必经高度重视业余训练工作，改善业余训练条件，坚持走体教结合的道路"。[①]2003 年国家体育总局和教育部联合发布的《关于进一

① 国家体育总局．2001—2010 年体育改革与发展纲要［A］．2000-12-15．

步加强运动员文化教育工作的意见》提出："鼓励、支持运动队与地方教育部门及各级各类学校通过多种形式合作办学或开展共建，包括与普通高等学校联办、共建二级体育学院（系），与有关单位合作开展职业教育和短期培训等，不断探索'体教结合'的有效途径""继续争取有关部门的政策支持，为运动员在训练期间和退役后接受高等教育创造条件"。[①] 体育系统重视业余训练，通过与普通高校联办、共建等方式为运动员创造条件，为其退役后的就业打基础。

该时期建设高水平运动队的高校分为 2 个层次：中央部委所属院校面向全国招生，地方所属院校面向本地招生。其办队形式呈现多样化发展。第一种形式是由教育部，以及省、市教委通过评估认为学校自身各项硬件条件相对较好，训练场地设施、教练员水平、经费以及物质条件等有保证，才给予重点投入。如清华大学、北京大学、华南理工大学、西安交通大学等，运动队训练水平高，运动技术在省、市乃至全国都具有较大的优势。第二种形式是部分省、市的体育系统各相关运动训练管理中心与部分高校联合从事某个项目的高水平运动队的训练。它是利用集体育教学与竞技运动相结合的综合优势，互为补充，共同受益。如南开大学女排队、天津理工大学及华南师范大学的女子手球队均代表过本省、市参加全运会并取得了较好的运动成绩。第三种形式是一部分高校结合自身所具备的条件来扶植一两个特色项目的运动队，在运动训练的时间、经费、场地、教练员等方面配备相对固定的基础上，常年训练，如西北大学男篮，但也有部分院校的随意性变化相对较大。第四种形式是为迎接某类运动会或上一级比赛而提前 1～2 个月临时组建一个运动队集中训练，其目的主要是参加比赛。第五种形式是以开展和推动学校群体运动为目的而组建的系、院级运动队训练，因时、因地、多形式地参加校、系级各类竞赛活动。

1999 年国务院批转教育部制定的《面向 21 世纪教育振兴行动计划》，

---

① 国家体育总局，教育部．关于进一步加强运动员文化教育工作的意见［A］．2003-01-07．

提出高等教育规模要实现较快增长，至 2010 年高等教育毛入学率达到15%的发展目标。同年中共中央、国务院公布的《关于深化教育改革全面推进素质教育的决定》指出："调整现有教育体系结构，扩大高中阶段教育和高等教育的规模，拓宽人才成长的道路，减缓升学压力。"[①]自此，我国的高等教育获得了飞速的发展，试办高水平运动队的高校也不断增加。1999 年和 2000 年在对高校高水平运动队审核评估的基础上，确立了教育部重点和地方重点共 161 所高校，到 2001 年建队的高校规模达到 120 多所。

2003 年国家体育总局和教育部联合组队参加了第 22 届世界大学生运动会。该届世界大学生运动会有 127 个国家和地区的 1046 名运动员参加 45 个项目的比赛。中国共选派 32 名运动员参加 19 个项目的角逐。在该届运动会上中国大学生体育代表团，包括由教育部中国大学生体育协会选派的南开大学女子排球队、北京师范大学女子足球队、北京理工大学男子足球队和天津工业大学男子排球队等 4 支普通高校校队。其中南开大学女子排球队获得冠军，北京师范大学女子足球队获铜牌。此外，清华大学的胡凯获得 2004 年全国田径大奖赛总决赛 100 米、200 米冠军。这些优异的成绩标志着我国高校高水平运动队的试办工作初见成效。但高校为了短期利益，直接从专业队招收优秀运动员，运动员的竞赛身份问题不断凸显，如 2003 年获得世界大运会冠军的南开大学女子排球队的基本班底是由辽宁女子排球队和天津女子排球队组成的。另外，大部分高校高水平运动队的教练员由体育教师担任，其执教能力水平有待加强。

三、普通高校高水平运动队的快速发展阶段（2005—2016 年）

2005 年印发的《教育部国家体育总局关于进一步加强普通高等学校高水平运动队建设的意见》明确了普通高校建设高水平运动队的目标，

---

① 中共中央国务院发布《关于深化教育改革全面推进素质教育的决定》[J]. 高教与经济，1999（3）：3-5.

即“完成世界大学生运动会及国际、国内重大体育比赛的参赛任务，为国家奥运争光计划和竞技体育可持续发展做贡献”，并鼓励在项目传统和特色、学习训练等保障措施、体育场馆器材、培训人员以及经费保障等方面符合条件的普通高校申办高水平运动队。

《2005 年普通高等学校招收高水平运动员的办法》将招收的运动员的运动等级从国家一级调整到国家二级，并且是在高中阶段在省级及以上比赛中获得集体项目前六名的主力队员或个人项目前三名的运动员，招生范围进一步扩大，还包括：具有高级中等教育毕业同等学力者，获得国家一级运动员证书（含以上）者或近三年内在全国或国际集体项目比赛中获得前八名的主力队员。而《2010 年普通高等学校招收高水平运动员办法》规定：“获得一级运动员、运动健将、国际健将及武术武英级（或以上）称号之一的考生，可申请参加招生院校组织的文化课单独考试，也可选择参加全国统一招生考试。”专业运动员参加文化课考试有了更多的自主权，其进入高校的通道进一步拓宽。

2004 年印发的《教育部办公厅关于做好 2005 年普通高等学校招收高水平运动员工作的通知》提出从 2005 年开始不再招收预备班学员，而是招收“少数体育专项测试成绩特别突出，确有培养前途的考生”。[①]这类考生文化课成绩达到其所在省（自治区、直辖市）本科第二批次录取控制分数线 60%的，由招生学校决定是否录取；该类考生的录取人数不得超过本校录取高水平运动员人数的 15%。2010 年的政策提出将这类考生的文化课程从 60%提高至高考成绩达到生源所在省（自治区、直辖市）本科第二批次录取控制分数线的 65%；虽然文化课成绩提高了，但招生的人数增加了，从原来的 15%提高到了 30%。这样就可以招到文化课基础更好的二级运动员，其数量也增加较多。

2010 年《关于进一步加强运动员文化教育和运动员保障工作的指导意见》提出：“鼓励运动队的运动员进入高等学校学习，接收运动员的高

① 教育部办公厅关于做好 2005 年普通高等学校招收高水平运动员工作的通知［A/OL］.（2004-11-15）［2019-06-15］. http://www.moe.gov.cn/s78/A17/twys_left/moe_938/moe_940/s3279/201001/t20100128_80928.html.

等学校要建立符合运动员教育特点的弹性学制，开发和设置适合体育人才的专业和课程，并利用多种教育手段切实提高运动员教育的质量。鼓励在役运动员通过成人教育、远程教育等方式灵活接受高等教育。”① 2012年国家体育总局印发的《体育总局 教育部 财政部 人力资源保障部中央编办关于深入贯彻落实〈关于进一步加强运动员文化教育和运动员保障工作的指导意见〉的通知》提出：“进一步重视和加强优秀运动员文化教育，鼓励高校与省、自治区、直辖市优秀运动队建立“教体联办”关系，高等院校要重视运动员的课程学习，体育部门要保证优秀运动员文化教育时间，为运动员在役和退役完成学历教育创造条件，不断提高运动员学历教育质量，为运动员的再就业打好文化和职业技术基础。”②这两个文件进一步重视和强调专业运动员进普通高校接受高等教育的问题，普通高校与专业运动队建立“教体联办”关系，设立弹性学制，开发适合的专业和课程，为专业运动员就业做好职业技能准备。2012 年的通知中增加了一项专业运动员进入普通高校的新途径——单独招生，但仅限于运动训练、民族传统体育专业，并要求“招生院校单招向公办体育运动学校毕业生倾斜，加快增加公办体育运动学校学生的录取比例”。这个政策为公办体育运动学校学生升学带来较多的好处，体育系统的生源范畴从专业运动队的优秀运动员扩展到公办体育运动学校的普通运动员，为运动员接受高等教育进一步拓展通道。

从 2005 年起招生政策统一了新的录取标准，分为四个层次：第一个层次为二级运动员要达到当地本科第二批次录取控制分数线。第二个层次为对于确有培养前途的考生，要求达到本科第二批次录取控制分数线的 60%（2005 年），2010 年提高到了 65%，但在录取人数上有了明确的

---

① 国家体育总局，教育部，财政部，等. 关于进一步加强运动员文化教育和运动员保障工作的指导意见［A/OL］.（2010-03-30）［2019-06-15］. http://www.sport.gov.cn/n315/n331/n401/c785866/content.html.

② 国家体育总局. 体育总局 教育部 财政部 人力资源保障部中央编办关于深入贯彻落实《关于进一步加强运动员文化教育和运动员保障工作的指导意见》的通知［A/OL］.（2012-07-07）［2019-06-15］. http://www.sport.gov.cn/qss/n5015/c639715/content.html.

限制。第三个层次为一级（及以上）运动员免试进入大学。第四个层次为单独招生，仅限于报考运动训练专业和民族传统体育专业的学生运动员，公办体育运动学校的学生较多，他们通过单独招生进入高校。高校对招收的运动员的学习、训练、竞赛等方面采取了相应的措施：一是将训练、竞赛纳入学分管理体系，按照竞赛成绩给予适当的学分奖励；二是对竞赛成绩突出者保送研究生。与非体育专业学生相比，专业运动员为了获得毕业所需的学分，更乐意参与训练、竞赛，且竞赛成绩突出者可被保送研究生。这既鼓励了运动员训练、竞赛的积极性，又延长了高校对运动员的使用期限：从 4 年延长至 7～10 年，调动了高校招收优秀运动员的积极性。

该时期普通高校高水平运动队的数量急剧增加，2005 年相关部门通过检查与评估确立了 102 所高校办队，到 2006 年就增加到了 235 所，增幅较大，到 2012 年进一步扩大到 272 所，到 2015 年达到 275 所。普通高校高水平运动队的规模在该时期获得快速发展。

四、普通高校高水平运动队的质量提升阶段（2017 年至今）

当前高等教育寻求内涵式发展，以提高质量为核心，为人才强国战略筑基。2017 年印发的《中共中央 国务院关于开展质量提升行动的指导意见》指出："全面提升产品、工程和服务质量""实施质量攻关工程"。教育部提出"质量为王，标准先行"，实施"高等教育质量保障新文化建设工程"。2018 年发布的《普通高等学校本科专业类教学质量国家标准》涵盖了全国 92 个本科专业类、587 个专业，涉及全国 5.6 万多个专业点，体现了学生中心、产出导向、持续改进的原则，这个标准既有"规定"又有"空间"，既有"目标"又有"底线"，既有"定性"又有"定量"，并配备专业机构、专业人员展开定期的监测评估、持续改进，将质量意识、质量革命和质量中国作为建设中国高等教育质量文化的实现路径。高等教育实施专业认证，强调"金专""金课"建设，淘汰"水专""水课"和"水师"，取消清考等措施，提高人才培养的质量。2019 年印发的《教育部关于深化本科教育教学改革全面提高人才培养质量的意见》明确规定:“加强考试管理,严肃考试纪律,坚决取消毕业前补考等‘清考’行为。”质量提升,意味着普通高校大学生运动员的毕业标准进一步规范和严格,难度进一步加大,形成了“严进严出”局面。

普通高校高水平运动队建设从量向质转变,主要从学校和项目两个方面进行优化。2017 年印发的《教育部关于进一步加强普通高校高水平运动队建设的实施意见》提出:“严格控制高水平运动队建设学校的规模总量,现有高水平运动队建设学校总数原则上不再增加,在现有规模总量内进行学校和项目结构优化,着力提高高水平运动队建设质量。”[①]在招生方面严格管理,规范招生;逐步推行全国高校各项目高水平运动队联赛制度;提高教练员的执教水平等;提高普通高校高水平运动员的培养质量。2019 年公布的《教育部办公厅关于公布 2019 年普通高校高水平运动队技术调整结果的通知》提出:“教育部将严格控制高水平运动队建设高校数量,不再扩大规模,同时实行优胜劣汰的竞争机制。各地要严格加强招生管理,规范相关工作流程,加强专业师资队伍建设。”[②]通过竞争机制、准入与退出机制、优化项目布局等提高高校高水平运动队的建设质量。

2017 年国家体育总局、教育部联合印发的《关于加强竞技体育后备人才培养工作指导意见》提出畅通青少年运动员升学渠道,“继续推进高等学校运动训练和民族传统体育单独招生、体育高职院校单独考试招生向体育运动学校毕业生倾斜政策的落实”“完善符合国家规定条件的优秀运动员免试保送就读普通高等学校的招生办法”[③]。2019 年颁布的《国

---

① 教育部. 教育部关于进一步加强普通高校高水平运动队建设的实施意见[A/OL].(2017-07-03)[2019-04-17]. http://www.gov.cn/gongbao/content/2017/content_5248226.htm.

② 教育部办公厅. 教育部办公厅关于公布 2019 年普通高校高水平运动队技术调整结果的通知[A/OL].(2019-01-31)[2019-04-12]. http://www.moe.gov.cn/srcsite/A17/moe_938/s3279/201902/t20190214_369277.html.

③ 国家体育总局,教育部. 关于加强竞技体育后备人才培养工作的指导意见[A/OL].(2017-12-06)[2019-02-03]. http://www.sport.gov.cn/n10503/c838148/content.html.

务院办公厅关于促进全民健身和体育消费推动体育产业高质量发展的意见》提出："加强普通高校高水平运动队建设，将其纳入国家竞技体育后备人才培养体系。"[①]加强普通高校高水平运动队建设，为体育系统的运动员提供文化教育，提升其就业能力，是体育系统支持普通高校高水平运动队建设的重要动力。不仅如此，普通高校也从前期于体育系统的拿来主义，向自身培养优秀运动员发展，并努力获得体育系统的承认，普通高校高水平运动队成为我国竞技体育后备人才培养的重要组成部分。另外该意见提出："通过政府购买服务等方式，引进专业教练员、退役运动员、体育培训机构等为学校体育课外训练和竞赛提供指导。"政府通过购买服务的方式引进专业教练员、运动员指导学校体育训练和竞赛，可提升学校的训练和竞赛水平。

目前普通高校高水平运动队的规模基本稳定，运动项目布局、运动员的人才培养质量方面不断优化，以适应高等教育的内涵式发展要求。但目前教育系统和体育系统培养高水平运动员的目标仍不一致，高水平运动员参加的竞赛体系不完善，运动技术等级标准也亟待出台。

综上所述，普通高校高水平运动的政策供给随着中国经济、教育发展的大环境变化而不断发生变化，推动普通高校高水平运动队从无到有，从有向好不断转变；从开始的试点试办到队伍建设的规划与发展，从数量增长向质量提升升级转换。政策供给从普通高校高水平运动员的招生、培养、管理到训练竞赛都提出了比较详尽的要求，不同阶段供给重点不同，为高校高水平运动发展提供方向和保障。目前高校高水平运动队发展的基本需求能够满足，但竞赛制度仍不完善，产品质量仍有待提升，运动员的就业方向仍有待规划和指导。

---

① 国务院办公厅关于促进全民健身和体育消费推动体育产业高质量发展的意见[A/OL].（2019-09-17）[2019-12-30]. http://www.gov.cn/zhengce/content/2019-09/17/content_5430555.htm.

第四节　普通高校竞技体育供给侧改革的方向和路径分析

针对消费、投资、出口“三驾马车”的需求管理带来的副作用和后遗症，供给侧结构性改革将要素升级、结构优化和制度变革作为“三大发动机”，拉动经济持续增长。“三大发动机”是通过效率提高来实现经济增长的，是健康、可持续的动力，对应着中央反复强调的改革、转型和创新。本节从“要素升级”“结构优化”和“制度变革”三个方面探析高校竞技体育供给侧改革的方向和路径。

一、调整主体关系，形成一主多元、协调共生的新格局

（一）宏观上以教育系统为主，体育系统配合，社会组织参与，共生共融

教育系统建设高水平运动队的主要目的是引领学校体育课余训练和竞赛发展，为国家培养全面发展的高水平体育人才，完成世界大学生运动会及国际、国内重大体育比赛任务，充分展示我国大学生的精神面貌。①学校看重运动员的全面发展和参加各类竞赛获奖后对学校知名度的影响，试图将竞技体育人才培养体系引入教育系统，培养文化和运动俱佳的运动员。体育系统以在奥运会为最高层次的国际竞技体育上取得优异成绩为首要职责，为了实现这一目标，将集中掌控国家体育赛事、体育信息和体育科研等重要资源，以行政手段管理体育事业，虽然进行市场化改革，但仍以运动员输送率为业绩，且重视运动训练、轻视文化学习，运动员退役后实施继续教育的基础薄弱。体育系统支持高校竞技体育发

① 教育部．教育部关于进一步加强普通高校高水平运动队建设的实施意见［A/OL］.（2017-07-03）［2019-04-17］. http://www.gov.cn/gongbao/content/2017/content_5248226.htm.

展的主要目的是“畅通青少年运动员升学渠道”①和“为运动员在役和退役完成学历教育创造条件，不断提高运动员学历教育质量，为运动员的再就业打好文化和职业技术基础”②。体育系统将其视为运动员的文化教育退役保障的退出机制。教育部门和体育部门在建设高校竞技体育方面的目标不同，关注重点不同，利益格局不同，没有形成体育部门和教育部门相融合的体制机制，另外社会系统发挥作用不明显。

目前普通高校以高水平运动队为龙头的竞技体育主要是由教育部及各省级教育行政部门主管。2017 年颁布的《教育部关于进一步加强普通高校高水平运动队建设的实施意见》明确提出教育部和各省级教育行政部门在高校高水平运动队建设中的主体责任。教育部负责全国普通高等学校高水平运动队的统筹规划、宏观指导、综合监管等工作；各省级教育行政部门是本地区高校高水平运动队建设的责任主体，具体负责规划布局、建设评审、业务指导和监督管理等工作，要切实履行建设和监督主体责任。③

以国家体育总局为首的体育系统在普通高校高水平运动队试办阶段发挥了重要的作用。2005 年由教育系统独立组队参加世界大学生运动会后，体育系统仍不断支持普通高校竞技体育的发展。2019 年 12 月国家体育总局局长、党组书记苟仲文指出，深化体教融合，坚持一体化设计、一体化推进，破除固有藩篱壁垒，努力实现体育和教育部门的融合。要把促进青少年身体素质提升和竞技体育后备人才培养作为主要目标，努力在大学高水平运动队建设、体育教师和教练员培养等方面取得突破。④

---

① 国家体育总局，教育部. 关于加强竞技体育后备人才培养工作的指导意见[A/OL].（2017-12-06）[2019-02-03]. http://www.sport.gov.cn/n10503/c838148/content.html.

② 国家体育总局. 体育总局 教育部 财政部 人力资源保障部中央编办关于深入贯彻落实《关于进一步加强运动员文化教育和运动员保障工作的指导意见》的通知 [A/OL].（2012-07-07）[2019-06-15]. http://www.sport.gov.cn/qss/n5015/c639715/content.html.

③ 教育部. 教育部关于进一步加强普通高校高水平运动队建设的实施意见 [A/OL].（2017-07-03）[2019-04-17]. http://www.gov.cn/gongbao/content/2017/content_5248226.htm.

④ 全国体育局长会议举行 国家体育总局局长、党组书记苟仲文作工作报告 [EB/OL].（2019-12-28）[2020-02-26]. https://www.163.com/dy/article/F1ENFM950525SRQD.html.

提升青少年的身体素养和培养竞技体育后备人才也是教育部门的重要目标。体育系统与教育系统在统一共识、统一目标的基础上，应统一协调，建立体教联合体，加强管理体制机制创新，将两个轨道上的分置力量有机整合为一体，形成合力，适当进行机构调整，实现优势互补，资源共享，在完善的法规制度框架内，共生共融，为竞技体育人才的全面发展构造普通学校、体育学院、体育职业学校等多部门协调互助的多元化运动员成才体系。另外，中国大学生体育协会作为社会组织，应整合各单项协会的力量参与高校竞技体育工作。教育系统、体育系统、社会系统，按照利益共享，协调合作，建立共生共融的新格局（图 3–13）。

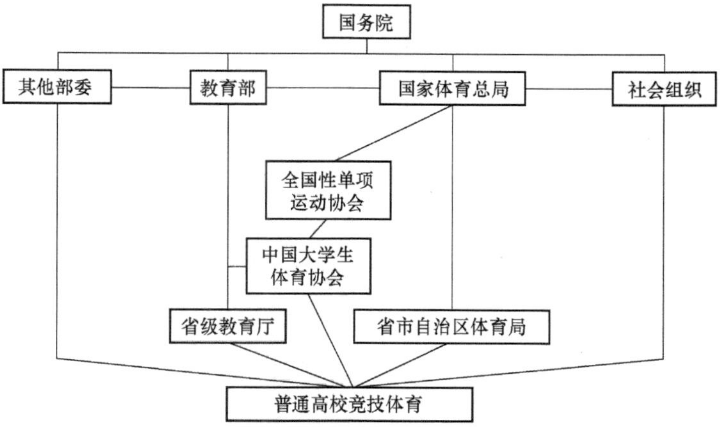

图 3–13　普通高校竞技体育宏观管理体系

这个新格局中以教育系统为主，教育部统筹规划，省级教育厅具体负责；国家体育总局及各省市自治区体育局协同配合，社会组织通过与教育部或国家体育总局间接或直接与高校联系展开合作。

例如，北京市教育、体育部门积极整合各方资源和力量，探索体教融合的经验。2019 年 12 月底北京市青少年校园足球“八个一体化”工作联席会议召开，北京市教委、北京市体育局、北京市足协、北京市教委体卫艺处、北京市体育局青少处等部门共同参与。会议指出，在定期会商的机制下，统一思想、明确目标，整合优质资源，共同推进。[①]

随着 2022 年北京冬奥会的临近，冰雪项目的发展愈发受到重视。2020 年 8 月河北师范大学和中国滑冰协会签约成为首家“全国滑冰体教融合示范单位”，中国滑冰协会和河北师范大学在冰雪项目培训、科研合作、人才选拔、学科建设、优秀滑冰运动员学历提升等方面进行合作，探索建立滑冰普及和后备人才培养选拔长效机制，共同打造“中国滑冰协会体教融合示范单位”。河北师范大学的高水平运动队是足球队和健美操队，没有冰雪项目的运动队，但学校创设了一个新的运动项目——雪球，集休闲、娱乐与竞技为一体，以雪球为试点推广开展冰雪运动进校园，并实施“河北省三千万人上冰雪·千校手拉手上冰计划”。2019 年河北省举办首届冰雪运动会，河北师范大学派出陆地冰壶和轮滑两支代表队参加高校组比赛，其中陆地冰壶队荣获冠军。河北师范大学高水平运动队发展良好，并带动了该校的竞技体育发展。

（二）微观上以体育院系竞训部为主，其他部门为辅，协调发展

2017 年《教育部关于进一步加强普通高校高水平运动队建设的实施意见》提出：“高校是建设高水平运动队的第一责任主体，要把高水平运动队建设纳入学校发展规划，加强制度建设，完善管理机制，规范工作程序，确保高水平运动队建设提质增效。”[②]可见，学校是建设高水平运动队的第一责任主体，在学校系统内最高由学校体育运动委员会管理，一般为学校的一位校级领导专门负责并牵头制定高校竞技体育的发展规划和制度建设。具体内容由体育院系的竞赛训练部实施（图 3-14），竞赛训练部设专门的管理岗位和管理人员，具体负责制定学校竞技体育的发展方案和管理制度，运动员的招生、选材、日常管理、训练、竞赛等，还需与学校的招生办、教务部、财务处、后勤、学工部、各院系以及体

① 深化体教融合 北京市体育教育部门共同夯实八个一体化［EB/OL］.（2019-12-21）［2019-12-24］. http://sports.sina.com.cn/china/other/2019-12-21/doc-iihnzhfz7414743.shtml?cre=tianyi&mod=pcpager_china&loc=12&r=9&rfunc=100&tj=none&tr=9.

② 教育部. 教育部关于进一步加强普通高校高水平运动队建设的实施意见［A/OL］.（2017-07-03）［2019-04-17］. http://www.gov.cn/gongbao/content/2017/content_5248226.htm.

育学院的相关部门联系沟通，为学校竞技体育运动员的入校、培养、训练、竞赛和毕业做好管理和沟通协调的工作。学校的高水平运动队以及非体育专业学生队都来自不同的学院，高水平运动员或统一归属于某学院的某专业或分散于各学院的不同专业。这些特殊学生的专业培养计划、课程设置、教学和评价都由所属学院的专业具体负责。按照专业发展的要求，负责部门最好制订单独的培养方案，规定学制、学分及修业过程，配备专门的文化课教师，确保学生运动员按照有关学业规定完成培养计划。

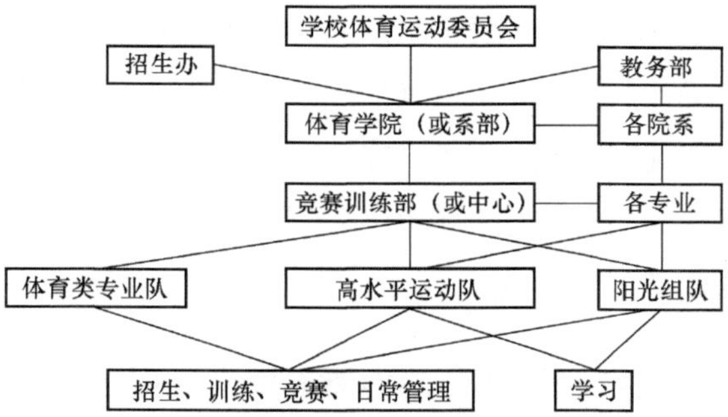

图 3–14　普通高校竞技体育微观管理体系

其中，体育学院的竞赛训练部至关重要，专门负责运动员的选材、训练和竞赛以及运动队的评估审核等繁重工作，还要与学校其他部门及省级教育厅和社会相关部门联系沟通。这样普通高校竞技体育发展就有了根据地，专设机构，专人专管，尤其是学校实行绩效管理后，高水平运动队发展的优劣与管理人员的绩效密切相关，可提升高校竞技体育的管理效能。据调查，目前有些学校的高水平运动队由体育学院或公共体育部负责管理，具体任务交由下属相关部门负责，没有设置专门的管理机构；有些高校非常重视高水平运动队的发展，将其设为与体育学院或公共体育部同等的管理部门，其优势是可较好地与学校相关部门及校外机构沟通联系，但与体育部门相分离，使其在教练员的配备、场地设施的分配中无法做到统筹规划，整合资源。

普通高校竞技体育不仅包含高水平运动队，还有体育专业队和非体育专业队等，由学校的体育部门设置专门管理机构，可统筹规划不同层次、不同级别的体育赛事，合理分配教练员、组织人员、管理人员和服务人员及场地设施资源；把不同层次的运动员在训练和比赛中的表现、比赛成绩和贡献设为必修课，纳入总学分并将其与运动队的考核息息相关。另外可以利用体育专业队的学生为非体育专业队的比赛配备学生教练员、组织人员和管理人员，让非体育专业队的赛事成为体育专业学生的实践平台，丰富校园文化，活跃校园氛围。

综上所述，以高水平运动为核心的普通高校竞技体育，其宏观管理是教育部及省级教育厅主管，国家体育总局及社会组织协调配合；其微观管理是学校体育运动委员会负责，具体由体育院系的竞赛训练部管理，设专职专管，提升管理效能，不同学校根据实际情况具体设置管理机构和人员。这样普通高校竞技体育的管理无论是宏观上还是微观上均有主有辅，明确管理职责和权限，有力发挥组织管理效能，在各自权限职责内协调相关单位，共生共融。

二、利用政策红利增加劳动力要素供给，促进要素升级转化

普通高校竞技体育的劳动力资源主要是各项各类队伍的教练员和运动员，以及管理服务人员。下面主要从教练员和运动员的供给角度分析。普通高校竞技体育的劳动力资源属于“补短板”一项，应利用政策红利，从量和质两方面增加供给。

（一）通过政策红利增加教练员有效供给并激发其发展活力

教练员和运动员是高校竞技体育发展的主要劳动力，教练员团队的能力水平直接关系到运动员的科学训练水平和运动成绩。因为专职教练员数量不足，所以目前高校竞技体育教练员主要由体育教师兼职，且其执教能力需不断提升。首先针对专职教练员数量不足的问题，高校要加强高水平运动队教练员的管理，通过引进、聘用等多种形式，配齐配强教练员。这为教练员的聘用和引进提供了政策支持。学校自我培养的兼职教练员或专职教练员，应加大业务培训，提高历练平台，通过目标管理调动积极性，修改职称评定条件以激发其工作活力，提

升其执教质量。2017 年国家体育总局印发的《关于加强竞技体育后备人才培养工作的指导意见》提出："制定实施体育系统、教育系统和社会机构教练员的培训计划，分期分批分层次对各级教练员进行培训。"[①] 2017 年印发的《教育部关于进一步加强普通高校高水平运动队建设的实施意见》明确指出：加强教练员培训，不断提高教练员的专业素质和科学训练水平。建立与执教业绩直接挂钩的岗位聘用、职称评聘、绩效考核和评优表彰的激励机制，调动和提高教练员工作积极性，对到普通高校工作的优秀教练员在专业技术职务评聘、工作条件、生活待遇等方面，应提供与学校其他层次特殊技术人才相同的政策。[②]校内教练员要加强培训，可借用体育部门或体育院校的优势资源培训教育系统的兼职或专职教练员，并建立合理的培训制度，通过培训持证上岗，提升执教能力；同时，建立教练员档案制度，将其执教业绩与岗位聘用、职称评定、绩效考核和评优表彰相结合，并提供特殊技术人才政策，这将焕发兼职或专职教练员的内生动力，为高校竞技体育发展奠定基础。

《教育部关于进一步加强普通高校高水平运动队建设的实施意见》为高校教练员的发展提供了政策红利，但仍需高等教育系统的供给侧改革不断落实到位。2018 年印发的《中共中央 国务院关于全面深化新时代教师队伍建设改革的意见》提出："立足我国国情，借鉴国际经验，根据各级各类教师的不同特点和发展实际，考虑区域、城乡、校际差异，采取有针对性的政策举措，定向发力，重视专业发展，培养一批教师；加大资源供给，补充一批教师；创新体制机制，激活一批教师；优化队伍结构，调配一批教师。"[③]这一分类施策原则为高校教练员的数量供给、

---

① 国家体育总局，教育部. 关于加强竞技体育后备人才培养工作的指导意见［A/OL］.（2017-12-06）［2019-02-03］. http://www.sport.gov.cn/n10503/c838148/content.html.

② 教育部. 教育部关于进一步加强普通高校高水平运动队建设的实施意见［A/OL］.（2017-07-03）［2019-04-17］. http://www.gov.cn/gongbao/content/2017/content_5248226.htm.

③ 中共中央 国务院关于全面深化新时代教师队伍建设改革的意见［A/OL］.（2018-01-20）［2020-04-17］. http://www.gov.cn/zhengce/2018-01/31/content_5262659.htm.

质量提升、职业发展提供机遇和红利，并将教师职称评定权下放，明确规定了职务聘任，使教练员能进能出，能上能下。该文件还提到，推动高等学校教师职称制度改革，将评审权直接下放至高等学校，由高等学校自主组织职称评审、自主评价、按岗聘任。条件不具备、尚不能独立组织评审的高等学校，可采取联合评审的方式。推行高等学校教师职务聘任制改革，加强聘期考核，准聘与长聘相结合，做到能上能下、能进能出。教育、人力资源社会保障等部门要加强职称评聘事中事后监管。[①]教师职称评审权下放，按岗聘任，聘期考核的政策使高校教练员既有压力又有动力，使之在激发活力的基础上，努力奋斗。2018 年有些高校的教师职称评定已经采取分类施策原则，优秀教练员按照特殊人才对待，有些大龄教练员，凭其执教业绩成功由副教授评为教授，有些大龄讲师教练员也转为副教授，这都大大激励了校内专职或兼职教练员的积极性，激发了其内生动力。

引进优秀教练员是高校竞技体育发展的强劲动力，但鉴于其高薪成本，很多学校望而却步。体育系统应发挥资源优势，通过政策红利为高校输送优秀教练员。2017 年国家体育总局印发的《关于加强竞技体育后备人才培养工作的指导意见》提出："研究制定教练员准入制度，细化教练员从业标准和要求，鼓励、支持退役运动员从事教练工作。完善各级教练员注册、登记、培训和管理制度，有序开展教练员从业资格和等级认证工作。"[②]教练员资格认证和等级认证为教练员的职业发展提供了保障，也为优秀运动员向职业教练员转变提供了路径。教育系统与体育系统合作，为教练员进校园打通渠道。2020 年 4 月青岛市体育局、教育局联合印发的《青岛市体育局 青岛市教育局关于体育教练员进校园的实施意见》提出，充分发挥体育教练员专业优势，加强对学校体育专业化指

① 中共中央 国务院关于全面深化新时代教师队伍建设改革的意见［A/OL］.（2018-01-20）［2020-04-17］. http://www.gov.cn/zhengce/2018-01/31/content_5262659.htm.

② 国家体育总局，教育部. 关于加强竞技体育后备人才培养工作的指导意见［A/OL］.（2017-12-06）［2019-02-03］. http://www.sport.gov.cn/n10503/c838148/content.html.

导，促进学校高水平运动队建设，推动学校体育水平的提高。[①]2020年9月教育部提出推进高水平退役运动员任职体育教师工作。[②]教练员确定结对学校后，训练单位、教练员和学校签订三方协议，约定期限、内容、成绩、输送任务和考核管理相关事宜。这些政策虽然主要针对中小学，但高校也要努力打通体育系统教练员进校园的通道。

（二）通过制度供给缓解学训矛盾，努力使大学生运动员的学习和运动俱佳

学生运动员在成长过程中既要接受国民教育，提高核心素养和专业素质，又要参加竞赛训练，取得优异的运动成绩，由此在文化学习和训练竞赛之间难以调和的矛盾便形成了，这个矛盾存在于教育的不同阶段。中高考是学生运动员升学的主要通道，可通过微观改革将体育考试成绩或竞赛成绩换算成中高考的选择科目，使真正喜欢体育的学生享受政策红利。2020年全国两会期间全国政协委员吴志明等百余名专家建议“重新梳理制定国家教育评价体系，把体育列入中高考必考科目”。[③]其实早在2006年两会期间，全国政协委员冯世亮专家就建议“高考增加体育考试”；2013年两会期间钟南山院士也提出“在高考中加入体能测试，强制让学生加强体育锻炼”；2015年江苏省两会期间，省政协委员、南京大学丁沃沃教授建议“将体育纳入高考‘选考’科目”。随着体育加入中高考的呼声不断增加，2019年云南省教育厅印发的《关于进一步深化高中阶段学校考试招生制度改革的实施意见》明确在中考中将体育与语文、数学、英语并列，分值为100分，使体育的地位大幅提升。2020年起，

---

① 青岛市体育局．青岛市体育局 青岛市教育局关于体育教练员进校园的实施意见[A/OL].（2020-04-10）[2020-04-30]. http://www.qingdao.gov.cn/n172/n24624151/n24628795/n24628809/n24628823/200603155930516653.html.

② 教育部．关于政协十三届全国委员会第三次会议第4900号（教育类449号）提案答复的函［A/OL］.（2020-08-20）［2020-08-27］. http://www.moe.gov.cn/jyb_xxgk/xxgk_jyta/jyta_twys/202009/t20200907_485929.html.

③ 两会提案：将体育纳入中高考必考项目，关注青少年体育教育[EB/OL].（2020-05-24）[2020-06-21]. https://www.sohu.com/a/397304887_498588.

教育部在“强基计划”招生考试中明确要求各高校增设体育项目测试，并将体育测试结果作为录取的重要参考。[①]2020 年中央全面深化改革委员会第十四次会议审议通过的《深化新时代教育评价改革总体方案》提出：“针对不同主体和不同学段、不同类型教育特点，分类设计、稳步推进，增强改革的系统性、整体性、协同性。”根据该方案中的教育评价导向，尤其是在健全综合性评价的过程中，体育加入高考有望破冰。体育成为高考的选考科目，将极大激发喜爱体育、有运动特长，且文化课成绩较好的学生的学习和训练积极性，这部分学生进入高校后，继续参加运动训练和竞赛，就会提升高校竞技体育的水平。美国高校对入学的学生运动员统一要求，但对不同级别的运动员的高中文化课要求标准不同，级别越高，对其文化课要求也越苛刻。NCAA（全国大学体育协会）Ⅰ级联赛的运动员都必须在高中完成 16 门核心课程，必须在核心课程中获得最低要求的 GPA（平均学分绩点），并且 SAT 或 ACT 的总和必须与该 GPA 保持递减比例；Ⅱ级联赛的学生运动员在 2013 年后也必须完成 16 门核心课程，标准要求 GPA 最低为 2.0，SAT 最低总分为 820 或 ACT 总得分最低为 68。虽然我国大学生运动员的培养体制机制和美国不同，但我国可通过高考微观改革，提升体育的分值，从全部中学生中选拔优秀运动员，在基数增加的基础上，促进质的提高，为高校竞技体育水平的提高奠定基础。

招收高水平运动员的普通高校主要分为一流大学、一流学科学校和普通地方高校两类。对于一流大学、一流学科学校，2015 年国务院印发的《统筹推进世界一流大学和一流学科建设总体方案》提出：“着力培养具有历史使命感和社会责任心，富有创新精神和实践能力的各类创新型、应用型、复合型优秀人才。”属于一流大学和一流学科学校的高水平运动员要符合创新拔尖“优秀人才”的标准，以支持创新驱动发展战略和服务经济

---

① 教育部．关于政协十三届全国委员会第三次会议第 4900 号（教育类 449 号）提案答复的函［A/OL］．（2020–08–20）［2020–08–27］．http://www.moe.gov.cn/jyb_xxgk/xxgk_jyta/jyta_twys/202009/t20200907_485929.html．

社会发展。大部分的学生运动员属于普通地方高校。2015 年《教育部 国家发展改革委 财政部关于引导部分地方普通本科高校向应用型转变的指导意见》提出："推动转型发展高校把办学思路真正转到服务地方经济社会发展上来，转到产教融合校企合作上来，转到培养应用型技术技能型人才上来，转到增强学生就业创业能力上来。"地方普通高校要全面提升服务区域经济发展和创新驱动的能力，在人才培养上强调培养学习者的技术技能和创新创业能力。2019 年高等教育大力推动"新工科、新医科、新农科、新文科"建设，优化学科专业结构，以加快高质量发展，提升竞争力。

2020 年招收高水平运动员的普通高校中工商管理、工程管理、行政管理、财务管理和人力资源管理等管理类专业和教育学、体育教育专业为统一专业规定招生学校较多，其他专业多为学生自选较多。学生运动员选择工科类、农科类、医学类专业较少，文科类专业较多，这与其学业基础和毕业难度密切相关。学生运动员文化课基础薄弱，而文科相对容易。在新文科改革中，高水平运动队的专业培养计划和课程设置需要紧跟时代要求，不断升级完善。

随着高校强调质量发展，对大学生运动员的文化课的要求更加严格，学训矛盾更加尖锐。2019 年印发的《教育部关于深化本科教育教学改革全面提高人才培养质量的意见》提出："完善学分标准体系，严格学分质量要求，建立学业预警、淘汰机制。"大学生运动员的学分由文化课学习成绩和训练竞赛以及实习实践等组成，其中文化课的学习处于弱势地位，通过相关政策调整文化课成绩的比例，可缓解学训矛盾。

对于文化课的要求，既要提出底线又要加大激励性目标，通过奖惩制度激发学生运动员的学习动力。学校通过培养计划科学合理设置专业核心课程和基础课程及运动员参加比赛的最低标准，通过奖惩系统诱使运动员重视文化课的学习，并取得较好的成绩，为毕业后就业奠定基础。美国 NCAA 对学生运动员制定的学业成绩计划是个较好的案例。美国 NCAA 制定学业成绩计划（The Academic Performance Program，APP）[①]，

① 王蕊，许海霞．改革教育评价为教育把好舵［N］．2020-07-31（6）．

确保Ⅰ级学生运动员获得良好的教育和大学期间的经验，通过与团队学习成绩直接挂钩的奖惩系统鼓励运动员毕业。从2019—2020学年开始，Ⅰ级联赛学校的NCAA收入份额与学业成绩挂钩，标志着学校第一次从NCAA收到的款项将取决于学生的学习成绩。学生运动员致力于追求学习成绩和学位，必须达到年度标准才能参加竞赛。学生运动员的成功通过等级、每年取得的最低学分和获得学位的进度会被追踪。Ⅱ级联赛学生运动员的学业成功率与Ⅰ级相似，不同之处在于它衡量所有学生运动员的学业成就，而不仅仅是获得经济援助的学生。Ⅲ级联赛鼓励学校使用Ⅲ级学业成功率衡量标准自愿报告。

国家及教育部强调创新创业及培养应用型、复合型人才的导向更符合大学生运动员的发展实际，使得他们在校期间训练和竞赛以及业务培训、管理、服务实践的活动较多。如果加大这类课程的必修课比例和学分比重，将更有利于大学生运动员完成学业，缓解学训矛盾。2017年印发的《教育部关于进一步加强普通高校高水平运动队建设的实施意见》提出："学校可把运动员在运动队的考核，包括参加训练学时和表现、比赛成绩和突出贡献等情况另设为必修课进行管理，并计算必修学分纳入总学分。按照国家现有招生政策，具有推荐免试研究生资格的高校可把高水平运动员在国际和全国性重大体育比赛中获得的优异成绩计入综合测评。"训练和竞赛成绩被纳入总学分，并计入综合测评，在研究生推免中享受待遇，这就激励了运动员努力训练，争取优异运动成绩。普通高校在大学生运动员的培养计划修订中应明显体现这一改革要求。

对于高校高水平运动员来说，参加世界大学生运动会及国内外相关比赛，争取获得优异运动成绩是教育部提出的要求。大学毕业后少数优秀的学生可凭借其高超的运动技能进入职业队；一部分学生根据其所学专业选择对口的岗位就业；更多的学生则进入体育市场，或成为体育教师或成为专项教练员，或成为体育管理人才或服务人才。大部分高水平运动员的职业发展与训练竞赛及其管理服务密切相关，实践性较强，高校在培养计划制订中可加大训练竞赛的学分比例，激发学生运动员的训练竞赛活力；对文化课的要求，随着新学科的不断优化，高校应合理设置基础课程和核心课程，在规定底线的同时，加大奖惩力度，使大学生运动员重视文化课学习，并努力争取获得好成绩。

三、增加赛事供给，减少壁垒，完善赛事体制机制

（一）通过政策红利增加制度供给，减少赛事壁垒

运动竞赛是运动队存在与发展的重要元素，是教学和训练链条中的关键一环，也是检验和提高教学和训练效果的重要手段，是实现运动队与队员发展价值的核心途径，更是丰富和活跃校园文化的重要内容。普通高校竞技体育通过竞赛来实现其竞技价值、教育价值、文化价值和社会价值等并推动高校体育工作的全面发展。

然而，当前的高校竞技体育赛事体系仍不完善，高校体育竞赛体系对于体育系统竞赛体系而言是相对独立的系统，普通高校高水平运动员参加有影响力的赛事的机会较少，竞赛体系制度需进一步改革完善。2012年北京市体育局印发的《北京市体育局 北京市教育委员会 北京市财政局 北京市人力资源和社会保障局关于加强足球篮球排球项目工作的意见》提出："梳理整合体教两家赛事活动资源，构建与青少年三大球运动开展相配套的符合青少年成长成才规律的竞赛体系，确立与普通中小学、传统项目学校、重点示范校和业余体校项目开展相适应的高层次品牌赛事，形成传统，并将此类赛事与学生升学、运动员技术等级评定等挂钩，规范注册管理，端正赛风赛纪，杜绝弄虚作假。"①将体育与教育两个部门的三大球赛事资源进行整合，并着手建立品牌赛事和制定运动员注册管理制度，对北京市高校三大球赛事发展有着重要影响。2015 年国务院办公厅印发的《中国足球改革发展总体方案》提出："注重职业联赛、区域等级赛事、青少年等级赛事、校园足球赛事的有机衔接，实现竞赛结

---

① 北京市体育局，北京市教育委员会，北京市财政局，等. 北京市体育局 北京市教育委员会 北京市财政局 北京市人力资源和社会保障局关于加强足球篮球排球项目工作的意见［A/OL］.（2012-07-06）［2019-08-27］. http://tyj.beijing.gov.cn/bjsports/zcfg15/fgwj/dffg/1092835/index.html.

构科学化。逐步建立青少年联赛体系。”[①]校园足球赛事体系在青少年等级联赛、区域等级联赛等方面不断完善。2016年《青少年体育“十三五”规划》提出：“改革青少年竞赛制度，健全县、市、省、国家四级竞赛体系，完善主体多元、形式多样和灵活的赛制。”[②]四级联赛体制逐步落实。2019年印发的《国务院办公厅关于促进全民健身和体育消费推动体育产业高质量发展的意见》提出：“以游泳、田径等项目为试点，将教育部门主办的符合要求的赛事纳入运动员技术等级评定体系。”[③]将教育部门主办的运动竞赛与运动员技术等级评定挂钩，逐步打通教育部门和体育部门的赛事壁垒，虽然以游泳和田径项目为试点，但足球、篮球等项目也在逐渐实现这一规定。2019年《体育强国建设纲要》提出：“建立适应社会主义市场经济、符合现代体育运动规律、与国际接轨的体育竞赛制度，构建多部门合作、多主体参与的金字塔式体育竞赛体系，畅通分级分类有序参赛通道，推动青少年竞赛体系和学校竞赛体系有机融合。”[④]《体育强国建设纲要》全面阐述了我国的竞赛体系：一是制定适应社会主义市场经济、符合体育规律并与国际接轨的竞赛制度，明确了其竞赛制度建设的大环境和目标；二是建立金字塔式的体育竞赛体系，这与前面的四级联赛体系相结合，从儿童少年到职业运动员的参赛体系渠道畅通，并分级分类；三是强调了青少年竞赛体系和学校体育的有机融合，使体育部门青少年赛事和教育部门青少年赛事相融合，消除壁垒。

随着国务院、国家体育总局以及教育部对体育竞赛政策的要求不断明确和细化，高校体育赛事不断丰富，主要有世界大学生运动会、全国学生运动会、中国大学生体育协会各单项竞赛及邀请赛和挑战赛等，2019

---

① 国务院办公厅．中国足球改革发展总体方案［A/OL］．(2015-03-16)［2019-11-21］．http://www.gov.cn/gongbao/content/2015/content_2838167.htm．

② 国家体育总局．青少年体育“十三五”规划［A］．2016-09-05．

③ 国务院办公厅关于促进全民健身和体育消费推动体育产业高质量发展的意见［A/OL］．(2019-09-17)［2019-12-30］．http://www.gov.cn/zhengce/content/2019-09/17/content_5430555.htm．

④ 国务院办公厅．体育强国建设纲要［A/OL］．(2019-09-02)［2019-11-21］．http://www.gov.cn/zhengce/content/2019-09/02/content_5426485.htm．

年国内举办大学生知名赛事 149 项，国际比赛 12 项，涉及 47 个运动项目（表 3–22、表 3–23）。赛事等级在纵向和横向上不断完善，品牌赛事也在加快建设。

表 3–22　2019 年全国大学生体育竞赛统计表

序号	项目	名称	时间	举办地点
1	篮球	CUBA 冬令营	1 月	国家体育总局秦皇岛训练基地
2		第二十一届 CUBA 区域对抗赛（季前赛）	1 月	北京市、成都市等城市
3		第二十一届 CUBA 一级联赛（东南赛区）	3—4 月	中国矿业大学
4		第二十一届 CUBA 一级联赛（西南赛区）	3—4 月	电子科技大学清水河校区
5		第二十一届 CUBA 一级联赛（西北赛区）	3—4 月	青海师范大学
6		第二十一届 CUBA 一级联赛（东北赛区）	3—4 月	北京大学
7		第二十一届 CUBA 一级联赛（附加赛）	3—4 月	东北大学
8		第二十一届 CUBA 一级联赛（女子二十四强）	5 月	遵义市奥体中心
9		第二十一届 CUBA 一级联赛（男子三十二强）	5 月	浙江大学
10		第二十一届 CUBA 一级联赛（四强）	6 月	首都体育学院
11		第二十一届 CUBA 二级联赛（东南赛区）	4—6 月	深圳职业技术学院
12		第二十一届 CUBA 二级联赛（西南赛区）	4—6 月	昆明工业职业技术学院
13		第二十一届 CUBA 二级联赛（西北赛区）	4—6 月	锡林郭勒职业学院
14		第二十一届 CUBA 二级联赛（东北赛区）	4—6 月	辽宁省兴城市
15		第二十一届 CUBA 二级联赛（总决赛）	7 月	长沙民政职业技术学院

续表

序号	项目	名称	时间	举办地点
16	篮球	第二十一届CUBA三级联赛(南区赛)	5月	中山大学
17		第二十一届CUBA三级联赛(北区赛)	5月	黑龙江省鹤岗市体育馆
18		第二十一届CUBA三级联赛(总决赛)	6月	山东省泰安市
19		CUBA夏令营	8月	云南师范大学
20		CUBA VS CBA/WCBA四强对抗赛	9月	四川省德阳绵竹体育中心
21		第二十二届CUBA一级联赛(基层赛)	9—12月	各承办学校德阳绵竹体育中心
22		第二十二届CUBA二级联赛(基层赛)	9—12月	各承办学校
23		第二十二届CUBA三级联赛(基层赛)	9—12月	各承办学校
24	3×3篮球	2018—2019中国大学生3×3篮球联赛全国总决赛	1月	北京大学生体育馆
25		2019—2020中国大学3×3篮球联赛校园海选赛	3—6月	选定城市
26		2019—2020中国大学生3×3篮球联赛城市冠军赛	9—12月	选定城市
27	足球	全国青少年校园足球联赛(大学男子超级冠军联赛第一阶段)	1月	梧州体育训练基地
28		全国青少年校园足球联赛(大学男子超级冠军联赛第二阶段)	3—6月	各主客场
29		全国青少年校园足球联赛(大学男子冠军联赛南区)	3月	广西师范大学
30		全国青少年校园足球联赛(大学男子冠军联赛北区)	5月	内蒙古科技大学
31		全国青少年校园足球联赛(大学男子冠军联赛总决赛)	6月	重庆大学
32		全国青少年校园足球联赛(大学男子校园组东南区)	3月	北京师范大学珠海分校

续表

序号	项目	名称	时间	举办地点
33	足球	全国青少年校园足球联赛（大学男子校园组西南区）	3月	西南交通大学
34		全国青少年校园足球联赛（大学男子校园组东北区）	5月	燕山大学
35		全国青少年校园足球联赛（大学男子校园组西北区）	5月	内蒙古师范大学
36		全国青少年校园足球联赛（大学男子校园组总决赛）	6月	内蒙古农业大学
37		全国青少年校园足球联赛（大学男子高职高专组南区）	4月	芜湖职业技术学院
38		全国青少年校园足球联赛（大学男子高职高专组北区）	5月	内蒙古锡林郭勒职业学院
39		全国青少年校园足球联赛（大学男子高职高专组总决赛）	6月	吉林省延边朝鲜族自治州龙井市海兰江足球文化小镇
40		全国青少年校园足球联赛（大学女子超级冠军联赛）	3—10月	吉林财经大学
41		全国青少年校园足球联赛（大学女子冠军联赛）	4月	大连体育中心
42		全国青少年校园足球省级挑战赛暨中华人民共和国第十四届全国学生运动会足球项目预赛（大学男子组）	9月	浙江省杭州市
43		全国青少年校园足球省级挑战赛暨中华人民共和国第十四届全国学生运动会足球项目预赛（大学女子组）	10月	浙江省杭州市
44	五人制足球	全国大学生男子五人制足球联赛（南大区）	12月	合肥工业大学
45		全国大学生男子五人制足球联赛（北大区）	11月	大连体育中心
46		全国大学生男子五人制足球联赛（总决赛）	12月	根据规程
47		全国大学生女子五人制总决赛	12月	大连体育中心

续表

序号	项目	名称	时间	举办地点
48	七人制足球	中国大学生七人制足球联赛	3—9月	北京师范大学珠海分校
49	排球	2018—2019 CUVA（中国大学生排球联赛）二十四强赛（男子组）	3月	鄂尔多斯市
50		2018—2019 CUVA 二十四强赛（女子组）	3-4月	浙江工业大学
51		2018—2019 CUVA 总决赛（男子组）	5月	西北工业大学
52		2018—2019 CUVA 总决赛（女子组）	5月	北京体育大学
53		2018—2019 CUVA 全明星赛	5月	江苏省苏州市
54		第六届中国大学生阳光排球锦标赛	6月	四川省宜宾市
55		2019—2020 CUVA 北方赛区（男子组）	10月	盘锦红海滩体育中心
56		2019—2020 CUVA 南方赛区（男子组）	10月	安徽省安庆市
57		2019—2020 CUVA 北方赛区（女子组）	11月	黑龙江省双鸭山市
58		2019—2020 CUVA 南方赛区（女子组）	11月	四川省宜宾市
59	沙滩排球	2019 中国大学生沙滩排球冬令营	1月	海南省文昌市
60		第十五届中国大学生沙滩排球锦标赛	8月	鄂尔多斯市
61	田径	第十九届中国大学生田径锦标赛	7月	内蒙古师范大学
62	马拉松	2019 中国大学生马拉松赛	1—12月	各承办学校
63	游泳	第十九届中国大学生游泳锦标赛	8月	兰州大学
64		第二届中国大学生阳光体育游泳比赛	6月	四川省宜宾市

续表

序号	项目	名称	时间	举办地点
65	乒乓球	第二十四届中国大学生乒乓球锦标赛（甲组）	5月	成都乒乓球全国重点运动学校
66		第二十四届中国大学生乒乓球锦标赛（丙组）	7月	唐山市九江体育中心
67		第二十四届中国大学生乒乓球锦标赛（乙组）	9月	青岛职业技术学院
68		第十届中国大学生阳光体育乒乓球联赛	3—11月	广西民族大学
69	羽毛球	第二十三届中国大学生羽毛球锦标赛	7月	沈阳体育学院
70		第七届中国大学生阳光体育羽毛球比赛	8月	桂林师范高等专科学校
71	网球	第二十四届中国大学生网球锦标赛分区赛（华南赛区）	3月	华南理工大学
72		第二十四届中国大学生网球锦标赛分区赛（华中赛区）	4月	武汉体育学院
73		第二十四届中国大学生网球锦标赛分区赛（华西赛区）	4月	西南财经大学
74		第二十四届中国大学生网球锦标赛分区赛（华东赛区）	4月	温州职业技术学院
75		第二十四届中国大学生网球锦标赛分区赛（西南赛区）	4月	昆明理工大学
76		第二十四届中国大学生网球锦标赛分区赛（西北赛区）	5月	西安建筑科技大学
77		第二十四届中国大学生网球锦标赛分区赛（华北赛区）	5月	北京化工大学
78		第二十四届中国大学生网球锦标赛分区赛（东北赛区）	6月	沈阳师范大学
79		第二十四届中国大学生网球锦标赛（总决赛）	7月	西南大学
80		第三十届世界大学生夏季运动会网球项目选拔赛	3月	武汉体育学院
81	手球	第三十三届中国大学生手球锦标赛	7月	南京林业大学

续表

序号	项目	名称	时间	举办地点
82	射击	第十五届中国大学生射击锦标赛	7月	清华大学
83	桥牌	第十五届中国大学生桥牌锦标赛	7月	唐山九江体育中心
84	体育舞蹈	第十四届中国大学生体育舞蹈锦标赛（总决赛）	5月	昆明学院
85		第十五届中国大学生体育舞蹈锦标赛（南区）	9月	贵州财经大学
86		第十五届中国大学生体育舞蹈锦标赛（北区）	10月	渤海船舶职业学院
87	两操	第十五届中国大学生健康活力大赛暨中国大学生健美操、校园健身操舞锦标赛	10月	中国药科大学
88		2019 第十五届中国学生街舞锦标赛	10月	黄山学院
89		2019 第十五届中国学生艺术体操锦标赛	12月	唐山九江体育中心
90		2019 中国大学生健身健美锦标赛（春季赛）	6月	北京市
91		2019 中国大学生健身健美锦标赛（秋季赛）	12月	北京大学
92	啦啦操	2019 中国校园啦啦操冬令营	1月	吉林省长春市
93		2019 中国校园啦啦操联赛（西南赛区）	11月	贵州省
94		2019 中国校园啦啦操联赛（东南赛区）	11月	浙江省瑞安市
95		2019 中国校园啦啦操联赛（西北赛区）	11月	宁夏回族自治区
96		2019 中国校园啦啦操联赛（东北赛区）	12月	青岛市
97	空手道	2019 年中国大学生空手道联赛	5～12月	上海市、西安市等城市
98	高尔夫	第十二届中国大学生高尔夫锦标赛	10月	江西省南昌市
99	定向运动	第十八届中国学生定向锦标赛	7月	遵义师范学院

续表

序号	项目	名称	时间	举办地点
100	击剑	第二十五届中国大学生击剑锦标赛	11月	厦门大学
101	垒球	第十五届中国大学生垒球联赛总决赛	7月	广东省中山市
102	棒球	第十五届中国大学生棒球联赛总决赛	8月	广东省中山市
103		2019年中国大学生棒球冠军赛	12月	广东省深圳市
104	棋类	第二十八届中国大学生围棋锦标赛	7月	辽宁省大连市
105		2019年中国大学生国际象棋锦标赛	8月	江苏省南京市
106		2019年中国大学生象棋锦标赛	11月	上海市
107	攀岩	第十七届中国大学生攀岩锦标赛（南区赛）	5月	浙江省杭州市
108		第十七届中国大学生攀岩锦标赛（北区赛）	5月	内蒙古自治区
109		第十七届中国大学生攀岩锦标赛（总决赛）	7月	东华大学
110	户外运动	第三届中国大学生山地户外挑战赛（衢州站）	8月	浙江省衢州市
111		第三届中国大学生山地户外挑战赛（江西站）	10月	江西省萍乡市
112	跆拳道	第十五届中国大学生跆拳道（竞技）锦标赛	7月	湖南省岳阳市
113		第十五届中国大学生跆拳道（品势）锦标赛	7月	浙江理工大学
114	武术	2019年中国大学生武术套路锦标赛	7月	华中科技大学
115		第四届中国大学生中国式摔跤锦标赛	8月	黑龙江省哈尔滨市
116		第五届中国大学生中国式武术散打锦标赛	8月	贵州凯里学院
117		2019年中国大学生武术散打冠军赛	10月	辽宁省辽阳市
118		第一届中国大学生太极推手锦标赛	8月	遵义师范学院

续表

序号	项目	名称	时间	举办地点
119	毽球	第九届中国大学生毽球锦标赛	11月	四川省成都市
120	帆船	第四届中国大学生帆船锦标赛	7月	广东省深圳市
121	舞龙舞狮	第十一届中国大学生舞龙舞狮锦标赛	8月	鄂尔多斯市
122	轮滑	2019年中国大学生自由式轮滑锦标赛暨第二届中国大学生单排轮滑球锦标赛	12月	上海市
123	皮划艇	第四届中国大学生皮划艇锦标赛	10月	上海市
124	赛艇	第五届中国大学生赛艇锦标赛	7月	温州雁荡山
125	龙舟	第八届中国大学生龙舟锦标赛	8月	兰州大学
126	橄榄球	2019年中国大学生英式橄榄球锦标赛	7月	河北省唐山市九江体育中心
127		第一届中国大学生美式橄榄球联赛	1—12月	各阶段承办单位
128	跳绳	2018—2019年中国跳绳联赛	3—7月	杭州市、广州市等城市
129	曲棍球	第九届中国大学生曲棍球锦标赛	10月	山东体育学院（日照校区）
130	柔力球	中国柔力球公开赛（校园组）	10月	福建省厦门市
131	荷球	第十届全国学生荷球锦标赛	7月	石家庄学院
132	冰雪	第五届中国大学生滑雪挑战赛（华北赛区）	1月	北京万龙滑雪场
133		第五届中国大学生滑雪挑战赛（总决赛）	3月	吉林松花湖滑雪场
134		第六届中国大学生滑雪挑战赛（东北赛区）	12月	吉林松花湖滑雪场
135		第二届中国大学生越野滑雪锦标赛	12月	长春市净月潭
136		第一届中国大学生越野轮滑赛	11月	北京市
137		2019年中国大学生冰球锦标赛	11月	北京市
138	射箭	第三届中国大学生射箭（射艺）锦标赛	5月	江苏建筑职业技术学院
139	柔道	2019年中国大学生柔道锦标赛	7月	湖北省武汉市

续表

序号	项目	名称	时间	举办地点
140	壁球	第三届中国大学生壁球锦标赛	12 月	上海市
141	水球	第三届中国大学生水球锦标赛	5 月	同济大学（嘉定校区）
142	和球	第三届中国大学生和球锦标赛	8 月	哈尔滨体育学院
143	桨板	第三届中国大学生桨板竞速挑战赛	12 月	海南省万宁市
144	飞镖	2018—2019 年中国大学生飞镖联赛（第二站）	3 月	江南大学
145		2018—2019 年中国大学生飞镖联赛（第三站）	5 月	荆楚理工学院
146		2018—2019 年中国大学生飞镖联赛（总决赛）	6 月	武汉纺织大学
147		2019—2020 年中国大学生飞镖联赛（第一站）	10 月	华东政法大学
148		2019—2020 年中国大学生飞镖联赛（第二站）	11 月	江南大学
149		2019—2020 年中国大学生飞镖联赛（第三站）	12 月	荆楚理工学院

表 3-23　2019 年国际学校体育交流计划

序号	项目	名称	时间	举办地点
1	田径	第 29 届世界大学生冬季运动会	2 月 23 日—3 月 14 日	俄罗斯克拉斯诺亚尔斯
2		第 30 届世界大学生夏季运动会	6 月 23 日—7 月 16 日	意大利
3	研讨会	第 6 届中美大学体育发展研讨会	3 月 10 日—17 日	希腊
4	空手道	第 1 届亚洲大学生空手道锦标赛	4 月 12 日—20 日	中国澳门
5	篮球	第 5 届亚洲大学生三对三篮球锦标赛	5 月 5 日—13 日	中国台北
6	足球	第 4 届亚洲大学生五人制足球锦标赛	10 月	阿联酋
7	羽毛球	第 1 届亚洲大学生羽毛球锦标赛	9 月	中国台北
8	论坛	国家大体联论坛	11 月	中国台北
9		第 4 届中美高校体育论坛	12 月	美国
10	橄榄球	中英大学生英式橄榄球友谊赛		英国
11	足球	国际大体联卡尔美足球世界杯	11—12 月	福建省晋江市
12		中法大学生足球挑战赛	11 月	法国

（二）横向上推进高校体育赛事制度改革覆盖校内三类竞技体育，提升大学生运动员的运动能力水平

在横向上，高校品牌体育赛事逐渐覆盖高校高水平运动员和非体育专业学生组，规模不断壮大。其中CUBA有较强的代表性，CUBA于1998年开始，采用甲乙两组分级赛事，1999年将南北两个分赛区改为东北、东南、西北和西南四个分区赛，每个分区赛的前两名进入全国八强，参加全国总决赛，并改为跨年度赛制，2000年CUBA组委会发布《CUBA联赛竞赛规程》，2003年将男子八强赛赛制变更为主客场两回合淘汰制，以增加观赏性。2008年、2010年组委会再次修改竞赛规程，在基层预赛中增加试点赛区，四个分区赛的男子参赛队伍增加到了16支，女子参赛队伍增加到了12支，赛制改为十六强赛制和四强赛制，采用单场淘汰制，以增加比赛的激烈程度和精彩程度。2015—2016年赛季CUBS（中国大学生超级联赛）被合并到CUBA，并增加了阳光组比赛，进一步扩大校园篮球比赛的范围，从2016年开始，参加比赛的运动员都是学生。2018年阿里体育接手运营CUBA，赛事分为一级联赛、二级联赛和三级联赛三个级别，一级联赛和二级联赛由普通高校的高水平运动员和阳光组大学生篮球运动员参赛，其中阳光组运动员更是非体育专业大学生的代表，至此，CUBA规模大，覆盖面广，约有1200所高校参加，在大学生中更有吸引力。

CBA选秀、夏季联赛等模式将一级联赛的优秀运动员输送到职业篮球队，真正实现了“体教融合”培养竞技体育后备人才的初衷和使命。从2003年开始到2020年，共51名学生运动员进入CBA，普通高校培养的优秀篮球运动员为职业篮球联赛输入新鲜血液。由表3–24可知，从2003年开始，王晶作为第一位由高校培养的学生军进入职业联赛，优秀大学生篮球运动员逐渐走上职业发展的道路，这是所有大学生篮球运动员的崇高梦想，CBA成为他们圆梦的舞台。尽管与庞大的大学生人口基数相比，优秀的运动员凤毛麟角，但从2016年开始，进入CBA阵营的学生军逐渐增加，这是赛事赛制改革的成果。赛事赛制改革为大学生优秀运动员的发展提供了制度红利。

表 3-24 CUBA 输入 CBA 的优秀篮球运动员统计一览表

序号	联赛球队	入 CBA 时间/年	球员	备注
1	东莞新世纪猎豹俱乐部	2003	王晶	武汉理工大学，4 届 CUBA
2	陕西东盛盖天力男篮	2005	刘久龙	武汉理工大学，4 届 CUBA
3	云南红河奔牛俱乐部	2006	殷智勇	华中科技大学，3 届 CUBA
4	辽宁衡业飞豹俱乐部	2007	韩德君	武汉理工大学，3 届 CUBA
5	陕西东盛盖天力男篮	2008	赵南	清华大学，1 届 CUBA
6	上海东方大鲨鱼俱乐部	2008	刘子秋	清华大学，4 届 CUBA
7	山西国投职业篮球俱乐部	2008	魏明亮	太原理工大学，7 届 CUBA
8	上海东方大鲨鱼俱乐部	2008	李根	宁波大学，CUBA
9	上海东方大鲨鱼俱乐部	2010	张春军	天津工业大学，2 届 CUBS
10	新疆广汇飞虎俱乐部	2011	曾令旭	清华大学，5 届 CUBA
11	贵州森航篮球俱乐部	2011	张振楠	河南大学，4 届 CUBA
12	青岛双星雄鹰俱乐部	2012	宗赞	哈尔滨师范大学，3 届 CUBA
13	陕西信达篮球俱乐部	2012	么大强	天津工业大学，4 届 CUBS
14	山西国投职业篮球俱乐部	2013	卫猛	天津工业大学，4 届 CUBS
15	青岛双星雄鹰俱乐部	2013	周湛东	太原理工大学，5 届 CUBA
16	南京同曦大圣俱乐部	2014	张翌星	武汉理工大学，2 届 CUBA
17	北京紫禁勇士篮球俱乐部	2014	车昊	武汉理工大学，2 届 CUBA
18	四川金强蓝鲸俱乐部	2014	陈辰	中国民航大学，5 届 CUBA
19	南京同曦大圣俱乐部	2015	乔文瀚	天津大学，4 届 CUBA
20	北京紫禁勇士篮球俱乐部	2015	方君磊	西北工业大学，5 届 CUBA
21	福建鲟浔兴俱乐部	2016	李江淮	福建师范大学，5 届 CUBA
22	江苏龙肯帝亚俱乐部	2016	王洪	太原理工大学，5 届 CUBA
23	广州龙狮篮球俱乐部	2016	郭凯	北京大学，5 届 CUBA
24	广州龙狮篮球俱乐部	2016	谷玥灼	中国民航大学，5 届 CUBA
25	吉林东北虎俱乐部	2017	代怀博	武汉理工大学，3 届 CUBA
26	青岛双星雄鹰俱乐部	2017	刘鸿博	北京大学，4 届 CUBA
27	湖南勇胜篮球俱乐部	2017	刘磊	清华大学，5 届 CUBA
28	山西国投职业篮球俱乐部	2017	班铎	清华大学，5 届 CUBA

续表

序号	联赛球队	入 CBA 时间/年	球员	备注
29	新疆广汇飞虎俱乐部	2018	齐麟	清华大学，1 届 CUBA、2 届 CUBS
30	青岛双星雄鹰俱乐部	2018	王思奇	太原理工大学，5 届 CUBA
31	天津先行者篮球俱乐部	2018	栾晓君	山东农业大学，4 届 CUBA
32	广东宏远华南虎俱乐部	2018	万圣伟	北京大学，5 届 CUBA
33	江苏龙肯帝亚俱乐部	2018	张稀然	苏州大学
34	北京紫禁勇士篮球俱乐部	2019	王少杰	北京大学，5 届 CUBA
35	北京紫禁勇士篮球俱乐部	2019	孟博龙	北京工业大学，5 届 CUBA
36	青岛双星雄鹰俱乐部	2019	王睿泽	南昌大学，5 届 CUBA
37	四川金强蓝鲸俱乐部	2019	袁堂文	厦门大学，4 届 CUBA
38	天津先行者篮球俱乐部	2019	何思雨	山西大学，4 届 CUBA
39	广州龙狮篮球俱乐部	2019	贾明儒	中国民航大学，5 届 CUBA
40	浙江稠州银行金牛俱乐部	2019	刘育辰	北京大学，4 届 CUBA
41	上海东方大鲨鱼俱乐部	2020	区俊炫	美国加州州立大学，NCAA 一级联赛
42	广州龙狮篮球俱乐部	2020	祝铭震	北京大学，5 届 CUBA
43	四川金强蓝鲸俱乐部	2020	朱松玮	汕头大学，5 届 CUBA
44	江苏龙肯帝亚俱乐部	2020	郑祺龙	清华大学，3 届 CUBA
45	南京同曦大圣俱乐部	2020	焦恩格尔·胡依山	新疆大学，4 届 CUBA
46	深圳领航者篮球俱乐部	2020	孟翔	华侨大学，4 届 CUBA
47	山西国投职业篮球俱乐部	2020	张宁	北京大学，5 届 CUBA
48	山东西王篮球俱乐部	2020	刘毅	北京体育大学，2 届 CUBA
49	福建鲟浔兴俱乐部	2020	程峰	厦门大学，4 届 CUBA
50	北京紫禁勇士篮球俱乐部	2020	李瑞	山西大学，4 届 CUBA
51	南京同曦大圣俱乐部	2020	杨皓喆	北京体育大学，3 届 CUBA

目前高水平运动员可以参加的赛事较多，非体育专业学生运动员参加的各项竞赛通过中国大学生体育协会的改革也逐渐丰富，但体育专业

学生参加的赛事供给仍较少，更多的是省级比赛，大型体育赛事较少。因此，应逐渐加大这类学生运动员的体育比赛机会，以赛代练，提升其运动技能水平，为其将来从事体育教师和教练员工作提供运动训练比赛经历和经验。

（三）纵向上完善四级赛事体制，培养优秀竞技体育人才

在纵向上，高校体育赛事与青少年体育赛事相衔接，搭建四级赛事体系。其中校园足球赛事纵向体系搭建较为成功。2015 年印发的《教育部等 6 部门关于加快发展青少年校园足球的实施意见》将校园足球定位于中国足球改革发展的奠基工程、立德树人的育人工程和全面推进学校体育改革的探路工程。三大工程集于一身的校园足球工程将竞赛置于关键位置和推进教体融合的核心节点，建立了小学—初中—高中—大学纵向联赛体系和选拔性竞赛制度。到 2019 年底，相关部门从全国 38 万所中小学中遴选认定校园足球特色学校 27059 所，设立校园足球改革试验区 38 个，遴选校园足球试点县（区）160 个，布局建设“满天星”训练营 80 个，设立可招收高水平足球队的高校 181 所。在推动校园足球特色学校深入开展校内班级和年级竞赛的基础上，全国广泛开展小学、初中、高中和大学四级联赛并不断完善联赛制度。各地校园足球四级联赛比赛场次、参赛人数呈现逐年上升趋势，形成“班班参与、校校组织、地方推动、层层选拔、全国联赛”的校园足球竞赛格局。各级学校不断探索建设“校内竞赛—校际联赛的—选拔性竞赛—出国交流比赛”为一体的校园足球竞赛体系。五年来参加小学、初中、高中、大学四级联赛的学生共计 1255 万人次，有 3 万多名省级最佳阵容的学生参加全国夏（冬）令营活动。2016—2018 年相关部门共遴选出 828 名夏令营总营全国最佳阵容队员，其中已有 130 多人进入国内职业俱乐部，30 多人赴国外知名足球俱乐部深造。2019 年相关部门新遴选出 500 名夏令营总营最佳阵容，[①]

① 全国青少年校园足球工作领导小组办公室. 全国青少年校园足球工作五年总结及 2020 年工作部署［A/OL］.（2019-12-20）［2019-12-30］. http://www.moe.gov.cn/fbh/live/2019/51635/sfcl/201912/t20191220_412768.html.

并且完善与体育部门、中国足协的联动机制，形成校园足球与足球青训体系在教学、训练和竞赛方面的“一体化设计、一体化推进、自成体系、相互支撑”的发展格局。全国校足办与中国足协实行双向兼职，推进组织实施一体化；与中国足协建立季度沟通例会制度，定期会商相关事宜；实施竞赛一体化，全国校足办与中国足协共商一体化竞赛体系，共商赛历、共同举办高水平赛事。双方已联合举办两届全国青少年足球超级联赛和女子乙级联赛，校园足球全国最佳阵容集训队与足协青训U系列梯队“巅峰对决”机制正在形成。校园足球工程四级联赛竞赛体系不断健全，尤其打造的足球特色青训体系在培养足球后备人才方面将发挥重要作用。全国青少年校园足球专家委员会副主任委员李满春认为“满天星”训练营和全国足球夏令营是一个很好的探索和实践，是中国特色校园足球对中国足球青训体系的直接贡献。①

四、调整结构，增量提质，对标国内国际重大赛事

（一）体教并重，育人为先，促进校内三类竞技体育协调发展，形成新的发展格局

普通高校的竞技体育有高水平运动队、体育专业学生队和非体育专业学生队（阳光组）三类。目前学校的竞技体育以高水平运动队为核心，非体育专业学生（阳光组）组织的训练竞赛虽然基数较大，但知名队伍较少；体育专业学生队参赛更少。如何协调三者之间的关系？首先，以“体教并重，育人为先”为指导理念对学校三类竞技体育进行顶层设计，合理划分学校的体育师资和场地器材设施，综合利用，优化配置，提高资源的有效供给。其次，以高水平运动队为龙头，努力提升高水平运动队的竞技能力和竞赛成绩，突出其示范辐射作用。不同体育专业学生的组队训练竞赛要与其培养目标相结合，既能为学校的高水平运动队输送

① 我国足球队伍久未能亮相国际竞赛，专家：急功近利是原因之一［EB/OL］.（2019-12-20）［2020-08-20］. http://www.moe.gov.cn/fbh/live/2019/51635/mtbd/201912/t20191223_413187.html.

优秀人才，补充后备资源，又能通过训练、参赛经历丰富运动经验，还能以赛事为实践平台，通过承担相关比赛的组织管理人员、裁判员和教练员及服务人员等相关工作提高综合实践能力，为毕业后从事相关工作奠定基础。另外，非体育专业学生以高水平运动项目为核心，增加选项课和课外体育活动量，以此来提高质量。一方面，学校根据优势资源，组队参赛，既可为高水平运动队储备大众资源，又可打破高水平运动队的项目限制，增加多个运动项目的比赛，扩大学校的影响力。另一方面，学校可依托体育专业学生组织多项赛事，提高广大学生的运动参与热情，丰富学校的校园文化，活跃学校的体育文化氛围，增强广大学生的身体素养。学校还可以根据目标任务合理配置资源，优化管理效能，通过升级转换构建一种新的学校竞技体育发展的新格局：高水平运动队以竞赛成绩为标，体育专业学生以就业为标，非体育专业学生以提高身体素养为标。三者皆以培养德智体全面发展有特色的人才为任务。

清华大学在高水平运动队建设和非体育专业学生体育发展方面积累了大量的成功经验。在高水平运动队建设方面，清华大学是目前国内最成功的高校之一，招收田径、篮球、射击、足球、排球、游泳、健美操和击剑 8 个项目的高水平运动员。其中田径、射击和篮球是目前清华大学高水平运动队的 A 类运动项目，招生降分幅度最大。其中射箭队目前与国家体育总局射箭运动管理中心合作，培养出了刘天佑、曹逸飞、李佩璟等国家队选手；田径队培养出了王宇、胡凯等国内一流选手，且在全会上经常获得金牌；篮球队水平迅速提高，男女篮分别两次夺得 CUBA 冠军。足球和排球等 B 类项目对入学成绩的要求较高，高考均需要达到一本线降 20 分的水平，这些学生运动员在入学后被分散在各院系学习，在学业要求上与非体育专业学生一样。非体育专业学生在清华大学本科 4 年都要上体育课，如果体育课成绩不及格，将不能顺利毕业，自 2017 年清华大学又增加了不会游泳不得毕业的要求。清华大学体育部努力增加体育课程门类，已开设 50 余门，以不断为学生提供多样化选择。清华大学建立了以“马约翰杯”为龙头，以体育竞赛为主线，校运会、新生运动会、研究生运动会、各类校园长跑活动和北京马拉松为载体的竞赛体系，从每学年的 9 月份开始到次年 4 月份结束，覆盖全体学生，包括 40 余个竞赛项目，1000 余场竞赛活动，4 万多参与者。[①]

（二）调整运动项目，使之对标国内国际重大体育赛事，增量提质

依据《教育部办公厅关于公布 2020 年普通高校高水平运动队技术调整结果的通知》的规定，2021 年前停招的运动项目共 12 项，这些项目既不是世界大学生运动会项目（表 3–25），也不是全国学生运动会项目（除健美操外）。此次项目调整以世界大学生运动会项目和全国学生运动会项目为标，向国家重点发展项目、校园普及性较强和增强体质效果较好的项目调整，发挥引领示范作用，带动更多的大中小学生参与，提升学生的身体素养。

表 3–25 普通高校高水平运动队项目与全国学生运动会、世界学生运动会项目对比表

类型	项目数量	具体项目	对比项目
普通高校高水平运动队项目	13 项	足球、篮球、排球、乒乓球、羽毛球、武术、田径、游泳、冰雪、网球、击剑、跆拳道、棒球	
全国学生运动会项目（第 13 届）	10 项	田径、游泳、篮球、排球、足球、武术、健美操、乒乓球、羽毛球、网球	运动队项目多了击剑、跆拳道和冰雪
世界大学生运动会项目	夏季 15 项（31 届）	田径、跳水、射箭、篮球、排球、游泳、水球、羽毛球、竞技体操、艺术体操、击剑、柔道、乒乓球、跆拳道、网球	普通高校高水平运动队项目与夏季项目相比，多了棒球、武术项目；少了竞技体操和艺术体操、跳水、水球、射箭项目
	冬季 11 项（29 届）	高山滑雪、跳台滑雪、越野滑雪、北欧两项、冰球、短道速滑、速度滑冰、花样滑冰、冬季两项等	普通高校高水平运动队项目冬季项目按照大项冰雪进行设置，未分小项

① 体教并重育人为先：管窥体教融合的“清华模式”［EB/OL］.（2020–08–31）［2020–09–06］. http://www.xinhuanet.com/sports/2020–08/31/c_1126433653.htm.

世界大学生运动会的项目在不断变化（表 3–26），以夏季运动会为例，第 29 届为 14 项，第 30 届和 31 届为 18 项，其中包括必设项目和自选项目。近三届世界大学生运动会的必设项目为田径、竞技体操、篮球、网球、排球、跆拳道、击剑、柔道、游泳、水球、艺术体操、跳水等，第 30 届和 31 届世界大学生运动都多了射箭项目，自选项目更是各不相同。2021 年后，普通高校高水平运动队发展的项目缺少了体操、跳水、水球、射箭 4 个项目，多了棒球和武术项目，武术项目是我国传统项目，在我国举办的国际大赛中一般都作为自选项目或表演项目。缺少的 4 个项目都需要较高的运动技术水平或场地设施条件，普通高校发展这些项目较为吃力，所以应交由体育部门重点培育。体育部门可以整合资源弥补教育系统的项目发展缺陷。而就冬季运动项目而言，2021 年后我国就设了一个冰雪大项，没有明确规定具体小项。这与为举办 2022 年北京冬季奥运会，我国大力发展冰雪运动密切相关。2020 年普通高校的冰雪项目共设 7 项，包括冰壶、花样滑冰、冰球、单板滑雪、速度滑冰、越野滑雪、高山滑雪，远远少于冬季世界大学生运动会的项目。2021 年普通高校高水平运动队，项目调整后被保留下来的项目与世界大学生运动会相比都有所缺失，这些缺失项目应由体育系统重点培育。

表 3–26　近三年世界大学生夏季运动会项目一览表

届数	数量	具体项目	2021 年普通高校高水平运动队项目与之比较
第 29 届	14	必设项目：田径、体操（竞技体操、艺术体操）、篮球、水上运动（游泳、跳水、水球、公开水域游泳）、击剑、足球、柔道、跆拳道、网球、排球、台球 自选项目：射箭、羽毛球、棒球	必设项目缺少跳水、水球、体操、台球四项
第 30 届	18	必设项目：田径、射箭、竞技体操、篮球、跳水、击剑、足球、柔道、艺术体操、游泳、乒乓球、跆拳道、网球、排球、水球 自选项目：七人制橄榄球、帆船、射击	必设项目缺少跳水、水球、竞技体操、艺术体操、射箭项目

续表

届数	数量	具体项目	2021 年普通高校高水平运动队项目与之比较
第 31 届	18	必设项目：田径、射箭、竞技体操、篮球、跳水、击剑、柔道、艺术体操、游泳、乒乓球、跆拳道、网球、排球、水球、羽毛球；足球（另设） 自选项目：武术、赛艇和射击	必设项目缺少跳水、水球、竞技体操、艺术体操、射箭项目

全国学生运动会的项目也在不断变化（表 3–27），从第 12 届的 8 项增加到第 14 届的 12 项，其中常设项目为田径、游泳、篮球、排球、足球、乒乓球、武术、健美操 8 项，普通高校高水平运动队项目在 2021 年调整后，除健美操外，这 8 项常设项目中的其他项目均被保留下来。与世界大学生运动会项目相比，全国学生运动会项目偏少，尤其是常设项目，故应在改革中考虑中国职业体育发展特色，并增加与世界大学生运动会相关的运动项目。

表 3–27　近三届全国学生运动会项目统计表

届数	数量	具体项目	与前一届比较
第 12 届	8	田径、游泳、篮球、排球、足球、乒乓球、健美操、武术	
第 13 届	10	田径、游泳、篮球、排球、足球、乒乓球、健美操、武术、羽毛球、网球	多羽毛球、网球两项
第 14 届	12	常设项目：田径、游泳、篮球、排球、足球、乒乓球、武术、健美操 非常设项目：帆船、羽毛球 竞赛小项：沙滩排球、跳绳	少网球，帆船、羽毛球成为非常设项目，增加了竞赛小项

普通高校高水平运动队项目的设置应以世界大学生运动会和全国学生运动会为短期目标，在这个基础上与国内国际重大体育赛事对标，根据中国大学生运动员发展特色合理设置运动项目，既体现常设项目，也突出在中国传统文化积淀下的特色项目的发展。对每个学校来说，应重点发展校园传统项目和优势项目及资源较为丰富的项目，体现自身的传

统和特色。

足球、篮球、田径等 13 个项目在 2021 年之后，各自的建队数量和质量都将进一步提高，属于“增量培育和质量提升”。其中随着“校园足球工程”的强力推进，足球高水平运动队在高校招生中将进一步加大规模，王登峰明确提出，加强高水平运动队建设，具有高校高水平足球运动队招生资格的院校须组建男女足球队参加全国青少年校园足球工作领导小组办公室组织的比赛，实行升降级制，并逐步试行比赛成绩与高水平运动队招生资格挂钩机制；①通过申请评估加大这些运动项目的队伍数量，集中力量、整合资源、完善赛事赛制，增加比赛的激烈程度和观赏性，打造精品赛事，进而提高高水平运动员的人才培养质量，使其从数量增加向质量提升转变。

2021 年后高校高水平运动队停止招生的项目虽然布点较少，但如何发展才能满足学生多样化和个性化需求？《教育部办公厅关于公布 2020 年普通高校高水平运动队技术调整结果的通知》规定，对取消的高水平运动队建设项目要加大普通在校生的培养和选拔力度，建设有特色的校园项目。这表明高校竞技体育的范畴从高水平运动队扩展到学校普通学生组建的特色项目，重视培养普通学生的体育特长，其中对于健美操项目，因其大众性和普遍性较强，应加大发展力度。其他中国特色体育项目如舞龙舞狮、龙舟、毽球、中国式摔跤、中国象棋、围棋等项目应根据学校传统走特色发展之路，通过与体育部门及社会力量密切合作，理顺家庭、社会和市场关系，做好小众项目的人才培养。

（三）根据性别特点和传统优势，平衡男女项目结构

就普通高校高水平运动员的招生人数和项目数量而言，均具有明显的性别差异，女性均少于男性。应根据性别特点、我国优势项目和学校传统增加运动队的规模和项目数量。从我国奥运优势项目来看，夏季奥运会优势项目有游泳、乒乓球、跳水、排球、射击、举重等

① 王登峰：校园足球在搭建中国特色足球青训体系中的作用凸显［EB/OL］.（2019-12-20）［2020-09-07］. http://www.moe.gov.cn/fbh/live/2019/51635/mtbd/201912/t20191223_413177.html.

（表 3–28），普通高校可增加游泳、乒乓球、排球、田径等项目女队的人数和规模。其中女子排球队在高校中与男子排球队相比已经具有一定优势，这与中国女排精神及中国女子排球队在世界排球大赛中取得的成绩紧密相关，所以中国奥运健儿的榜样精神会激励相关项目的女子运动员不断提高竞技能力和学习成绩，努力成为奥运优势项目的后备人才。另外，羽毛球混合双打项目也较好，高校应增加羽毛球项目的队伍数量和人数。冬季奥运会中国女子运动员所取得的成绩明显优于男子运动员，冬季项目具有明显的女性优势，从 1992 年阿尔贝维尔冬奥会叶乔波实现冬奥会赛场中国军团“0”的突破到 2002 年盐湖城冬奥会大杨扬实现金牌的突破，再到 2010 年温哥华冬奥会中王濛、周洋、申雪等金牌的获得，都体现出冬奥项目的女子优势。随着北京 2022 年冬奥会的临近，以及“带动三亿人参与冰雪运动”愿景的实现，普通高校的冰雪项目应增加女子运动员的招生人数和队伍规模，为我国冬奥项目储备人才。

表 3–28　2000—2016 年夏季奥运会各单项奖牌明细

项目	金牌/枚		银牌/枚		铜牌/枚	
	男	女	男	女	男	女
跆拳道	1	7	0	1	2	0
拳击	3	0	1	2	3	3
柔道	0	6	0	3	7	1
摔跤	0	2	1	2	1	2
竞技体操	13	4	3	3	3	9
羽毛球	6	8	1	4	3	4
射击	7	8	4	4	6	5
跳水	14	17	5	8	4	2
举重	11	16	8	1	1	1
乒乓球	9	10	5	5	3	2
游泳	3	5	4	4	2	6
竞走	2	2	1	0	2	2

续表

项 目	金牌/枚		银牌/枚		铜牌/枚	
	男	女	男	女	男	女
击剑	2	1	3	3	0	3
蹦床	2	1	1	1	3	3
射箭	0	1	0	3	2	0
三级跳远	0	0	0	0	1	0
现代五项	0	0	1	0	0	0
皮划艇	2	0	0	0	0	0
飞碟	0	0	0	2	1	1
场地自行车	0	1	0	2	0	3
排球	0	2	0	0	0	1
花样游泳	0	0	0	3	0	2
赛艇	0	1	0	2	0	2
高尔夫球	0	0	0	0	0	1
凯林赛	0	0	0	1	0	0
帆板	0	2	0	2	0	1
网球	0	1	0	0	0	1
马拉松	0	0	0	0	0	1
沙滩排球	0	0	0	1	0	1
曲棍球	0	0	0	1	0	0
艺术体操	0	0	0	1	0	0
田径	1	1	0	1	0	3
合计	76	96	38	60	44	60

根据男女性别特点设置高校竞技体育运动项目。“性别气质”这个概念，自 19 世纪四五十年代以来就已经受到众多历史学家和心理学家的激烈争论，在体育竞赛中也要考虑两性的性别气质。“性别气质”主张两性之间存在可以明显区分和概括的不同特质。波伏娃认为女性的气质如顺从、柔弱、性感、被动等是后天环境造成的；[①]男性气质如进取、竞争、

① 赵燕妮．波伏瓦《第二性》中的女性主义思想评析［D］．江西师范大学，2014．

好斗、暴力等特点是由生理特性决定的。[①]在体育运动中，女子项目多有柔美、优雅、轻快、温和等特点；男子项目多有速度、力量、强劲、好斗等特点。因此，高校应根据不同的性别特征及学校资源优势设项，对于普通高水平运动队女子项目略少的现实，应在阳光组增加相关特色女子项目，如健美操、体育舞蹈等，从男女平等角度，促进高校女子竞技体育的发展。美国 1972 年以前 NCAA 女运动员人数远远少于男运动员，女运动员的参赛机会也少。1972 年美国颁布的《高等教育法修正案》在第九章条款中提出男女平等的规定，为女性运动员提供了与男性运动员同等参与竞技体育的机会，使女子运动队的数量迅速增加，参赛机会也增多，体育奖学金比例增大，进而提高了美国高校竞技体育的整体实力。[②]目前美国 NCAA 男女运动项目的设置基本相同（表 3–29），男女运动员的人数也相差不大。中国高校在实践中应重视有潜力的阳光组女子运动队的发展，根据学校传统，错峰发展，既为高校争得荣誉，又为我国相关项目的发展储备人才。

表 3–29　NCAA 项目男女运动队参与的运动项目一览表

项目类型	具体项目	备注
春季项目	棒球、沙滩排球、高尔夫男女、长曲棍球男女、赛艇、垒球、网球男女、室外田径、排球男、水球女	项目的性别比例基本保持均衡，学校大学生运动员总数中男女性别比例也要求基本相等
秋季项目	越野跑、曲棍球、美式橄榄球、足球男女、排球女、水球男	
冬季项目	篮球男女、保龄球、击剑、体操男女、冰球男女、步枪射击、滑雪、游泳和跳水男女、室内田径男女、摔跤	

（四）突出传统优势特色，减少地域结构差异

长期以来，由于受经济社会发展和高等教育布局影响，中西部高校与东部高校在发展基础和条件上存在较大的差距，国家为促进中西部高

① 方刚. 当代西方男性气质理论概述［J］. 国外社会科学，2006（4）：67–72.

② 彭国强，舒盛芳，经训成. 回顾与思考：美国竞技体育成长因素及其特征［J］. 沈阳体育学院学报，2017，36（5）：28–36.

等教育发展出台了相关政策和措施，如《中西部高等教育振兴计划》《对口支援西部地区高校计划》《省部共建高校计划》等取得了一定的成效，但办学条件薄弱，人才吸引力差，布局不合理，经费不足，整体实力不强是中西部高校普遍存在的问题。随着国家推进双一流建设，一流大学和一流学科建设高校能够争取到更多的政策支持和政府投入，中西部地区的高校与东部地区高校的差距进一步加大。2020 年全国两会期间，多名委员呼吁加大对中西部地区高等教育发展的支持力度，其中庞丽娟委员指出，高等教育的区域布局上目前很不合理。中西部的高校的数量、规模、水平和层次与东部、发达地区的高校相比存在着很大的差距，这几年差距还在拉大。这个问题确实到了该采取有力、有效措施的时候了，这样才能有力支持我国“十三五”期间全面建成小康社会、区域的均衡发展和全面的脱贫攻坚。[①]2020 年 9 月中央全面深化改革委员会第十五次会议审议通过的《关于新时代振兴中西部高等教育的若干意见》强调振兴中西部高等教育，推动内涵发展，主动对接重大区域发展战略，突出优势特色，汇聚办学资源、促进要素流动；有效激发中西部高等教育内生动力和发展活力，推动形成同中西部开发开放格局相匹配的高等教育体系。[②]

中西部地区高校的竞技体育发展与教育发展具有同构性，面临着师资力量薄弱、经费短缺等问题。中西部高校的竞技体育应把握机遇，立足自身的传统和特色，协调高水平运动队、体育专业学生队和非体育专业学生队，优化配置资源，利用政策红利，通过二级绩效改革、职称评审和外聘制度改革等激发教练员、体育教师的发展活力和带队实力；利用政策红利和发展特色吸引优秀学生运动员的加入，丰富体育竞赛的数量和层次，完善竞赛体系，从整体上提高中西部地区高校竞技体育的发展实力。

---

① 委员呼吁加大对中西部地区高等教育发展支持力度[EB/OL].（2016-09-05）[2020-08-05]. http://www.zgddmx.com/html/58340.html.

② 习近平主持召开中央深改委第十五次会议并发表重要讲话 [EB/OL].（2020-09-04）[2020-09-04]. http://language.chinadaily.com.cn/a/202009/02/WS5f4ef246a310675eafc56f03.html.

五、多种渠道筹措资金，增加场地设施及资金的有效供给

近几年来高校体育场馆的供给条件有了较大的提升，甚至有些高校对体育场馆进行了标准化建设并配备较为专业的器材设施，为高校竞技体育的发展打下了坚实的基础。但这些场馆在提供高水平运动队训练的同时还承担着上万名学生的体育教学和课外活动、竞赛任务，有些场馆还要面向社会开放以解决周边群众的活动场地不足问题，还有些场馆承担着各种文娱活动演出的功能。虽然这些场馆的功能越多，任务越多，场馆的使用效率就越高，产生的效益就越大，但有些功能并非一致，甚至会互相冲突，如高水平训练、体育专业学生上课和训练、非体育专业学生上课和活动等，有时会产生冲突，其基本问题是学校学生人数的基数较大，场地资源供给不足，因此，学校应进一步根据学生类别、竞赛级别和场馆功能加大供给的数量和质量，在满足基本要求的基础上，进一步满足新时代大学生的多样化、个性化和专业化的新需求。

普通高校竞技体育的发展需要大量的经费支持。其中高水平运动队的发展经费从几万到十几万再到一百万不等，但与省级专业运动队三五百万元的经费投入相距甚远。高校高水平运动队的经费来源主要有学校拨款，与企业、行业体协、体育局合作得到经费，学校外行政拨款，自筹资金。在这几种经费来源中，学校拨款是主要的形式。但用于体育方面的学校教育经费只有 1%，仅能保障平时的训练与比赛。而高校竞技体育无论是教练员的培训还是高水平运动队训练及所需的器材设备购置等都需要大量的资金。

普通高校竞技体育的发展资金筹集方面可以汲取美国 NCAA 的成功经验。NCAA 共设有三个等级，其收入都直接支持 NCAA 学校、会议和近 50 万名学生运动员，按照学校和运动员的等级进行分配。其中一级运动员及学校分配到的基金数额最高（具体见表 3–30），包括学生运动员的奖学金、大学期间的基本需求、比赛费用及伤害保险等。其中 2010 年 NCAA 宣布与哥伦比亚广播公司体育频道（CBS Sports）和特纳广播公司（Turner Broadcasting System，Inc.）签订新的长期媒体协议，合同

金额超过 108 亿美元，用于颁发“第一分区”男子篮球冠军。该协议于 2011 年生效，定于 2024 年到期。截至 2016 年 4 月，NCAA 签署了一份为期 8 年的合同延期协议，价值增加了 88 亿美元，将把原协议延至 2032 年。这是一项长期预算，将确保在可预见的将来继续进行有价值的教育计划和倡议，提供锦标赛冠军并继续为三级会议提供财务支持。①

表 3-30 美国 NCAA 一级运动员及学校资金分配一览表

序号	基金名称	具体内容
1	体育赞助和奖学金基金	分配给第一类学校，资助 NCAA 体育并为大学生运动员提供奖学金
2	一级篮球比赛基金	根据 6 年来在男子篮球锦标赛中的表现，分配给一级会议和独立学校，资助 NCAA 体育并为大学运动员提供奖学金
3	第一分区冠军	为大学生运动员提供争夺冠军的机会，其中包括对团队旅行、饮食和住宿的支持
4	学生援助基金	分发给一级大学生运动员，以满足他们在大学期间的基本需求
5	学生运动员服务和冠军支持	包括灾难性伤害保险、药物测试、大学生运动员领导能力计划、研究生奖学金和协会范围内其他锦标赛支持的资金
6	一级平等会议基金	在符合运动和学术水平的一级篮球比赛会议中平均分配，助力男子篮球比赛，资助 NCAA 体育并为大学生运动员提供奖学金
7	学术提升基金	分配给第一类学校，协助学术课程和服务

资料来源：https：//www.ncaa.org/about/where-does-money-go。

二级部门预算中约有 60% 用于支持该部门的全国锦标赛，这些锦标赛每年为 16000 多名大学生运动员提供季后比赛经验。其他拨款直接根据一级部门增强基金和会议拨款计划分配给成员学校和会议，NCAA 理事会在 20 世纪 80 年代创建了增强基金，用于对学校维持二级隶属关系进行一种经济激励。增强基金的分配公式如下：根据提供的运动数量，参加会员大会的比例为 75%；25% 的资金由二级部门的成员机构平均分配。会议赠款计划有助于支持国家和会议的战略规划工作，每年需要召

① https://www.ncaa.org/about/where-does-money-go.

开会议来完成赠款申请，并注明会议将如何支出与二级部门战略计划目标一致的资金，每次会议的前五名成员均获得 90000 美元的拨款。三级部门预算中大约有 75% 用于支持该部门的全国冠军赛，每年为超过 18000 名大学生运动员提供季后比赛经验。其余 25% 通过非冠军计划、教育资源和计划来支持会员学校和会议。非冠军资助中包括三级部门战略计划补助金计划，通常称为“会议补助金”计划。每年三级部门直接向会议分配约 250 万美元，以支持最能满足当地需求的教育计划和服务。分配给每个会议和三级独立协会的年度费用估计在 39000～90000 美元。[①]

NCAA 向在学术和运动成就方面表现突出的大学生运动员提供奖学金。每年有近 35 亿美元的学校体育奖学金。目前有 350 多名大学生运动员获得了 260 万美元的奖学金和助学金（表 3–31）。[②]对于一级运动员而言，其可以获得教务费、课本费、住宿费及训练费在内的全额奖学金，但不是所有运动项目的运动员均可以获得全额奖学金。对于二级运动员而言，遵循“部分原则”，即只有极少数可以获得全额奖学金，绝大多数的二级运动员仅能够获得体育运动方面的补助。对于三级运动员而言，没有与体育运动有关的奖学金，但可以从高校学术研究及其他方面获得奖学金。

表 3–31　美国 NCAA 奖学金的类型及内容

序号	奖学金名称	内容简介
1	吉姆·麦凯研究生奖学金	2008 年美国 NCAA 设立了吉姆·麦凯研究生奖学金，以表彰体育先锋记者吉姆·麦凯的巨大贡献。每年，非体育专业大学生或大学生运动员（男女各一名）将获得 10000 美元的一次性吉姆·麦凯研究生奖学金，以表彰其杰出的学术成就及其对体育传播事业或公共关系做出的重大贡献。吉姆·麦凯研究生奖学金获得者需在交流领域具有独特的才能，同时表现出高水平的职业诚信，包括真实性、准确性、客观性、公正性、公平性和公共责任感等，并具有同情心。尽管该奖学金获得者不需要来自传播学或新闻学专业，但他们应该在体育传播、公共关系方面取得成就，或者至少有兴趣为该领域做贡献

① https://www.ncaa.org/about/where–does–money–go.

② https://www.ncaa.org/about/resources/ncaa–scholarships–and–grants.

续表

序号	奖学金名称	内容简介
2	沃尔特·拜尔斯研究生奖学金	1988 年，美国 NCAA 设立了沃尔特·拜尔斯研究生奖学金，以表彰前执行董事为鼓励大学生运动员学习优异取得成绩、做出的贡献。每年，一男一女大学生运动员将获得 24000 美元的沃尔特·拜尔斯研究生奖学金。获得该奖学金表明其取得了出色的学术成就并在研究生学习期间具有取得成功的潜力。该奖学金获得者是结合了最佳身心要素取得成就及全国性荣誉的人，并承诺将在其职业生涯中成为未来的领导者
3	少数民族与妇女提高研究生奖学金	少数民族与妇女提高研究生奖学金是由 NCAA 妇女田径委员会和 NCAA 少数民族机会与利益委员会开发的。强化计划的目标是通过研究生奖学金为大学竞技体育中合格的少数族裔和女性候选人增加资源和机会。NCAA 会分别向 13 名少数族裔和 13 名女大学毕业生提供 10000 美元奖金，这些人将进入研究生学习阶段。申请人必须寻求入学或已被体育行政管理或计划接受，这将有助于申请人获得大学体育相关岗位，如田径管理人员、体育教练员或直接为大学体育提供服务的岗位
4	研究生奖学金	NCAA 每年最多颁发 126 个研究生奖学金。该奖学金授予在体育方面表现优异并且至少在大学体育竞赛的最后一年表现出色的学生运动员，每年根据每个运动季节（秋季、冬季和春季）分三次颁发一次性 10000 美元奖学金。每个运动季节都有 21 项男性奖学金和 21 项女性奖学金供经认可的研究生课程使用
5	一级学位完成奖	NCAA 的一级学位完成奖励计划于 1989 年成立，旨在为在五年资格期内无法完成学业的学生运动员提供帮助。要获得申请该计划的资格，一名大学生运动员必须在 NCAA 一类机构中参加比赛，并获得与田径相关的经济资助，并且必须在取得学位后的 30 个学期小时（45 个季度小时）内。迄今为止，该计划已向超过 2900 名大学生运动员提供了超过 3000 万美元的奖励，并且 90%的获奖者已成功完成了本科阶段的学习任务
6	二级学位完成奖	NCAA 于 2001 年设立了二级学位完成奖励计划，旨在为大学生运动员提供经济资助，帮助他们取得其首个学士学位。申请人是那些已经失去运动资格的学生。迄今为止，该计划已向大约 1400 名大学生运动员提供了近 600 万美元奖励。自该奖项设立以来，90%获得该奖项的大学生运动员通过该计划获得了本科学历

资料来源：https：//www.ncaa.org/about/resources/ncaa–scholarships–and–grants.

2020 年美国 NACC 总收入为 5999622705 美元（图 3–15），其中篮球运动基金最多为 167600624 美元，占 28%。[①]这些基金用于资助优秀运动员和支持学校，帮助大学生运动员在赛场上、课堂上和生活中取得成功。

---

① 2020D1FIN_AnnualRevenueDistPlan.pdf https://ncaaorg.s3.amazonaws.com/ncaa/finance/d1/2020D1FIN_AnnualRevenueDistPlan.pdf.

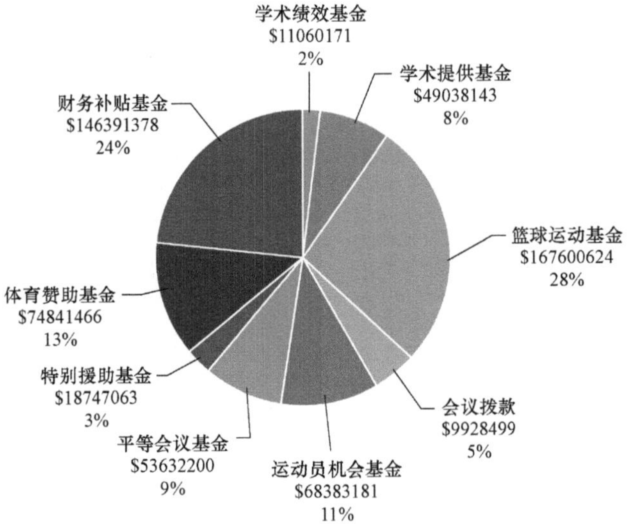

图 3-15　2020 年美国 NCAA 收入分配计划

注：资料来源：2020D1FIN_AnnualRevenueDistPlan.pdf

中国大学生体育协会可借鉴 NCAA 的成功经验，提升高校赛事的经济价值和社会价值，进而逐渐加大对高校和大学生运动员的支持力度。CUBA 在 2018 年被阿里体育以超过 10 亿美元的总金额签下 7 年的运营权，成为高校中最有价值的比赛赛事。阿里体育可以通过借鉴 NCAA 的成功模式，建立更为完善的赛事体系。尤其阿里体育此前负责过 PAC－12（美国高校体育联盟）中国区运营，其清楚了解了 NCAA 的运营模式，为其在运营 CUBA 时提供了一个很好的参考样本。继 2017 年签约运营 CUFA（中国大学生足球联赛）之后，阿里体育自 2019 年起又与每两年一届的国际大体联足球世界杯成功签约。这既可为高校体育赛事的社会发展打下基础，也可为高校竞技体育发展提供资金和资源。

普通高校竞技体育应主动寻求企业赞助，广开财路，通过多种渠道吸纳资金和资源，形成国家、社会、企业、个人的多元化投资格局，以进一步提升普通高校竞技体育的实力。

小 结

普通高校竞技体育供给侧改革的目的是促进发展，核心是“满足需求”；改革的重点是“放管服”，提升治理水平和治理能力；改革的关键是“结构性问题”；改革的方向是“供需新平衡”。本章基于供给侧结构性改革的视角从供给主体、供给要素、供给结构和供给管理角度分析普通高校高水平竞技体育发展的现状及问题，并提出发展的对策。普通高校竞技体育在供给主体上应调整主体关系，形成“一主多元，协调共生”的新格局；在供给要素上应通过政策红利增加供给，促进要素升级转换；在竞赛上应增加赛事供给，减少壁垒，完善赛事体制机制；在结构上，应调整转变，增量提质，对标国内国际重大赛事；在资金资源上，应通过多种渠道筹措，增加有效供给。

第四章 普通高校竞技体育优势项目及优势队伍发展分析

普通高校竞技体育开展较好的运动项目为篮球和足球，其中 CUBA 和 CUFL 是这两个运动项目的品牌赛事。另外，从 2019 年起，中国大学生足球队开始参加国际大体联足球世界杯，这标志着中国高校自主培养的运动员逐渐开始参加世界性比赛，具有重要意义。本章对参加这些品牌赛事的优势强队进行了调查，分析了其成功的经验和不足之处，并提出了发展的意见和建议，旨在为普通高校竞技体育发展提供参考。

第一节 第 21 届 CUBA 男子八强队伍发展现状及对策分析

笔者通过对第 21 届 CUBA 男子八强的招生标准，招生机制，运动员的年龄、身高、体重特征，教练员配置，学习与训练管理制度，近四年 CUBA 八强席位分布等进行分析，探究高校高水平篮球队发展现状、存在的问题及制约因素，并在此基础上提出高校高水平篮球队发展的对策，以期对联赛的可持续发展能够有所助益。

CUBA 是中国体育史上第一个面向高校、面向社会的大学生专项运动联赛。它在教育部、中国大学生体育协会和国家体育总局、中国篮球协会的领导和指导下，以“发展高校篮球，培养篮球人才”为宗旨，培养高素质、高水平的篮球后备人才。经过多年的发展，CUBA 进行了多次赛制改革，使联赛逐步完善。联赛采用赛会制比赛的形式，由当年 9 月开始到次年 6 月结束，经过基层赛、分区赛（东南区、西南区、西北区、东北区）、十六强赛、四强赛到冠亚军赛结束。近年来，随着 CUBA 的快速发展，其竞技水平也显著提高，为我国培养后备人才奠定了基础，同时也为我国篮球运动的可持续发展提供了保障。本节对进入第 21 届 CUBA 男子八强队伍（北京大学队、清华大学队、厦门大学队、中南大学队、中国民航大学队、西安交通大学队、浙江大学队、太原理工大学队）进行了分析，剖析了我国高校高水平篮球队的发展历程、优秀队伍的发展状况，探讨了影响普通高校建设高水平运动队可持续发展的各种因素及存在的问题，并从供给侧改革角度，提出了普通高校建设高水平运动队的发展对策。

一、第 21 届 CUBA 男子八强队伍历年招生情况分析

（一）第 21 届 CUBA 男子八强队伍招生标准

高水平篮球运动员进入大学学习有以下三种方式。第一种方式：“特招”，需要取得一级及以上运动员证书，只需参加国家体育总局统一组织的单独招生文化课考试。第二种方式：取得二级及以上运动员证书，体育专项测试成绩特别突出、确有培养前途的，当其高考文化课成绩达到生源省份本科第二批次录取控制分数线的 65%时予以录取。第三种方式：取得二级及以上运动员证书的需参加高考，且当高考文化课成绩达到生源省份本科第二批次录取控制分数线时予以录取。[①]

挑选具有良好运动天赋及竞技潜力的运动员是高校在选材方面的重要任务。表 4-1 是近三年八所高校的招生计划，八所高校的招生均为五年制的学习方式，每年至多招收 5 名高水平运动员，且厦门大学、中南

① 葛辉. 美国亚利桑那州立大学高水平篮球队球员招募对我国的启示 [J]. 北京体育大学学报，2018，41（7）：102-110.

大学、中国民航大学、西安交通大学和浙江大学都明确标注了各个位置需要的人数。除太原理工大学外，其他七所学校都明确说明需要运动员等级情况。北京大学、清华大学、厦门大学、中南大学、西安交通大学都明确说明招收的篮球运动员需要B档以上（A档为取得一级及以上运动员证书，只参加国家体育总局统一组织的单独招生文化课考试。B档为取得二级以上运动员证书，体育专项测试成绩特别突出、确有培养前途的，高考文化课成绩达到生源省份本科第二批次录取控制分数线的65%。C档具有二级及以上运动员证书，高考文化课成绩达到生源省份本科第二批次录取控制分数线)。从表4-1分析可知浙江大学在2017年招收了D档学生（D档为具有二级及以上运动员证书，其高考文化课成绩达到浙江大学第一批本科线投档线20分及以上，在实行高考综合的上海市、浙江省，D档为相关最低录取控制参考分数线上40分）。但在之后两年浙江大学不再招收D档学生。

表4-1　2017—2019年CUBA男子八强高校招生计划表

学校	2017年招生计划	2018年招生计划	2019年招生计划
北京大学	A档 B档 0～5人	A档 B档 0～5人	A档 B档 0～5人
清华大学	A档 B档 0～5人	A档 B档 0～5人	A档 B档 0～4人
厦门大学	A档 中锋（内线）3名 后卫1名 前锋1名	A档 中锋、后卫、前锋4人 B档 前锋1人	A档 前锋1人 中锋2人 后卫1人 B档 前锋1人
中南大学	A档0～4人 B档0～1人 总数不超5人	中锋0～1人 后卫0～1人 前锋0～3人 A档0～4人 B档0～1人	中锋0～1人 后卫 0～2人 前锋0～2人 A档0～4人 B档0～1人
中国民航大学	中锋、前锋、后卫每小项不超3人 总数不超5人 A、B、C档均可报名	中锋、前锋、后卫每小项不超3人 总数不超5人 A、B、C档均可报名	中锋、前锋、后卫每小项不超3人 总数不超5人 A、B、C档均可报名
西安交通大学	前锋0～3人 中锋0～3人 A档0～2人 B档0～3人 总数不超5人	前锋0～2人 中锋0～2人 A档0～2人 B档0～2人 总数不超4人	前锋0～2人 中锋0～2人 A档0～2人 B档0～1人 总数不超3人

续表

学校	2017 年招生计划	2018 年招生计划	2019 年招生计划
浙江大学	前锋 0～2 人 中锋 0～2 人 后卫 0～1 人 A、B、D 档不超 5 人	前锋 0～3 人 中锋 0～1 人 后卫 0～1 人 A、B、C 档不超 5 人	前锋 0～2 人 中锋 0～2 人 后卫 0～1 人 A 档不超 2 人 B 档不超 3 人
太原理工大学	0～5 人 按公示结果顺序录取	5 人 按公示结果顺序录取	5 人 按公示结果顺序录取

（二）第 21 届 CUBA 男子八强队伍招生机制

如何招收到优秀的篮球运动员是现在高校考虑的重点，对此美国 NCAA 在选拔人才方面值得我们借鉴，许多高校也开始模仿美国一条龙的培养模式，通过和中、小学挂钩，建立“小学—中学—大学”三位一体的训练小组，共同承担高水平运动员（队）的后备人才的培养。对第 21 届、第 22 届 CUBA 八强队伍的运动员生源地情况进行分析（表 4–2）可见，清华附中和北京四中常年为北京大学男篮队提供后备力量，太原外国语学校常年为太原理工大学男篮队提供后备力量，长沙明德中学常年为中南大学男篮队提供后备力量，南京九中常年为厦门大学男篮队提供后备力量，乌鲁木齐 101 中学常年为中国民航大学男篮队提供后备力量，这种培养模式保证了这几所高校拥有持续的竞争力。东莞光明中学、吉林实验中学常年向多所高校输送优秀的篮球运动员。此外按照地域划分还可以看出，北方高校面向北方招生较多，南方高校面向南方招生较多，总体而言依旧存在 CUBA 北方球队综合实力高于南方球队的情况，尤其是北京大学和清华大学，这两所学校特殊的社会资源和社会地位导致其他所有参加 CUBA 比赛的院校最终只能落得保三争二的地位。

表 4–2　CUBA 男子八强运动员生源学校统计表

学校	第 21 届运动员生源地	第 22 届运动员生源地
北京大学	清华附中 5 人、北京四中 4 人、石家庄二中 2 人、沈阳二中 1 人、枣庄三中 1 人、兵团二中 1 人、乌鲁木齐一中 1 人	清华附中 4 人、北京四中 3 人、石家庄二中 2 人、沈阳二中 1 人、枣庄三中 1 人、吉林实验中学 1 人、河北体育学院 1 人、临海回浦中学 1 人、东北师范大学附属中学 1 人

续表

学校	第21届运动员生源地	第22届运动员生源地
清华大学	清华附中3人、北京四中1人、沈阳二中1人、长沙一中1人、枣庄三中1人、崂山一中1人、潍坊一中1人、大庆东风中学1人、淄博十一中1人、乌鲁木齐七十中1人、深圳第二实验学校1人、吉林实验中学1人、东莞光明中学1人	清华附中3人、东莞光明中学2人、北京四中1人、沈阳二中1人、长沙一中1人、枣庄三中1人、崂山一中1人、潍坊一中1人、大庆东风中学1人、乌鲁木齐七十中1人、深圳第二实验学校1人、临海回浦中学1人
厦门大学	南京九中3人、吉林实验中学3人、深圳第二实验学校2人、清华附中1人、杭州四中1人、醴陵一中1人、莆田一中1人、中山华侨中学1人、沈阳三十一中1人、惠安嘉惠中学1人	南京九中2人、吉林实验中学2人、深圳第二实验学校2人、北京四中2人、杭州四中1人、醴陵一中1人、莆田一中1人、中山华侨中学1人、临海回浦中学2人、惠安嘉惠中学1人
中南大学	长沙明德中学5人、邯郸一中2人、长沙一中1人、江苏蒋王中学1人、泰安一中1人、郑州七十四中1人、东莞篮球学校1人、东莞光明中学1人、淮北市实验高级中学1人、安徽体育技术学院1人	东莞光明中学2人、邯郸一中2人、长沙明德中学2人、江苏蒋王中学1人、泰安一中1人、郑州七十四中1人、东莞篮球学校1人、长沙一中1人、枣庄三中1人、兵团二中1人、济源一中1人、深圳市体校1人
中国民航大学	乌鲁木齐101中学3人、吉林实验中学2人、天津四十五中2人、山东日照一中1、山东实验中学1人、沈阳三十一中1人、太原五中1人、乌鲁木齐一中1人 河北衡水中学1人、呼和浩特二中1人、哈尔滨五中1人	乌鲁木齐101中3人、吉林实验中学1人、石家庄一中1人、山东日照一中1人、山东实验中学1人、沈阳三十一中1人、太原五中1人、东北师大附中1人、沈阳二中1人、西安市铁一中1人、河北衡水中学1人、呼和浩特二中1人、哈尔滨五中1人
西安交通大学	哈尔滨五中2人、西安高新一中2人、内蒙古区外中学1人、昌吉二中1人、临海回浦中学1人、太原五中1人、西安交通大学附中1人、新乡职业教育中心1人、山东师范大学附中1人、东莞光明中学1人、洛阳十九中1人、佳木斯一中1人、大庆铁人中学1人	西安交通大学附中4人、西安高新一中2人、哈尔滨五中2人、昌吉二中1人、临海回浦中学1人、太原五中1人、大庆铁人中学1人、新乡职业教育中心1人、山东师范大学附中1人
浙江大学	杭州学军中学2人、诸暨牌头中学2人、沈阳二中2人、北京四中1人、山东实验中学 1 人、潍坊一中 1 人、崂山一中1人、临海回浦中学1人、兵团二中1人、吉林实验中学1人、重庆铜梁中学1人、乌鲁木齐一中1人	西安市铁一中学2人、沈阳二中2人、诸暨牌头中学1人、北京四中1人、山东实验中学1人、潍坊一中1人、临海回浦中学1人、吉林实验中学1人、杭州学军中学1人、重庆铜梁中学1人、杭州四中1人、东莞光明中学1人、连云港东海高级学校1人
太原理工大学	太原外国语学校6人、大同体校3人、包头三十三中2人、太原市五中1人、哈尔滨五中1人、石家庄二中1人、沧州二中1人	太原外国语学校5人、包头三十三中4人、哈尔滨五中2人、太原市五中1人、大同体校1人、辛集明珠中学1人、沧州二中1人

注：第22届CUBA 西安交通大学运动员为14人。

二、第21届CUBA男子八强队员身高、体重、年龄特征分析

篮球运动员与其他项目的运动员一样均以人体的基本活动能力为基础，再根据篮球运动的规律，拓展各种篮球运动能力。篮球运动要求运动员身材高大而灵活、体型匀称，运动素质优良、智力水平高且知识丰富、心理素养高且状态稳定。

经检验得出（表4-3），清华大学男子篮球队成员与中南大学男子篮球队成员在身高方面有显著性差异，北京大学男子篮球队成员与厦门大学男子篮球队成员在年龄方面有显著性差异，北京大学男子篮球队成员与中南大学男子篮球队成员在年龄方面有显著性差异，厦门大学男子篮球队成员与中国民航大学男子篮球队成员在年龄方面有显著性差异。

表4-3 第21届CUBA男子八强运动员身高、体重、年龄特征统计表（*N*=15）

学校	身高/cm $\bar{x}\pm s$	体重/kg $\bar{x}\pm s$	年龄/岁 $\bar{x}\pm s$
北京大学	193.8±5.96	90.9±8.65	23.1±1.64
清华大学	196.9±7.82	93.7±12.75	22.5±1.64
厦门大学	193.0±7.33	87.5±7.99	21.6±1.35
中南大学	193.3±8.50	88.5±15.21	21.8±1.27
中国民航大学	194.1±7.62	90.9±11.27	22.7±1.44
西安交通大学	194.8±6.90	91.5±10.43	22.3±1.57
浙江大学	192.9±7.82	88.7±11.06	22.3±1.35
太原理工大学	192.4±6.50	91.1±15.44	22.3±1.11

（一）身高

身高反映了人体形态结构与生长发育水平，是评价运动员纵向发育水平的主要形态指标 。[①]现代篮球比赛中，精彩激烈的对抗在一定程度

① 郭义军，杨世强，张斌南，等．WCUBA和WCBA优秀女篮运动员的身高、体重、年龄的比较研究［J］．西安体育学院学报，2004，21（4）：76-77.

上表现为空中高度的较量，选拔身材高大的运动员是提高球队整体竞技水平的有效方法之一，因此身高是衡量一支球队实力的重要因素。

由表 4–3 可知，八支队伍中队员的平均身高为 193.9 cm。平均身高特征表现为：清华大学＞西安交通大学＞中国民航大学＞北京大学＞中南大学＞厦门大学＞浙江大学＞太原理工大学。由此，清华大学篮球运动员在臂展方面具有一定的防守优势，这与他们要打造“作风顽强、立足防守”的队伍相呼应。

（二）体重

体重反映人体形态结构和生长发育水平，是描述人体横向发育水平及重量发展变化的重要指标，同时也是体现运动员身体充实度和力量的主要指标，决定了运动员在比赛中的身体对抗能力，并且在实践中身体对抗能力日益成为技战术运用的前提。[①]因此，体重作为现代篮球运动员的基本身体指标，在选材、训练、比赛与评价中都起着非常重要的作用。

由表 4–3 可知，八支队伍中队员的平均体重为 90.35 kg。平均体重特征表现为：清华大学＞西安交通大学＞太原理工大学＞中国民航大学＞北京大学＞浙江大学＞中南大学＞厦门大学。在力量抗衡上厦门大学处于劣势。

（三）年龄

年龄在某种程度上代表着经验与心智成熟度，对于篮球运动这类集体项目而言，运动员之间的默契与理解对技战术的合理运用十分重要。因此运动员年龄状况是判断一个球队是否处于最佳运动年龄阶段的重要参数。[①]

由表 4–3 可知，八支队伍中队员的平均年龄为 22.3 岁，这一年龄阶段正是身体发育逐步成熟的时期，运动员身心迅速成长，各项身体素质也在不断增强，体育运动的能力也在增强。八所高校篮球运动员平均年龄特征表现为：北京大学＞中国民航大学＞清华大学＞西安交通大学＞

① 陈颇，诸文兵，殷樱，等．2006—2007 赛季 NBA 运动员年龄、球龄与身体形态特征分析 [J]．中国体育科技，2007，43（4）：88–93．

浙江大学＞太原理工大学＞中南大学＞厦门大学。八所高校中北京大学篮球运动员的平均年龄要高于其他高校篮球运动员，这也能说明北京大学篮球运动员在经验方面比其他高校篮球运动员丰富，年龄较大的篮球运动员之间配合默契，对战术等都有较好的理解。

三、第 21 届 CUBA 男子八强队伍教练员配置情况分析

教练员作为高校篮球运动队训练的直接组织者、实施者和指导者，承担着训练和塑造优秀篮球运动员的主要任务，对促进运动员的全面发展、实现运动训练的目标起着主导作用。[①]教练员在 CUBA 竞赛水平的提高上起着至关重要的作用，其执教能力对高校篮球竞赛水平具有重要影响。[②]因此，CUBA 教练员的管理机制是否完善不仅决定了高校篮球运动员的竞技水平，而且事关能否为我国最高层次的篮球运动持续发展输送合格的人才。

表 4-4　第 21 届 CUBA 男子八强教练员情况统计表

学校名称	所在学校执教时间	教练员	教学风格	培养出的优秀球员
北京大学	1989 年至今	张**	重视运动员训练后的营养补充，技术风格上确立“快、准、灵”的特点，在场上敢打敢拼，纪律严明	刘鸿博（已退役）、万圣伟（广东宏远）、郭凯（龙狮）、王少杰（北京控股）、刘育辰（浙江稠州）、曾令旭（新疆广汇）、班铎（山西国投）
清华大学	2018 年至今	陈**	把清华大学男子篮球队打造成一支“作风顽强、立足防守”的队伍	刘磊（江苏肯帝亚）、齐麟（新疆广汇）、赵楠（已退役）、刘子秋（已退役）
厦门大学	1996 年至今	张**	以快、准为特点，重视防守，讲求攻防平衡	袁堂文（四川金强）

① 程利群．CUBA 联赛教练员管理机制阐析［J］．北京体育大学学报，2010，33（3）：29-32．

② 全志刚．我国高校篮球教练员队伍建设之研究［J］．淮北职业技术学院学报，2010，9（3）：128-129．

续表

学校名称	所在学校执教时间	教练员	教学风格	培养出的优秀球员
中南大学	2011 年至今	白**	推动“体教结合”的先行者，治军宽严相济，宽近乎“慈爱”，严近乎“苛刻”	彭嘉欣等
中国民航大学	2002 年至今	郑**	招生狂人，学篮球要先学做人	陈辰（四川金强）、贾明儒（龙狮）、谷玥灼（龙狮）
西安交通大学	1996 年至今	严**	“严”字当头，以快速攻防和灵活多变的带队风格，打造出了一支综合素质优良、基本功扎实，球队作风顽强的西北铁军	徐川傲等
浙江大学	1999 年至今	潘**	注重耐力和意志	
太原理工大学	2018 年至今	崔**	以快为主，内外结合，强调整体的风格	魏明亮（已退役）、王洪（江苏肯帝亚）、王思奇（青岛国信双星）、周湛东（青岛国信双星）

由表 4–4 可知，教练员的执教年限是考量一名教练员是否优秀的重要方面。篮球教练员执教年限在 10 年以内，则正处于发展期；执教年限在 11～15 年的篮球教练员具有一定的执教经历和比赛经验。表 4–4 中北京大学、浙江大学等高校的教练员执教年限已超过 20 年，说明教练员具有丰富的执教经验和较高的临场指挥能力。八所高校教练员有着既相似又独特的训练风格，例如，北京大学张教练重视学生的综合素质，学习与训练一起抓。清华大学与厦门大学的教练员注重防守。中南大学与西安交通大学的教练员以“严厉”为主要特点。中国民航大学的教练员则注重招收优秀运动员。北京大学与太原理工大学的教练员在技术风格上以“快”为特点。浙江大学教练员则注重培养运动员的耐力和意志。教练员是球队之魂，想要保持队伍的独特生命力，就需要依靠教练员的力量。现任中南大学的篮球总教练，是 CUBA 男篮历史上第一位率领过两支不同球队夺冠的教练员，更以训练严厉和比赛顽强被称为“铁腕教练”。2011 年他接任中南大学男女篮总教练之后，中南大学的篮球队伍很快蜕变，并重新焕发生机。《湖南日报》在一篇揭秘中南大学男篮的报

道中，如此描写教练员的“严”：“他制定了一系列严格的队规，队内生活作息时间、寝室内务标准等一一在列，甚至队员不叠被子、不吃早饭都会受到‘惩罚’；如队员吸烟，一经发现立即要求退队；外出比赛必须两人并排同行，保持队列；训练比赛中绝不能说脏话……”由此可见，严苛的训练要求是其获得成功的秘诀。

四、第21届CUBA男子八强学习训练管理制度分析

高水平运动队的管理是一项较为复杂的系统工程，机构设置是否科学、合理，责任是否明确都将直接关系到运动成绩的取得和人文素质的提高。

表4–5　第21届CUBA四所高校运动员学习训练管理统计表

学校	专业	学习管理	训练管理	学籍管理
北京大学	国际关系、新闻与传播、法学、政府管理、社会学、英语	不统一编班和进行独立管理，分散到各院系学习	周一至周四：17:00—19:00 周五：15:30—18:30 周六：9:00—12:00	五年学制，每学期的选课学分数加以明确的限定，高水平运动员每学期选课可根据训练和赛事安排灵活掌握，但最多不超过17学分
厦门大学	新闻、行政管理、旅游管理		周一至周五：15:00–18:00 周六：9:00—12:00	修学年限是4～6年。须获得40个体育训练学分。学分评定由运动队教练员根据比赛成绩、平时训练表现情况判定，原则上每学年获10个体育学分。跟班上课的二级运动员的学分要求是普通生修课学分+40个体育学分
中南大学	运动训练、工商管理、体育人文社会学	相对集中管理，分文科、理科两个建制班，基础课程集中授课，教学内容由本科生院制定	全年42周，周一至周五：下午，星期六：上午，每次训练2.5学时，常设队每周训练3次，每次2.5学时，全年42周。所有队在非寒、暑假集训，每天训练5学时	省级以上荣誉的或当年成绩达一级以上运动员标准的可降低课程及格线，优秀运动员其他课程合格，英语四级未过，经学校组织英语考试合格，颁发毕业证书和学位证书
太原理工大学	工程管理	集中管理，单独编班。配备专职辅导员	下午进行运动训练，每次训练2～3个小时，集训期间每次训练5～6个小时	单独制订了教学计划，学制为五年，实行的是学分制，并完成工程管理专业规定要达到的学分

大学的专业选择会影响大学生的职业生涯及毕业规划。从表 4–5 中可以看出多所高校的男篮运动员多为一些文科类专业，例如，工商管理等，只有中南大学设置了体育类相关专业并分设了文科班与理科班。高水平运动员选择大学里的热门专业，如公共事业管理、国际关系等专业，这样的安排符合市场经济的发展方向，对于高水平运动员毕业后的就业也有积极的作用（图 4–1 至图 4–5）。

高水平运动队运动员的班级编排分为集中编班和分散插班。所谓集中编班就是把运动员集中放在指定的班级进行学习，所学的专业一致，单独对这些学生进行授课和考评，或者把这些学生放到训练基地，与专业运动员一起组建班级，学校和运动队共同进行教学管理。分散插班就是根据学生的意愿和学习情况，将其安排到各个不同的班级，文化教学由班级所属的院系管理。训练时间大部分为每年十一月至次年五月假期（考试期间不安排训练）；大部分高校每天安排 2.5 小时的训练时间，重视程度较高的高校则安排半天学习半天训练，赛前一个月全天训练。

在校学籍管理办仍然采用学时制和降低学习难度及标准办法实现。各高校在高水平运动队学籍管理条例内容制定方面以运动成绩为导向，其中厦门大学明确提出可通过延长学制的办法帮助高水平运动员完成本科学业，其余高校则是通过相应的措施降低高水平运动员的学习难度和学业难度。

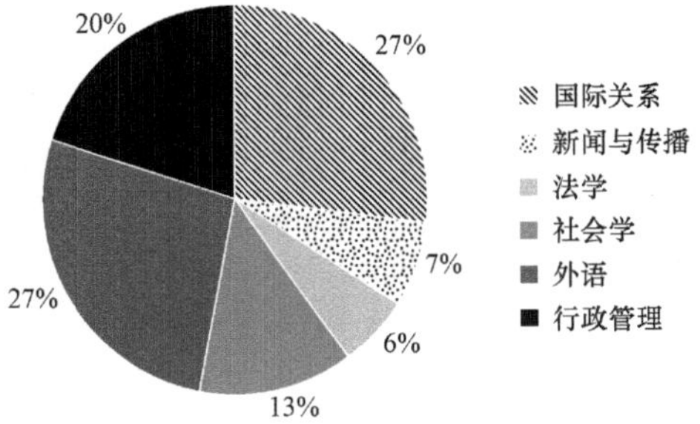

图 4–1 北京大学高水平运动队队员的专业分布

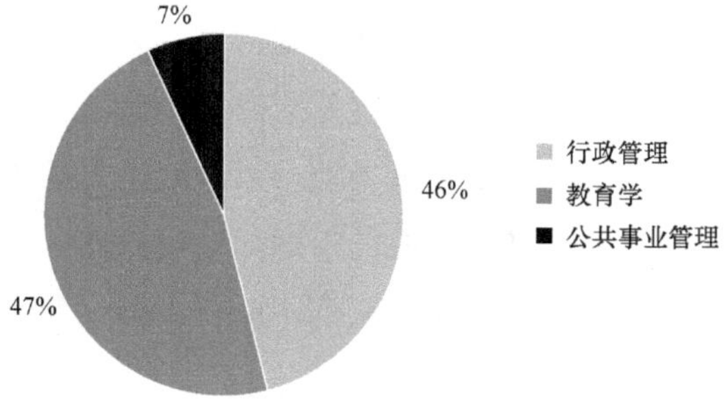

图 4-2　浙江大学高水平运动队队员的专业分布

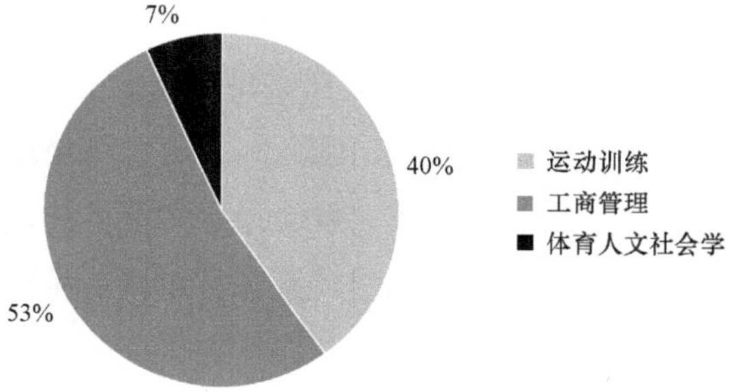

图 4-3　中南大学高水平运动队队员的专业分布

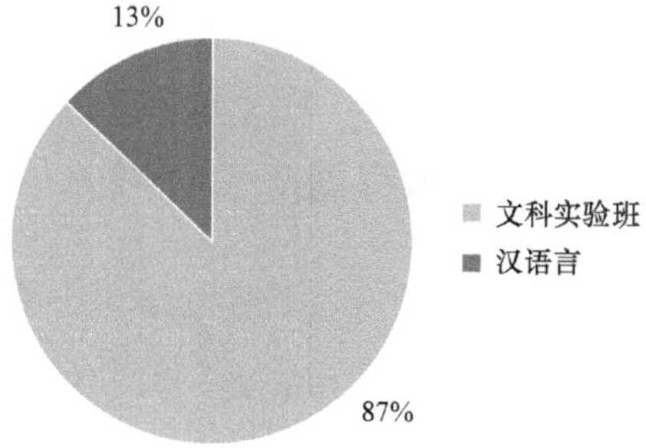

图 4-4　西安交通大学高水平运动队队员的专业分布

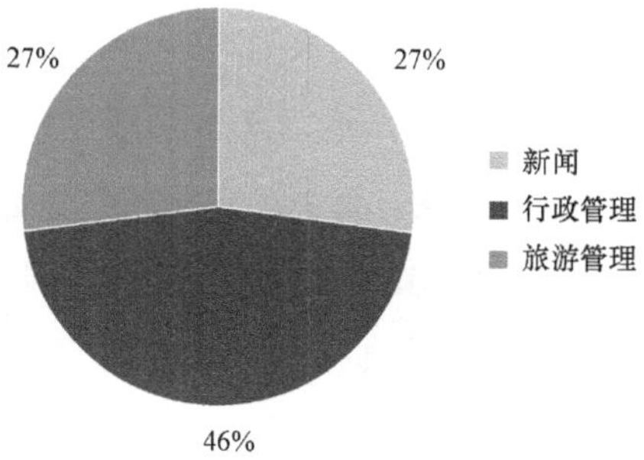

图 4-5　厦门大学高水平运动队队员的专业分布

由于高水平运动员在入学前文化基础薄弱，大多学校在招收高水平运动员时已经为其指定了相应专业。八所高校中除清华大学与中国民航大学的篮球运动员统一为工商管理专业、太原理工大学的篮球运动员统一为工程管理专业以外，其余高校的篮球运动员虽然有可选择的专业，但其在选择专业时更多地考虑能否顺利毕业获得学位，所以多数选择的是文科类专业。美国 NCAA 运动员也多选择文科专业，不同的是美国高校在竞技人才培养上对运动员文化课成绩的要求没有优惠政策，运动员虽然专业可选择性很大，但为了能参加 NCAA，首先要保证能取得足够的学分，所以 NCAA 大多数运动员选择文科专业。我国高校运动员在学习与训练方面往往不能很好地兼顾，因此为方便教练员统一管理，同时考虑到学生的文化基础薄弱，高校一般会指定文科专业，在文化课成绩上会给予相应的优惠政策。高校把学生运动员安排在相对集中的某几个院系；个别高校专门开班上课，便于学籍上的管理。但是在学习与训练的转换方面，我国高校还存在诸多不足，尤其在学习和训练冲突、学习时间不多等方面，致使高水平篮球运动员学习效果差、难以跟上学习进度、对学习失去兴趣甚至放弃学习。

五、近四年 CUBA 男子八强席位分布分析

CUBA 现有西南赛区、东南赛区、西北赛区、东北赛区四个赛区，每年 9—12 月各省、自治区、直辖市、特别行政区的各高校，以学校为单位组队参加基层赛，次年 3—4 月进行分区赛，四大赛区的前八名获得资格参加全国二十四强赛，经过角逐，产生全国四强，再经过新一轮比赛，最终产生冠亚军。

从表 4–6 和表 4–7 中可知，近 4 年的男子 CUBA 比赛中，东北赛区有 4 支队伍共打进八强 12 次，其中 3 支队伍打进四强 8 次；东南赛区有 5 支队伍共打进八强 9 次，其中 2 支队伍打进四强 2 次；西北赛区有 3 支队伍共打进八强 6 次，其中 1 支队伍打进四强 1 次；西南赛区的中南大学打进四强 4 次。

表 4–6　第 18 届—第 21 届 CUBA 男子八强席位分布

分区名称	获得 CUBA 八强的学校
东北赛区	北京大学（4 次）、清华大学（4 次）、中国民航大学（3 次）、山东农业大学（1 次）
东南赛区	厦门大学（3 次）、浙江大学（2 次）、华侨大学（1 次）、宁波大学（1 次）、广东工业大学（2 次）
西北赛区	太原理工大学（2 次）、西安交通大学（3 次）、山西大学（1 次）
西南赛区	中南大学（4 次）

表 4–7　第 18 届—第 21 届 CUBA 男子四强席位分布

分区名称	获得 CUBA 四强的学校
东北赛区	北京大学（3 次）、清华大学（3 次）、中国民航大学（2 次）
东南赛区	浙江大学（1 次）、华侨大学（1 次）
西北赛区	太原理工大学（1 次）
西南赛区	中南大学（4 次）

CUBA 男篮赛事东北赛区的成绩较为突出，不仅取得八强、四强成绩的次数最多，实力也在其他赛区之上。紧随其后的是东南赛区，但是他们只有 2 支队伍达到过四强的高度。西北赛区太原理工大学和西南赛区中南大学成绩较好。

六、CUBA 男子八强存在的问题分析

（一）生源渠道不稳定

CUBA 在招生方面一直以来有一个大问题，即招生渠道不稳定，盲目追求成绩的短期效应。从表 4–2 可以看出，八所高校在最新一年的招生上明显有较大的变动，例如，浙江省台州市的临海回浦中学成为 2020 年高校招生的热点学校。西安交通大学由原来面向多所学校招收运动员转向集中生源于西安交通大学附中的运动员。表 4–2 中生源地情况表明，由于运动员的生源受限，高校选材只能限制在几所传统体育学校之中，

局限的招生渠道会直接影响高校篮球运动员的质量，给 CUBA 联赛的健康发展造成不利的影响。另外，传统的 CUBA 强队有优先选择高水平运动员的权利，虽保障了其球队成绩的稳定性，却淡化了篮球的竞技性，例如，清华大学、北京大学往往是大多数优秀篮球运动员的首选。这些学校对于大学生运动员学习要求也非常严格，其毕业后进入职业联赛并不是唯一选择。因为名牌大学的学习经历为运动员今后工作方面带来了很大的选择优势。

（二）教练员配置不完善，专业化程度不高

建设一支复合型的教练员团队有助于球队的发展。目前的教练员队伍存在结构不合理，人员配备缺乏，训练分工不明确等问题，长此以往可能导致训练质量下降，影响篮球队的长远发展。CUBA 的各篮球运动队基本上只有一名教练员，部分队伍有助理教练员。此外，专职领队、执行教练员和体能教练员方面的配备极不完善，此类岗位的教练员缺口严重，营养师配备方面几乎空白，总体来说数量和质量都还差得太远。这些教练员基本上是一专多能，既负责技战术训练，又负责体能及力量训练，还负责后勤服务工作及医疗保障工作，这导致他们不能专心地进行专项研究。

我国教练员专业化程度不高，缺乏带高水平运动队的专业经验，临场指挥能力欠缺。正如我国 CUBA 华侨大学著名教练员林小霖所说，在高校篮球比赛中两个队实力相当的情况下，专业队教练员带领的学校取胜的概率要大于学校普通教师带的队。由此可见科班出身的重要性。我国高校目前的教练员大多是毕业于普通体育院系的体育教师。他们既是教练员又是本校的教师，教学科研、考核、职称评定压力大，分工不明确。这就造成教练员的精力无法全部投入在训练上，不利于调动教练员的积极性。训练和科研的双重任务致使教练员缺少外出学习的机会，进而影响了其训练水平的提高。

（三）学训矛盾突出

学训矛盾是指运动员在培养过程中文化学习与竞技训练因时间、精力、资源等的有限性而引起二者在运动员发展中的冲突现象。[①]运动训练需要运动员花费大量的时间，运动员既要学习又要训练，如何最大限度地发展竞技体育人才的运动特长，同时又妥善地安排好他们的文化教育，使其在从事竞技运动的同时完成必要的学历教育学习，确保竞技运动人才的良性循环，一直是体育界和教育界不断探究的问题。高水平运动员本身的文化课学习基础差，进入大学之后，需要花费比其他学生更多的时间和精力去完成学习任务。篮球竞技水平的提高也需要通过日积月累，所以高水平运动员一般会把重心放在提高篮球技术上，训练时间远远大于学习时间。运动员无法将二者做到很好的平衡，导致其专业知识储备不足，在未来发展上产生了障碍。在大学期间，高水平运动员由于经常训练，没有足够的时间去学习，导致挂科现象屡见不鲜。不过，高校会给予高水平运动员相关政策倾斜，如果运动员在比赛中获得优异成绩，就可以换算成学分进行奖励。例如，中南大学规定达到国际健将或一级运动员级别的高水平运动员可以获得加分，厦门大学则规定可以根据平时的训练情况给予高水平运动员适当加学分。这些方法显然存在一定的弊端，其只解决了运动员毕业的问题，而没真正解决运动员的学业问题。

由于高水平运动员缺少在体育相关方面的专业选择，多数高水平运动员没有相应的文化专业技能水平，不利于今后工作方面的发展。当前高校毕业生就业压力越来越大，没有足够的专业知识和专业技能就容易被社会淘汰和抛弃。

（四）CUBA 分区不平衡

CUBA 已初具规模，但仍未形成系统的竞赛管理系统。在第九届中国篮球协会工作会议中姚明主席指出中国篮球协会仍面临的问题和挑战，比如南北、东西之间发展不平衡不充分的矛盾，完善的竞赛组织管理系统则是提高竞技运动水平的重要保障。我国重点高校区域分布的不平衡造成了各个区域之间体育发展的差距，各球队实力差距过大导致赛

① 万炳军，王迪，路东升．从“学训矛盾”到“学训制度”：基于单位体制转型的视角［J］．北京体育大学学报，2016，39（12）：6-13．

区分布不均，较强的队伍分布在东南赛区与东北赛区，这样导致大多数球队在经过一年的精心备战后最终在基层赛就被淘汰出局，从而结束了该届联赛。在联赛中以“魔鬼赛区”闻名的东北赛区，囊括了北京市、天津市、河北省、黑龙江省、吉林省、辽宁省、山东省的高校，该赛区的队伍实力强劲，如北京赛区的基层赛竞争激烈程度强于某些赛区的大区赛。而中西部地区就差得很远，赛区划分导致的赛区和队伍之间实力差距过大的现象日益突出。这些情况都说明了现有的分区不平衡现象已经不能满足现阶段 CUBA 的发展需要。同时，经济、社会等因素的影响进而加大了各个区域之间体育发展的差距。

七、CUBA 男子八强队伍发展对策分析

（一）拓宽高水平篮球运动员招生渠道，增加政策供给

我国选拔优秀篮球运动员的最终目的是满足体育市场的需求，主攻方向是提高高水平篮球人才质量。一是要扩大招生的渠道，吸引学生运动员报考，教练员深入各个联赛去观看比赛并选拔队员，以便发现优秀篮球人才。在普通高校毕业生中也存在一批具有潜力且有天赋的运动员，因此运动员选拔不仅以受过系统训练为参考依据，还要求其通过系统的考前测试，以保证客观公平。这样才能给球队带来新生力量延续篮球的魅力。二是要调整招生政策，我国 CUBA 存在着明显的北强南弱的现象，同时清华大学与北京大学等名校的特殊社会地位聚集了优秀人才。我们可以学习美国 NCAA 高校招生方式，为学生运动员提供高额的奖学金，以此来均衡每所学校招收到的运动员数量。美国 NCAA 会根据学校的综合实力和对体育的投入划分三个等级比赛，其中有 351 所高校篮球队注册了一级联赛，每所学校只允许为 13 名球员发放全额奖学金。奖学金名额规定在一定程度上限制了优秀人才的招募数量，这使得高水平运动员不会集中聚集在一所学校，进而不会造成学校之间竞争的失衡。①

---

① 葛辉．美国亚利桑那州立大学高水平篮球队球员招募对我国的启示［J］．北京体育大学学报，2018，41（7）：102-110．

（二）调整教练员队伍结构，提升教练员能力水平，提升劳动力供给

CUBA 应在教练员配置方面尽快建立一套选择和聘用完备的程序，加强运动队复合型训练管理团队建设，构建符合科学训练发展要求的训练组织形式，实现以组织创新带动训练水平的提高。[①]美国 NCAA 对篮球教练员的选择和聘用有一套科学完备的程序。NCAA 篮球联赛较高的水平归功于高水平的教练员队伍。在 NCAA 的参赛球队里，教练员有 5 种类型：主教练员、毕业生教练员、助理教练员（刚刚毕业的学生留作教练员）、学生助理教练员（还未毕业的学生做助理教练员）、志愿者教练员（不接受报酬和学校薪水）。各队均实行主教练员负责制，主教练员与学校签订合同，明确训练比赛目标任务及权责，学校根据目标任务，与主教练员协商确定运动队经费预算，主教练员则负责遴选组建自己的教练员队伍。这样教练员既能在自己的专项领域内专心进行研究，与其他教练员也可以互相帮助，这为运动员竞技水平的提升提供了保障。例如美国亚利桑那州立大学男篮的教练组所有成员每天训练前都要一起开例会，综合讨论各方意见之后再确定当天的训练内容和安排。在训练中，教练员按照计划表分工明确，各司其职。例如，体能教练员主要负责力量训练、有氧运动、速度练习及训练和比赛前热身；技术教练员负责对球员进行技术细节指导；防守教练员则专司防守战术训练，或者在分组对抗中指导球员执行主教练员构思的新战术；其他助理教练员会分别负责进攻配合、防守站位等指导。另外，学生管理部门及相关院系也与运动队密切配合，保证运动员训练和学习均衡发展，学校的运动医学、康复、营养、心理等学科的科研团队力量也被充分利用，为各运动队提供科技支撑和保障服务等。

作为美国体育的重要组成部分，NCAA 聚集了大量优秀的教练员。例如杜克大学的迈克·沙舍夫斯基教练，从 1981 年起就一直在杜克大学担任教练员，他执教时富有热情，善于鼓励、启发球队，这样的专业

---

① 卢文云．迈向体育强国我国竞技体育发展面临的问题与对策［J］．沈阳体育学院学报，2020，39（2）：75-81．

程度使得杜克大学的男篮是美国近三十年来最成功的大学篮球队。我国应该聘请知名专业队教练员或退役的运动员来担当高校的专职教练员。这样可以保证运动员在训练过程中接受更加专业系统化的训练。其次各个高校应该去鼓励教练员走出去，拓宽教练员培训的渠道，以此提高他们的综合能力，可邀请国内外优秀的教练员进行讲座培训，传授经验，也可到欧美等篮球发达国家进行学习，通过实地考察、访问、交流、实习等形式以开阔眼界，丰富阅历，提高篮球运动训练实践能力。

（三）优化学训分配制度，增加供给管理

解决“学训矛盾”，既要看到其相互对立、相互排斥、相互制约的一面，也要看到其相互联结、相互转化、相互渗透、相互促进的一面，即矛盾的对立统一。[①]运动员正面对文化学习与竞技训练之间的矛盾。这个矛盾存在于不同阶段，需要得到科学合理的解决。竞技体育的发展离不开教育，美国体育的本质也归属于教育。美国大学对运动员配有特定的制度引导，比如学术同等制度。NCAA 的治理理念是将体育竞赛融入教育，规定学生运动员的招生、学业任务、学术标准及毕业要求等都与其他学生相同，学生运动员的毕业率要与全校学生一致。[②] NCAA 多元治理体制、协作治理机制及法治治理手段推进了体育和教育的结合，让运动员在接受教育的过程中学习运动技能、强身健体、培养良好的道德品质，并根据个人特点不失时机地挖掘运动潜能，促进运动员全面成长。美国大学竞技体育遵循“教体融合”的治理观念，把运动竞赛作为教育方式，保障学生的竞技能力、思想品德、学术素养协调发展，把运动能力、教育与学术水平融入了教育体系，以协调参与者的学术能力、运动体验与社会适应能力，实现了体育精神与大学精神的融合。[③]这是值得我国去借鉴的，且从 2019—2020 学年开始，NCAA 一类学校的 NCAA 收

① 闫燕．我国高校高水平运动队发展的实证研究［D］．上海：上海体育学院，2014．

② CLOTFELTER C T．Big-Time Sports in American universities［M］．Oxford：Cambridge University Press，2011：23-27．

③ 彭国强，高庆勇．美国大学竞技体育的制度治理及其特征［J］．成都体育学院学报，2020，46（4）：74-81．

入份额将与学业成绩挂钩。这在一定程度上对学生的学业起到了积极的作用。我国高校可以利用课余、节假日等时间科学地安排训练，努力做到学习和训练两不误，也可通过延长学制使运动员顺利毕业。但在重大比赛和教学活动之间有冲突的时候，学校可以合理地安排专门时间去完成教学活动，要在有效的时间内保证教学内容的丰富性、紧密性、衔接性与实用性，确保运动员按规定完成培养计划。此外，学校应鼓励高水平运动员选择体育相关类的专业，他们通过学习理论知识并用之指导实践，相对于其他非体育类专业的学生而言会更优秀、更突出，同时这也对体育学科的发展起到了积极的作用，也有利于满足今后工作方面的需求。此外，应精简训练时间，加强科学训练。以西北赛区素有“西北王”之称的太原理工大学为例，其高水平运动员单独编班，每班配备一名专职班主任，负责他们的学习管理、思想教育、日常生活等工作。另外，该校根据教育发展规律，针对高水平运动员的特点，制定并不断完善了高水平运动员的学籍、文化课学习、竞赛训练及日常生活管理等规章制度，由竞赛训练部派专人负责执行监督，全方位建立平衡的学训制度，使学生在“专业学习”和“训练比赛”这两大核心任务中做到协调发展。

（四）完善联赛体制机制，增加赛事供给

CUBA 在发展中存在着较多的不均衡因素，这既是现实，也是一种历史的必然性。因此，要想在区域体育发展不均衡的情况下，实现 CUBA 高效率发展，就必须合理利用有限资源，注意各区域间进行合理的调控和配置，从而实现我国 CUBA 体育的不断发展与进步。[①]姚明强调，在十九大精神的指引下，从“抓基础、搭平台和重服务”入手，团结一切力量，构建可持续发展的中国篮球事业新生态，共同开创中国篮球事业发展的新局面。[②]对于分区不合理的现象，可依据我国经济发展和现实条

① 李静施．区域体育协调发展视角下 CUBA 各赛区发展差异研究［J］．安徽体育科技，2019，40（6）：64－68．

② 第九届中国篮协工作会议在东莞举行［EB/OL］．（2018－02－27）［2020－09－04］．https://www.sohu.com/a/224283692_114731．

件等，对实力强、球队多的地区可以适当增加比赛的名额，对于实力较弱、竞赛条件不好的地区可以在名额上进行相应的调整，也可以在基础赛与分区赛中适当增加比赛场次，避免在比赛中出现强者越强，弱者越弱的局面。NCAA 在球队级别划分上就非常严格和科学。其通过数据统计，保证水平相当的球队被分在同一个级别；同时，其在审查和认定参赛资格、鼓励高水平学生运动员参加更高水平赛事、制定专业的赛事推广策略等方面的经验，我们也可以吸收借鉴。①

第二节　2019 年国际大体联足球世界杯技战术分析

本节通过对第一届国际大体联足球世界杯男子组全部 44 场比赛进行技战术分析，了解世界各国高校高水平队伍的技战术特点，并找出中国 3 支男队在比赛中出现的问题，提出建设性意见和建议，以期下届比赛时中国队能逐渐拉近与世界各国球队的差距，赛出更高的水平。

校园足球是近几年中国足球在发展道路上开展得比较成功的项目。当前大学生足球联赛迎来了发展的契机，全国高校足球高水平运动有着良好的发展前途，衡量一个国家足球水平的高低，很大程度体现在青少年和校园足球的水平上。②国际大体联足球世界杯是体现全世界各国高校足球发展水平的一个平台，更是当前中国校园足球发展的一个很好的平台。从过去的中国大学生足球联赛带来的各种效益来看，中国大学生足球联赛取得了成功，也证明了大学生足球联赛的发展方向是正确的。中国大学生足球联赛的健康发展对于发展大学生体

① 姚勤毅．CUBA 会像 NCAA 那么火吗［N］．解放日报，2015-11-15（3）．

② 李卫东，刘艳明，李溯，等．校园足球发展的问题审视及优化路径［J］．上海体育学院学报，2019，43（5）：19-23．

育运动，塑造当代大学生的形象以至于中国足球事业的发展都具有重要的意义。[①]

国际大体联足球世界杯创办于 2017 年，是国际大学生体育联合会重点打造的一项专属于全球大学生的顶级足球赛事，2019 年 11 月至 12 月在中国晋江举行，来自 5 大洲的 16 支男队、8 支女队齐聚一堂。作为东道主，本届大赛中国派出 3 支男队（北京理工大学队、太原理工大学队、河海大学队）和 2 支女队（北京师范大学队和东华大学队）参赛。高水平的比赛需要高水平的运动员参与，高水平运动员需要在长期高水平训练中成才，从参赛的大学生球队来看，其大多数为来自巴西、意大利、乌拉圭、克罗地亚等传统的足球强国。中国参赛的 3 支男队是通过亚洲大学生足球联赛选拔出来的，这 3 支男队是中国大学生足球联赛最高水平的代表。本届赛事中各球队都展现了较高的训练水平，大学生足球虽然技战术比较单一，但各球队战术执行到位，体现了大学生足球运动的特点。不同国家的足球理念、风格都是有差别的。西班牙、克罗地亚、意大利球队多采用小范围传导球，注重脚下的技术特点；乌拉圭、巴西球队展现出典型的南美足球风格，个人能力突出，根据适合本队队员的能力来制定比赛战术；韩国、澳大利亚、中国球队则战术简洁、风格硬朗、整体性强。如今的高水平比赛没有良好的整体基础，很难有局部的精彩，球队高质量训练的效果，源于高水平运动员和教练员的有机结合，再加上有能力的教练员的指导，无论是个人的优势，还是集体的配合，都是锦上添花。

本节选择国际大体联足球世界杯的比赛进行技战术分析的原因主要有两个：一是通过比赛了解世界各国高校高水平足球运动队的发展概况；二是通过技战术分析，找到中国球队与其他国家球队的差距，为下一届国际大体联足球世界杯参赛的中国球队提供参考依据，争取在下一届比赛中拉近与世界其他国家球队的差距。

---

① 高原．俄罗斯世界杯对我国校园足球的影响与思考［J］．运动，2018（16）：6-9．

一、2019年国际大体联足球世界杯技战术指标的确定

笔者观看了2019年国际大体联足球世界杯男子组比赛的44场录像，并记录重要数据指标，为技战术分析提供信息。相关指标包括传球、传中、射门、射正、角球、任意球、解围、犯规、被犯规、红黄牌等基本技战术数据（表4–8）。

表4–8 足球技战术指标及其内涵一览表

序号	指标	定义
1	传球	同队运动员之间有意识的传球
2	传中	从两侧区域把球传到对手门前
3	射门	用身体的任何合法部位试图得分的射门（包括得分和射失）
4	射正	球在射向球门柱间及横梁下时被守门员、队员、球门柱及横梁挡住并弹回场内
5	角球	守方队员将球整体由地面或空中踢或触及出本方球门外的球门线时，由对方队员踢角球
6	解围	当防守面临压力时，将球踢出危险区域
7	抢断	使用身体的合理部位将对手的控球权夺过来或破坏
8	扑救	守门员做出托、扑等动作不使球进门得分的防守技术
9	犯规	所有被判罚的行为
10	黄牌	犯规的程度恶劣或非体育行为
11	红牌	严重犯规或暴力行为
12	越位	参照国际足联裁判手册定义

二、2019年国际大体联足球世界杯进攻技战术分析

表4–9 国际大体联足球世界杯进球、射门、进球率统计一览表

排名	代表院校	进球数/个	射门数/次	进球率/%
1	共和国大学（乌拉圭）	10	70	14.29
2	伍伦贡大学（澳大利亚）	10	74	13.51
3	明知大学（韩国）	9	61	14.75

续表

排名	代表院校	进球数/个	射门数/次	进球率/%
4	墨西哥自治大学（墨西哥）	7	40	17.50
5	曼谷吞武里大学（泰国）	11	50	22.00
6	斯摩棱克国立体育与旅游学院（俄罗斯）	8	38	21.05
7	保利斯塔大学（巴西）	11	58	18.97
8	马拉加大学（西班牙）	7	63	11.11
9	马克西米利安大学（德国）	12	54	22.22
10	基辅保利斯格林琴科大学（乌克兰）	9	35	25.71
11	斯普利特大学（克罗地亚）	8	44	18.18
12	北京理工大学（中国）	1	29	3.45
13	河海大学（中国）	6	29	20.69
14	国际语言与媒体大学（意大利）	1	10	10.00
15	科特贝都市大学（埃塞俄比亚）	6	51	11.76
16	太原理工大学（中国）	3	19	15.79
平均数±标准差		7.44±3.28	45.31±18.15	16.31±5.64

（一）射门与进球技术分析

射门进球是足球比赛胜负的关键，射门进球受诸多因素的影响，在射门的过程中把握机会能力的好坏直接影响球队的比赛成绩。[①]在 2019 年国际大体联足球世界杯男子组 44 场比赛中共有 119 个进球，总共射门次数为 725 次，场均进球 1.34 个。本届比赛进球最多的球员是来自伍伦贡大学（澳大利亚）的马库斯 • 比蒂（Marcus Beatie），他一个人打进了 6 个球。进球最多的场次的比分是 9 个进球，包括 5 个点球，创造了本届比赛的最多进球纪录。本届比赛所有球队一共打进了 18 个点球，没有出现乌龙球。

由表 4–9 可见，2019 年国际大体联足球世界杯的比赛中，射门总数最多的是伍伦贡大学（澳大利亚）代表队，共 74 次，其后的排名依次是

① 康金明，张廷安．第 20 届足球世界杯攻防技战术核心指标分析［J］．北京体育大学学报，2016，39（4）：141–145．

共和国大学（乌拉圭）、马拉加大学（西班牙）、明知大学（韩国）等，射门总数呈现递减趋势。排名前五的球队场均进球都在 1.5 个以上，进球数和射门次数与排名有直接关系。

从进球、射门、进球率可以看到我国的 3 支代表队一共打进了 10 个进球，场均进球数和射门次数均比其他球队少，在创造机会和把握机会上明显低于其他球队。这 3 项指标代表着一支球队进攻技战术的执行情况，更多的射门次数会增加进球概率。从射门次数来看，我国的 3 支球队分别为 29 次、29 次、19 次，3 支球队的射门次数均低于平均值，可见我国 3 支球队在进球技战术的执行上明显低于其他球队。然而，进攻是球队赢球的关键，整场比赛没有有效的组织进攻，会使球队在整场比赛中都处于被动状态。

北京理工大学在中国大学生足球联赛中多次获得全国冠军，也在参加本届大学生足球世界杯的 3 支中国球队中综合实力排名第一，笔者通过观看比赛视频录像可以看到，北京理工大学的技战术安排更趋向于防守，从 3 支球队的进球数上看，北京理工大学 5 场比赛仅仅打进了一颗进球，但是北京理工大学的排名在中国队中靠前，小组赛中唯一一场平局就出自北京理工大学，显然北京理工大学的技战术布置还是取得了一定成效。河海大学和北京理工大学的射门数是一样的，河海大学却在同样 5 场比赛的情况下打进了 6 个球，这种情况出现的原因是对手的能力不一样。太原理工大学 5 场比赛的射门数为 19 次，仅高于意大利国际语言与媒体大学。通过这些项指标可以看到中国 3 支球队与国外强队的差距。

（二）控球率与定位球技术分析

表 4-10　国际大体联足球世界杯控球率与定位球统计一览表

排名	代表院校	越位/次	角球/个	任意球/个	控球率/%
1	共和国大学（乌拉圭）	8	21	63	40
2	伍伦贡大学（澳大利亚）	4	34	42	59
3	明知大学（韩国）	4	33	40	57

续表

排名	代表院校	越位/次	角球/个	任意球/个	控球率/%
4	墨西哥自治大学（墨西哥）	5	15	47	47
5	曼谷吞武里大学（泰国）	9	23	29	50
6	斯摩棱克国立体育与旅游学院（俄罗斯）	4	16	15	53
7	保利斯塔大学（巴西）	9	23	29	50
8	马拉加大学（西班牙）	2	33	41	50
9	马克西米利安大学（德国）	11	19	33	50
10	基辅保利斯格林琴科大学（乌克兰）	1	17	20	60
11	斯普利特大学（克罗地亚）	5	22	49	44
12	北京理工大学（中国）	2	18	29	54
13	河海大学（中国）	4	19	40	61
14	国际语言与媒体大学（意大利）	10	7	38	29
15	科特贝都市大学（埃塞俄比亚）	7	16	22	46
16	太原理工大学（中国）	4	4	45	43
平均数±标准差		5.56±3.05	20±8.38	36.38±12.23	49

在足球比赛中，定位球是一种非常有效的破门手段，尤其在无法打破僵局的情况下，往往一次成功的定位球进攻就能改变比赛走势。角球、任意球、点球，甚至是靠近球门的大力手抛球都可以成为进球的方式。[①]通过技术统计我们可以清楚地发现，获得任意球较多的球队，如共和国大学（乌拉圭）、伍伦贡大学（澳大利亚）、明知大学（韩国）等球队，任意球的数量都高于平均数，并且在射门数及进球数方面名列前茅，说明这些球队在进攻中有效地利用了任意球这一手段，并且在前场定位球的利用方面做得较好，能够运用任意球进攻威胁到对手的球门，甚至转化成进球。而来自中国的两支球队河海大学和太原理工大学，虽然在任意球这一项上比较靠前，但是在进球数以及射门数方面靠后，参考球队

① 曲晨，李伟，齐琳玉．第 19、20、21 届世界杯足球比赛定位球的有效运用及其对我国足球定位球训练的启示［J］．南京体育学院学报，2018，1（12）：54–59．

最终排名和实力，可以发现，这些球队的任意球可能多位于中后场，对球门的直接威胁较小，甚至有一些是对手的强势逼抢下产生的犯规，而不是主动进攻造成的对手犯规。从角球的数量上看，高于平均数的球队在进球数和总射门数上处于前列，角球的获得可以看作是进攻积极性的一种转化，更有侵略性的进攻、更积极的跑动才能带来更多的角球机会，才有可能获得破门的机会。

控球率是一支球队对场面局势控制的最有力的证据，将球控制在自己的脚下，才能不断发起进攻。从各支球队的场均控球率来看，差别并不是特别大，这说明一方面，在大学生这个年龄层面，技术动作的差别还在可控范围之内，并不是决定性因素；另一方面，控球率与球队的技战术打法有关，取得最后冠军的乌拉圭共和国大学的控球率明显低于平均控球率，但是该队在进球数、射门数、任意球数等方面的排名都非常靠前，因此可以推断出该队的战术偏向于防守反击，在场面不失势的情况下能够有效控球。而控球率最高的河海大学在进球数、射门数、任意球数等方面都处于中下游，因此，该队在技战术打法上可能更注重控球，将场面稳住，这样一来无可避免地会由于后场倒脚带来的无效控球率，对进攻而言意义不是很大。

中国这 3 支球队在越位、角球、任意球、控球率指标上的差异比较大。北京理工大学越位、角球这两项指标都低于平均水平，任意球、控球率都高于平均水平。北京理工大学在控球率上高于很多球队，在观看北京理工大学比赛录像的过程中可以发现，该队球员的控球和传导球能力不低于其他任何一支球队，充足的控球时间也为球队制造了很多定位球机会。河海大学在控球率上更是高居所有球队之首，就连一向以控球为主的亚军澳大利亚伍伦贡大学的控球率都低于河海大学，在不断控球的情况下对手只能用犯规来阻止，控球率的优势让河海大学获得了很多任意球的机会。太原理工大学的控球率低于平均水平，但是太原理工大学制造了不错的任意球数量，并且任意球数量在 3 支中国球队之首。在这四项指标上 3 支中国球队体现出来的水平和世界强队之间的差距不大，甚至某些项还高于某些球队，这从更深层次显示出这些在进攻时间接得分的指标不能像进球数和射门数能直接影响比赛成绩和排名情况。

三、2019 年国际大体联足球世界杯防守技战术分析

（一）犯规与被犯规分析

在足球比赛中，成绩一方面取决于自身、对手的发挥情况；另一方面赛事的评判标准也是影响比赛成绩的重要因素，犯规行为的出现通常是由于运动员体能下降、注意力不集中或者是场上战术的需要，在一定程度上能够反映出双方的比赛形势。①由表 4–11 可知，2019 年国际大体联足球世界杯中参加比赛的 16 支队伍的平均犯规次数为 36.19 次，平均被犯规次数为 36.25 次。墨西哥自治大学 6 场比赛一共犯规 56 次，由此可以看出墨西哥自治大学球员的防守压力比较大，而且动作的幅度也比较大，在比赛中只能依靠犯规来阻止对方进攻。乌拉圭共和国大学 6 场比赛的犯规次数为 35 次，而被犯规次数为 71 次，乌拉圭共和国大学是所有球队中被犯规的次数最多的球队，由此可以看出乌拉圭共和国大学队的战术比较复杂，球员的技战术水平要高于其他球队，一些球队就只能依靠犯规来阻止他们的进攻。

表 4–11　国际大体联足球世界杯犯规与被犯规统计一览表

单位：次

排名	代表院校	犯规	被犯规
1	共和国大学（乌拉圭）	35	71
2	伍伦贡大学（澳大利亚）	43	45
3	明知大学（韩国）	32	52
4	墨西哥自治大学（墨西哥）	56	47
5	曼谷吞武里大学（泰国）	37	31

① 郑芒，许良国，黄剑，等. 对足球犯规与不正当行为判罚的研究［J］. 上海体育学院学报，2000（S1）：17–19.

续表

排名	代表院校	犯规	被犯规
6	斯摩棱克国立体育与旅游学院（俄罗斯）	36	20
7	保利斯塔大学（巴西）	29	28
8	马拉加大学（西班牙）	40	39
9	马克西米利安大学（德国）	19	33
10	基辅保利斯格林琴科大学（乌克兰）	31	22
11	斯普利特大学（克罗地亚）	53	45
12	北京理工大学（中国）	31	29
13	河海大学（中国）	37	42
14	国际语言与媒体大学（意大利）	32	36
15	科特贝都市大学（埃塞俄比亚）	33	16
16	太原理工大学（中国）	35	24
平均数±标准差		36.19±8.89	36.25±14.03

中国3支球队的犯规次数和被犯规次数除了河海大学外都处于平均水平以下，这表明我国球队的战术水平比较单一，且在防守中的动作幅度也比较小，面对其他国家的高水平运动队，在身体条件上是不占优势的，这反映出中国球队在防守技战术的安排上采用了更多合理的防守动作。河海大学的控球率在所有球队之上，其他球队在与其比赛中只能采用更大的防守动作来阻止他们传球，这就增加了河海大学的被犯规次数，河海大学的犯规次数也高于其他两支中国球队，在防守的积极程度上比北京理工大学和太原理工大学强。北京理工大学在比赛中技术动作交代情况很清楚，在攻防两端都展现出来了。足球比赛中踢得有侵略性是很重要的，北京理工大学在控制犯规和被犯规上做得很好，但是缺少侵略性的进攻和防守不会给球队带来胜利。太原理工大学在防守中的压力很大，犯规的次数趋近平均值，失去防守位置的防守只能依靠犯规来弥补。进攻端没有制造机会的能力，给对手造成不了威胁，所以被犯规的次数很少。

（二）黄牌与红牌分析

表 4-12　国际大体联足球世界杯黄牌与红牌统计一览表

单位：张

排名	代表院校	黄牌	红牌
1	共和国大学（乌拉圭）	9	0
2	伍伦贡大学（澳大利亚）	8	0
3	明知大学（韩国）	7	2
4	墨西哥自治大学（墨西哥）	14	1
5	曼谷吞武里大学（泰国）	12	0
6	斯摩棱克国立体育与旅游学院（俄罗斯）	11	1
7	保利斯塔大学（巴西）	18	1
8	马拉加大学（西班牙）	13	0
9	马克西米利安大学（德国）	5	1
10	基辅保利斯格林琴科大学（乌克兰）	10	0
11	斯普利特大学（克罗地亚）	16	0
12	北京理工大学（中国）	9	0
13	河海大学（中国）	10	1
14	国际语言与媒体大学（意大利）	6	1
15	科特贝都市大学（埃塞俄比亚）	8	0
16	太原理工大学（中国）	9	0
平均数±标准差		10.31±3.55	0.5±0.63

足球比赛中黄牌表示犯规的程度恶劣或非体育行为，红牌代表严重犯规或暴力行为。[①]由表 4-12 可知，2019 年国际大体联足球世界杯共产生了 8 张红牌，165 张黄牌。得到黄牌数量最多的是巴西的保利斯塔大学，6 场比赛一共得到 18 张黄牌，1 张红牌。这表明巴西的保利斯塔大学在场上的防守压力比较大，另外也可以看出巴西的保利斯塔大学的球员技术比较粗糙、战术简单。红黄牌的出现首先说明裁判进行了有效的执法，并严格限定了执法的尺度，以保证比赛的流畅性。学生球员比职业运动员在比赛中的动作幅度要轻一些，文明程度高一些。从整体来看，

① 赵元罡．第 19、20 届世界杯足球赛红黄牌判罚的对比研究［J］．辽宁体育科技，2016，38（3）：79-83．

红黄牌的多少和球队的排名呈现反比例的趋势，排名靠前的球队由于其技战术素养高，球队整体水平高，在防守方面相对压力较小，得到红黄牌的概率也比较低。排名靠后的球队，由于进攻能力不足，随之而来的是防守压力增大和防守方面的缺漏，造成红黄牌的递增，这和球队风格、防守能力及进攻方面的水平有很大的关系。

中国 3 支球队累计的红黄牌数均趋近平均值，中国球队的文明程度和控制动作幅度上做得比较不错，这一项指标代表着各球队的风格和在防守上的侵略性，中国 3 支球队多年来只参加过一些校园足球的比赛，不像职业联赛，校园足球的特点是比赛攻防转换节奏慢、身体对抗低，这让中国球队习惯了这样的比赛特点。其他国家球队在比赛中展示出来的防守积极性和侵略性明显高于中国的 3 支球队，这也是中国 3 支球队成绩不理想的一个因素。

四、2019 年参加国际大体联足球世界杯的中国球队存在的问题分析

（一）中国 3 支球队的成绩不尽如人意

本届男子比赛我国派出 3 支队伍参加，分别为北京理工大学（男）、河海大学（男）、太原理工大学（男）。他们代表着我国最高水平的大学生球队。

中国 3 支男子足球代表队在小组赛中一共比赛了 9 场，成绩为八负一平，北京理工大学获得了一场平局，河海大学和太原理工大学 6 场均负于对手，9 场比赛仅太原理工大学打进一球，三支球队都无缘八强。从 9 场比赛的数据及结果中，我们可以看到我国球队与世界各国球队之间的水平差距，最终在排名赛中北京理工大学排名 12，河海大学排名 13，太原理工大学排名 16。

（二）中国 3 支球队进攻中局部和整体组织能力较弱、变化较少、战术单一

中国 3 支球队局部和整体组织能力比较弱，中、前场的组织进攻能力较弱尤为突出，在中场向前场过渡球时，球总是在一侧组织进攻，另一侧

球员习惯性地原地等球，无法发挥球队的整体力量和优势，球员太注重自身能力，所以局部和整体进攻不流畅，没有合理有威胁的进攻选择。中国3支球队在进攻组织问题上都暴露出同样的问题，进攻发起点过于单一，能组织进攻的球员能力有限，不能准确地将球传到最具威胁的球员脚下。中国3支球队一共打进了10记进球，排名最高的北京理工大学仅进了一个球，这说明北京理工大学是明显的守强攻弱，大部分精力都投入在防守端，在进攻上存在过于依赖明星球员的问题。太原理工大学是小组赛中唯一打进一记进球的中国球队，太原理工大学在局部和整体组织上出现了问题。

此外，中国3支球队在比赛中还表现出进攻变化较少、进攻战术单一，中路的进攻比较多，边路的进攻较少，长传进攻多，短传配合和后场插上进攻少，战术打法单一，缺乏相应的战术变化的特点。由于中国3支球队队员的能力差距比较大，教练员在布置技战术上就出现了组织进攻的过程过于依赖局部进攻，有能力的球员被对方球员“特殊照顾”，单一的进攻战术很快就会被针对，无法快速调整，阅读比赛能力较差，找不到对手防守的弱点。

（三）中国三支球队高强度对抗下传接球失误多

传接球失误是比赛进攻失败的主要原因，从临场比赛的观察来看，本届比赛中造成进攻失败的主要原因仍是传接控技术的大量失误。比赛仍暴露出中国3支球队在对抗条件下的传接球技术和对抗条件下接球与护球的能力差的特点。

中国3支球队在中国大学生足球联赛中都是实力最强的队伍，由于习惯了CUFA比赛的身体强度，与世界大学生比赛时，身体对抗强度的提高，导致中国球员技术动作变形明显，失误增加，对于对手的冲击不占任何优势。和国外大学生球员相比，我国大学生球员基本技术不过关，就连最基本的传接球都出现失误，直接影响在进攻中的威胁。

（四）中国球队整体和局部防守层次不明显

中国3支球队在整体防守和局部防守上层次不够明显，运动员之间的沟通存在问题，整体防守时位置选择不恰当，对手总能轻易地在有威胁的地方拿到球，失去防守位置后，乙方运动员的局部防守出现混乱。对方球员几次有威胁的试探后就可以轻松地撕开乙方球队的防线。

中国3支球队在比赛中大部分时间都在防守，因此在防守中暴露出的问题一目了然。北京理工大学整体防守是三支球队中做得最好的，被对手进球也是最少的，然而，通过视频录像可以看到，其在防守对手禁区外远射这一点上没有完成教练员布置的战术，多次让对手在这一区域完成远射，这一点也是所有中国球队做得不好的地方。局部防守时总让对手完成二过一、三过二的情况，参与局部防守的队员不够默契，总想出脚去抢对手球，导致对手轻松完成过人配合。

（五）中国3支球队中球员个人防守位置选择不当、抢截时机不当、身材差距明显

球员在防守中普遍会出现位置选择不当、抢截球时出脚时机不正确、容易为假动作所欺骗。此外，球员在防守中最主要的问题还有身体处于明显劣势，不会合理地运用防守动作，拼抢的积极性不够，适应了CUFA的比赛节奏之后，与世界大学生比赛时没有更快地进行调整。

通过视频录像可以看到中国大学生球员和世界大学球员相比在身材上也有明显差距，在比赛中经常会出现一对一的情况，一对一防守时中国大学生球员多采用的防守方式是限制对手的前进路线，从而忽略了对手的出球路线，出现了太多局部多打少的情况。我国大学生球员在后场抢断后多采用的方式是大脚解围，得到球权的瞬间又将球权还给了对手，抢断后护球和组织反击的能力很差，由于个人能力有限，教练员在布置防守战术时只能采用这种大脚解围的方式。

五、对我国校园足球发展的思考

（一）提升中国高校足球高水平运动队技战术能力

各场比赛都值得我们好好学习，可以把每支大学生球队当成一面镜子，尤其是几支亚洲大学生足球队，例如，韩国明知大学队、泰国曼谷吞武里大学队，从对照中发现不足，找到差距；通过对比赛进行研究发现问题及差距，在以后的训练中找到突破点，制定适合大学生运动员的

训练模式，更快地提升大学生运动员技战术能力；深刻解读国际大学生足球世界杯，研究各国大学生运动员在场上的表现，找到努力方向。

（二）校园足球竞赛及训练需专业化

在我国校园足球未来发展的过程中无论是比赛、训练，还是校园活动都应该要求专业化，让更多参与足球学习和足球训练的孩子都能通过比赛来提高运动兴趣，各地区、学校间应增加比赛的组织频率。训练、比赛不仅仅是对学生学习足球好坏的评定，更是通过校园足球对文化进行交流。从竞赛中也可以发现一些运动能力突出的学生，通过竞赛选拔的方式解决特色足球学校对口升学难的人才培养方式，为中国足球提供后备力量。

（三）丰富形式，扩大校园足球影响力

校园足球文化是校园足球发展的本质和灵魂，在未来校园足球发展的过程中校园足球特色学校应加大校园足球文化的宣传，让文化激发孩子参与运动的热情。校园足球是我国学校体育改革的先行者，学校体育改革主要是体育课的改革，丰富足球课的形式和内容，让学生、家长、学校领导进一步领会校园足球的内涵。校领导应将校园足球文化建设纳入校园文化建设中，家长要将足球融入学生的日常生活，加强校内、校外的交流联动，真正使每一个孩子感受足球给他们带来的快乐。

小　结

普通高校参加的高水平竞赛及在比赛中的表现和成绩，表明其发展的程度。本章选取参加第 21 届 CUBA 男子前八强篮球队和参加国际大体联足球世界杯的队伍尤其是中国的 3 支足球队为案例，分析其建队的基本要素，找出其发展优势和不足，为我国普通高校竞技体育中“精英运动队”的发展提供意见和建议。

第五章 奥林匹克教育的内涵及中国实践

经过一个多世纪的发展，奥林匹克运动已经成为人类历史上规模最大、影响力最广的体育文化现象。奥林匹克运动就像巨大的多棱镜折射出一个色彩缤纷的奇特世界，将大千世界的经济、政治、文化、外交、体育、艺术等诸多要素融为一体，为人类的进步做出了突出贡献，成为人类文明史上的一大奇观。自20世纪后期以来，进入加速发展阶段的奥林匹克运动在迎来其前所未有的辉煌的同时，也陷入了前所未有的危机。顾拜旦等先贤艰苦创业，殚精竭虑开启的皇皇大业在21世纪当如何发展？奥林匹克运动当如何与时俱进，自我更新，从而继续为人类社会服务？这是国际奥委会、奥林匹克运动相关各方和一切关爱奥林匹克运动的人在苦苦思索的问题。由于奥运涉及盘根错节的多种因素，错综复杂的利益关系，人们见仁见智，观点各异。其实，透过杂乱繁复的表象，一条贯穿奥林匹克运动全过程的发展脉络清晰可见，这就是教育。教育不仅是以顾拜旦为代表的现代奥林匹克运动创始人发起这一宏大社会运动的初衷，也是奥运之舟百年风雨的航向标。奥林匹克思想体系的构建、内容的选择、组织的设立、标识的设计、仪式的出台，无一不与教育有关。正如萨马兰奇所言，离开了教育，奥运不可能实现其崇高的目标。可见，奥林匹克运动是典型的“竞技+教育”。

高校竞技体育以学生的全面发展为主要目标，旨在提升学生运动员的竞技水平，为国家高水平竞技比赛输送优秀后备人才，并承担着活跃校园文化，促进学生健康发展的重要使命。高校竞技体育是典型的“教育+竞技”。王家宏教授认为在“体教融合”的举措中应考虑将其与奥林匹克教育相融合。高校竞技体育的发展尤其要实现“体教融合”，奥林匹克教育是不可或缺的一个组成部分，应借鉴奥运教育的成功经验，促进高校竞技体育升级转换。

第一节 奥林匹克教育概念解析

在对国内外有关专家学者关于奥林匹克教育的定义进行梳理的基础上，笔者对奥林匹克教育做了新的表述：根据国际社会的需要，以体育运动为基本载体，以本土环境为条件，传播奥林匹克理念，以促进人的全面协调发展，促进社会和谐与世界和平为目的的教育活动。本节将进一步辨析奥林匹克教育与相近领域的关系，探索奥林匹克教育在奥林匹克运动中的重要地位。这不仅对奥林匹克改革具有重要的现实意义，而且可为我国正在进行的学校体育改革提供资料。

目前奥林匹克运动已经发展成为人类历史上规模最大、影响范围最广的体育文化现象。然而，自 20 世纪后期以来，进入加速发展阶段的奥林匹克运动在迎来其前所未有的辉煌时刻的同时，也陷入了前所未有的危机。1998 年盐湖城申办丑闻举世震惊，一场深刻的奥林匹克改革由此拉开帷幕。

本节探索奥林匹克教育的本质，并从教育的视角审视奥林匹克运动，这不仅对奥林匹克改革具有重要的现实意义，而且对我国奥林匹克教育的组织实施具有较好的指导意义。

一、奥林匹克教育的相关概念

从概念界定的角度来看，奥林匹克教育涉及“奥林匹克运动”“奥林匹克主义”“奥林匹克宗旨”“奥林匹克精神”等基本概念。

奥林匹克运动是在奥林匹克主义指导下，以体育运动和四年一度的奥林匹克庆典为主要活动内容，促进人的生理、心理和社会道德全面发展，增进各国人民之间的相互了解，在全世界普及奥林匹克主义，维护世界和平的国际社会运动。①

奥林匹克主义是由顾拜旦提出的一个涵盖整个奥林匹克运动理想的基本概念。在不同时期的讲话和文章中，顾拜旦对其有不同的说明，各有侧重，但这些不同的表述已概括出奥林匹克运动发展的思想方向。20世纪90年代起修订的《奥林匹克宪章》对奥林匹克主义进行了较全面的表述：奥林匹克主义是将身心和精神方面的各种品质均匀地结合起来，并使之得到提高的一种人生哲学。它将体育运动与文化和教育融为一体。奥林匹克主义所要建立的生活方式是以奋斗中所体验到的乐趣、优秀榜样的教育价值和对一般伦理基本原则的推崇为基础的。

奥林匹克宗旨在《奥林匹克宪章》中具有明确的表述：使体育运动为人的和谐发展服务，以促进一个维护人的尊严的和平社会的发展。奥林匹克宗旨是促进个人及社会向着真、善、美的方向发展，与人类社会正义事业所要实现的目标相一致，并在一定程度上满足现代国际社会的需要。它使奥林匹克运动成为国际和平事业的一个重要组成部分，从而确立了它在国际社会中的重要地位。

奥林匹克精神在《奥林匹克宪章》中没有定义性的解释，一般将“互相了解、友谊、团结和公平竞争的精神”②作为其正规定义。由于奥林匹克运动是一项国际性的运动，文化间的和种族间的差异尤其引人注目。奥林匹克精神强调要形成一种氛围：在这种氛围中，人们可以摆脱不同文化带来的偏见，以世界公民的博大胸怀了解和认识本民族、本国文化以外的事物，学会尊重他人、他国、异民族、异文化。而公平竞争是奥运会得以成功举办的基础和前提，以此来保持和加强各国运动员的团结、友谊。

奥林匹克理想（或理念）是一种更加笼统的提法。顾拜旦在1908

---

① 任海．奥林匹克运动［M］．北京：人民体育出版社，2005：1.

② 任海．奥林匹克运动［M］．北京：人民体育出版社，2005：136.

年的一次讲话中指出，奥林匹克是一个强烈展示体格文化的概念。[①]体格文化一方面建立在勇武的骑士精神之上——诸位习惯亲切地称之为“公平竞争”原则；另一方面则建立在美学原则之上，崇尚美、崇尚优雅。在后来的发展中，奥林匹克理想逐渐与奥林匹克主义、奥林匹克宗旨、奥林匹克精神等概念融为一体。

可见，无论是奥林匹克主义、奥林匹克宗旨、奥林匹克精神还是奥林匹克理想等提法都是令人憧憬的教育梦想，都可以看作奥林匹克运动目的的不同表述，而将这一梦想转化为实际行动，达到培养人的目的，则需要奥林匹克教育。

二、国内外奥林匹克教育定义的相关研究

对于什么是奥林匹克教育，许多国外专家、学者一直试图对其进行科学界定。在北京奥运会的申办、筹办和主办过程中，国内专家、学者也开始尝试性地定义奥林匹克教育。

（一）国外奥林匹克教育定义的相关研究

关于奥林匹克教育的定义，下面几个代表性人物的论述大体可以代表目前国外的基本观点和研究水平。

1. 奥林匹克教育是竞技运动教育或体育教育

作为现代奥林匹克运动的奠基者，顾拜旦在早期的作品中，多次使用“竞技运动教育”（Athletic Education）或“英式教育”（English Education）一词，目的在于强调英国的竞技体育教育。20 世纪初期，他更多地使用“体育教育学”（Sport Pedagogy）一词，只是在相关的作品中偶尔提及“奥林匹克教育”。例如，1918 年 11 月 28 日他在《洛桑日报》上发表的《奥林匹克教育书信（5）》首次提到“奥林匹克教育”。如同没有对“奥林匹克主义”进行界定一样，顾拜旦同样没有界定奥林匹克教育或竞技运动教育，而是希望奥林匹克主义和奥林匹克教育能够与

① 顾拜旦．奥林匹克理念的“受托人”［M］// 国际皮埃尔·德·顾拜旦委员会．奥林匹克主义——顾拜旦文选．刘汉全，邹丽，等译．北京：人民体育出版社，2008：75．

时俱进，并适应不同的文化背景。对此罗尔（Naul）做了较好的阐述：对于顾拜旦来说，奥运会只是外在的动力，每四年全世界的青年在奥林匹克精神的感召下展示奥林匹克教育的成果。[①]在他眼里，奥运会仅仅是青年的聚会，在这里大家公开竞争，并且记录大家取得的成绩，这些成绩是指他们完成教育任务的情况，也就是奥林匹克原则指导自身行为的情况。查阅历史著作，可以发现顾拜旦的奥林匹克教育就是体育运动与奥林匹克主义的结合体。

德国的穆勒（Muller）认为奥林匹克教育是：①身心全面和谐发展的理念；②通过追求卓越使人类获得提高的理念，不仅在体育领域而且在科学和艺术领域中同样追求卓越；③作为竞技体育活动的一部分，遵守如公平竞争、机会均等，以及愿意尊重承诺的伦理道德原则；④和平与相互理解的理念；⑤在竞技体育内部和通过竞技体育促进人类的解放。[②]该定义所强调的身心和谐发展、追求卓越、公平竞争、和平、相互理解等价值观念，继承了顾拜旦的奥林匹克主义所倡导的内容。在相关文章中，穆勒将奥林匹克教育集中于宗教运动员、国际和平教育等方面，进一步显示了与顾拜旦奥林匹克教育理念的联系。[③]但他没有局限于此，而是根据时代的要求进行了修订。例如，将顾拜旦的“骑士精神”，突出表述为“公平竞争”，并不再强调“贵族化和精英化行为”。

德国的格鲁佩（Grupe）考虑到对奥运会发展的种种批评以及 1996 年亚特兰大奥运会期间暴露的各种问题，将顾拜旦的奥林匹克理想与一百年后奥运会的现实进行了对比，提出了奥林匹克主义的核心原则。[④]在此基础上，格鲁佩将奥林匹克教育定义为：以能力、公平、团结和和平为中心的特定的运动教育，并认为奥林匹克体育教育主要是获得并且维

---

① NAUL R. Olympic education［M］. Oxford：Meyer&Meyer（uk）ltd，2008：20.

② MULLER N. Olympism and Olympic education［R］//Report on the I. O. A.'s special sessions and seminars 1998. International Olympic Academy，1998：455－463.

③ MULLER N. Olympic education［J/OL］. The sport journal，2008，11（4）［2010－10－03］. http://www.thesportjournal.org/article/olympic－education.

④ NAUL R. Olympic education［M］. Oxford：Meyer & Meyer（uk）ltd，2008：106.

持优异的运动成绩，既包括整体的运动成绩，也包括个体的运动成绩以及舞蹈等审美领域。[①]他从顾拜旦“运动员平等”的原则中引申出了“奥林匹克大众体育”。如果奥林匹克教育的目标是将“身心和谐、公平竞争、团结合作”等理念和精神广泛传播给每个人，那么这同样是学校体育的任务。学校体育将二者有机地联系起来，并将奥林匹克教育包含于学校体育之中，使之成为学校体育的一个组成部分。虽然他没有进一步阐述学校体育中奥林匹克教育的目标和任务，但他从奥林匹克主义的历史和哲学原则出发，将其发展成为学校体育的一项重要内容，并强调运动能力和运动成就的获得。

对运动能力的强调不仅仅是格鲁佩一人，还有学者认为实现奥林匹克教育目标，有两个方面至关重要：等同于“成就”的运动技能及等同于“公平竞争”与“互相尊重”的社会行为。实现这一教育目标需要遵守三个教学标准：遵照规则进行长期训练、尊重对手和举办体育节。奥林匹克教育理念是充分利用个人为获得成就而进行的奋斗及在奋斗的过程中取得的进步。其关于奥林匹克教育的认识可看作对格鲁佩观点的进一步延伸，不仅涉及学校体育中奥林匹克教育的目标，还包括实现目标的具体途径，使奥林匹克教育从奥林匹克主义的理论性教育原则发展成为学校体育中的具体行动，实现了奥林匹克教育从宏观层面向微观层面的转化。

2. 奥林匹克教育是价值观教育或更广泛的社会文化教育

宾德尔（Binder）认为奥林匹克教育首先是价值观教育，并将其与竞技体育的生活方式和日常文化活动联系起来。在国际奥委会的“奥林匹克价值教育项目（OVEP）”研究中，她将奥林匹克的价值概括为五个方面：享受奋斗的乐趣，公平竞争，尊重他人，追求卓越，身心和精神的均衡发展。[②]更重要的是，她认为奥林匹克教育不仅仅是学校或学校体育的一个组成部分，而且还应是人们日常生活和文化的一个组成部分。

---

① NAUL R. Olympic education［M］. Oxford：Meyer & Meyer（uk）ltd，2008：106.

② BINDER D L. Teaching values：An Olympic education toolkit［EB/OL］.［2020-03-04］. http://singaporeolympics.com/soa/Teaching-Values_OV-Toolkit.pdf.

麦科隆（MacAloon）认为奥林匹克教育有两种不同的含义：①奥林匹克教育是关于奥运会和奥林匹克历史的教育；②奥林匹克教育是通过奥运会进而服务于奥林匹克运动的更广泛的人文、社会和文化的教育。[①]

克劳福德（Crawford）认为，奥林匹克教育是对奥林匹克主题的理念、理想和精神的理解，并将它们运用到课堂教学及学校和社区的活动中。奥林匹克教育就像一座桥梁，将奥林匹克的主题理念和教学大纲联系在一起，并被用作令人兴奋的学习跳板。

国外专家学者对奥林匹克教育的界定，基本都以顾拜旦的奥林匹克理念和《奥林匹克宪章》的基本原则为基础，这一点保证了对奥林匹克运动认识的一致性。但是大多数欧洲专家学者认为奥林匹克教育是体育甚至是竞技教育和（或学校体育）的一个组成部分，强调体育运动在培养人的身心和谐发展方面具有重要作用，这种解释大大缩小了奥林匹克教育概念的外延。穆勒比较完整地继承了顾拜旦的奥林匹克教育理想，但其概念同样缺乏可操作性；格鲁佩等人则将奥林匹克教育仅限定在了运动教育领域。北美专家学者将奥林匹克教育的范围从体育运动领域扩展到了日常文化生活的各个方面，体现了“奥林匹克主义是一种生活哲学”的观念。宾德尔重点论述了奥林匹克教育的核心价值，但是以价值性的奥林匹克教育概念来代替其本质，是对奥林匹克教育的片面认识；麦科隆重点定义的是奥林匹克教育的内容和外延部分；克劳福德是在实践过程中对奥林匹克教育的理解和领悟，缺乏定义的规范性。

（二）国内奥林匹克教育定义的相关研究

我国与奥林匹克运动的渊源可追溯到1908年，但中华人民共和国成立后直到1984年才真正参加奥运会。从1993年第一次申办2000年奥运会开始，以申奥为契机的奥林匹克研究进入一个新阶段。2001年北京申奥成功后，奥林匹克研究更是如火如荼。奥林匹克教育的研究也逐渐进入人们的视野，并由冷转热。在此期间，国内专家学者开始尝试对奥林

---

① 麦科隆J. 更新奥林匹克教育［J］. 茹秀英，译. 体育文化导刊，2007（6）：76-78.

匹克教育进行界定。

熊斗寅认为奥林匹克教育是一种社会教育。[①]奥林匹克教育有广义和狭义之分：广义是指在一切奥林匹克活动中都包含教育因素；狭义是指课堂讲授的奥林匹克知识体系，也可以称之为奥林匹克学。其广义的概念为奥林匹克活动中的教育因素，内涵较为模糊；狭义的概念是指一门课程，即奥林匹克学。任海认为，奥林匹克教育从根本上讲，是以青少年为主要目标群体，通过体育运动传播奥林匹克价值的教育活动。[②]其概念重点论述了奥林匹克教育的主要目标群体和任务。耿申认为，奥林匹克教育主要指在奥运会举办城市及所在国家，以奥林匹克运动为载体，通过各种生动活泼的活动向青少年传授奥林匹克运动的历史、传统、文化、价值观和生活哲学，以及与举办奥运会相关的科技、环保、城市建设、国际交往等内容，以促进人的身体、心理和社会行为的全面和谐发展，促进世界和平。[③]其概念侧重于论述奥运周期主办城市及国家的奥林匹克教育。张蕾认为，奥林匹克教育是一种借助学校教育的平台，通过个体“身体力行”参与和体验式的教育和自我教育活动，将奥林匹克知识、奥林匹克理想和精神等融入学校教育和个人成长中，使个体思想和行为发生变化的教育实践活动。[④]其重点论述了学校中的奥林匹克教育，尤其是奥林匹克教育的实施方式。其他专家学者，如于素梅、裴东光等也根据研究需要对奥林匹克教育进行了操作性的界定。

国内专家学者对奥林匹克教育的理解与北美专家学者相近，基本上认为奥林匹克教育不仅包括体育而且含有智育和德育的内容。尤其经过北京奥运会中奥林匹克教育的组织实施，他们倾向于从实践层而不是从理论层来认识，将奥林匹克教育从奥林匹克主义理论性教育原则开发为一种有教育目标、教育组织机构、教育对象、教育内容的实践模式。

---

① 熊斗寅. 什么是奥林匹克教育 [J]. 中国学校体育，2007（4）：62-64.

② 任海. 奥林匹克教育与跨文化传播 [J]. 教育科学研究，2007（12）：5-7.

③ 耿申. 国际视野中的奥林匹克教育“北京模式”[J]. 教育科学研究，2007（12）：8-12.

④ 张蕾. 奥林匹克教育与中小学发展：以北京奥林匹克教育实践为视域 [D]. 北京：北京体育大学，2008.

三、奥林匹克教育的概念

上述研究表明，国内外专家学者对奥林匹克教育的界定仁者见仁、智者见智。然而，笔者认为对这一概念加以关注和研究的人对奥林匹克教育发展的时间和空间、实践经验和学术研究的积累、研究的视角等各方面尚不够丰富和完善。

（一）奥林匹克教育的定义

笔者在前人研究的基础上，认为奥林匹克教育是根据国际社会的需要，以体育运动为基本载体，以本土环境为条件，传播奥林匹克理念，以促进人的全面协调发展,促进社会和谐与世界和平为目的的教育活动。为了帮助读者更好地理解，作以下几点说明。首先，奥林匹克教育的目的是促进个体的全面发展，并在此基础上促进社会的和谐、世界的和平，这与奥林匹克主义、奥林匹克宗旨、奥林匹克精神、奥林匹克理想所涵盖的伟大追求基本一致。其次，奥林匹克教育的对象是全世界所有人，尤其是青少年，而不是某个国家或某个地区的某部分人。再次，奥林匹克教育通过多种途径、多种形式传播奥林匹克理念，弘扬奥林匹克精神，致力于将奥林匹克主义等教育理想付诸实践。其内容主要为奥林匹克运动及奥运会的历史知识教育、奥林匹克价值观教育、运动技能教育等。最后，奥林匹克教育的主要载体是体育运动，可将体育教育（包括学校体育)、竞技教育作为主阵地，但也不排除与艺术、文化相结合。

（二）奥林匹克教育的特性

第一，奥林匹克教育的普世性。奥林匹克教育是围绕人的发展这一永恒主题，试图在人类社会的三个基本关系上培养人。即针对人自己的身心关系促进人自身的和谐发展；针对人与社会的关系促进人与社会的和谐发展，进而促进国际和平；针对人与自然的关系促进人与自然的和谐发展。奥林匹克教育所传播的奥林匹克理念是超越民族、国家、种族、宗教、性别等一切社会障碍的普世价值，这些价值代表了人类的根本利益。其核心价值——卓越、友谊、尊重更是反映了人类的普遍追求。

第二，奥林匹克教育的实践性。奥林匹克教育的目的是满足国际社会的现实和未来需要。国际社会为奥林匹克教育提供资源，同时向奥林匹克教育提出要求。奥林匹克教育在与国际社会不断互动的过程中获得发展的推动力量。民族国家独立时期奥林匹克教育形成了以奥运会为基本内容的教育模式，通过公平竞争的比赛方式，使全世界青年在奥运会上相聚，以友谊、团结的精神维护世界和平，避免战争。由于历经战争灾难的人们早已厌倦了残酷而野蛮的竞争，希冀公平竞争和规范竞争，而奥运会则为人类社会构筑了一个公平和规范竞争的模式。以体育竞赛为基本手段的奥林匹克教育不仅为种族和个体的战斗热情找到了发泄的途径，而且可在一定程度上医治战争的创伤，为人们参与战后重建恢复信心和力量。第二次世界大战后，国际社会进入了冷战时期，以美国和苏联为首的东西两大阵营在各个方面展开激烈竞争，意识形态的冲突与对立更加明显。奥林匹克教育通过在全世界范围内传播奥林匹克主义，宣扬团结、友谊、合作的奥林匹克精神，有力地消解了两极对立格局中意识形态的冲突。但在这个时期，由于国际社会的基本格局呈现对立与紧张的冲突状态，奥林匹克教育主要发挥的是避免战争冲突，使整个社会处于相安无事的消极和平功能。冷战结束后，随着经济的国际化、跨国化，国际社会进入经济全球化的发展阶段，世界各地在政治、文化、科技、军事、生活方式和价值观念等多层次、多领域的相互联系发展极为迅速。经济全球化将世界各国越来越密切地结合在一起，使它们休戚相关、患难与共。人类社会到了既需要考虑民族国家利益又需要考虑人类整体利益的时代，这个时代要求具有全球视野、国际胸怀的世界公民。奥林匹克教育通过培养有道德的世界公民，使世界各国人民向着奥林匹克理想前进。

第三，以体育运动为基本手段的独特性。奥林匹克教育以体育运动为基本手段，体育运动以主客体同一的方式，作用于人的身体。由于身体是人类个体生存与发展的物质基础，奥林匹克教育以体育运动为基本手段，不仅抓住了人的发展的基本点，而且找到了人的发展的共同点，使其在实践层次上有所依托。

第四，优秀运动员的示范性和影响力。奥林匹克教育是围绕奥运会展开的。奥运会期间世界各国人民都将聚焦于此，奥运冠军以精湛的技术、高尚的人格、顽强的毅力、拼搏的精神成为人们学习的榜样和崇拜的偶像，进而带动、激励人们参与体育运动，并在此过程中接受良好的教育。

第五，奥林匹克教育的本土性。虽然奥林匹克教育立足于国际视野在全球平台上展开，但它是在特定的时间和空间内组织实施的，这个特定的时间和空间构成了奥林匹克教育的本土环境。奥运会每四年举行一次，在世界各个城市轮流举办，常办常新，随之而来的奥林匹克教育也在各地开花结果。国际奥林匹克学院及奥运会主办城市的学校奥林匹克教育计划也是在具体环境中进行的。组织实施奥林匹克教育的城市及国家由于政治制度、经济发展水平、文化传统、教育制度等方面的不同，为奥林匹克教育提供的资源也有所不同。而受教育者受其民族文化的影响对奥林匹克教育的理解和诠释也不尽相同。可见，奥林匹克教育既要传播奥林匹克运动的普世价值，也要探讨在本民族、本国家如何以及以何种程度扎根的问题。正如巴西达科斯塔（Lamartine P. DaCosta）所认为的：奥林匹克主义的价值观念和每个原生文化代码间的挑战是共存的。①这些文化被嵌入了他们自主的、特定的观念。

四、奥林匹克教育与相近领域的关系辨析

奥林匹克教育与奥运会、各国教育、体育教育等概念之间存在着难以割舍的联系，有必要进行深入分析。

（一）奥林匹克教育与奥运会

奥林匹克教育最初的形式是奥运会。奥运会既是奥林匹克教育的主要形式，又是其发展演变的主要推动力量。奥运会作为教育的工具既有其他教育手段难以企及的优势，也有不容忽视的缺陷。

奥运会作为教育工具的优势包括以下几方面。

---

① DaCosta L P．Olympic education：towards multiculturalism［C］．奥林匹克教育国际论坛资料汇编，2005：28-32．

第一，周期性出现，可保持教育的延续性。奥运会每四年举办一届，以奥林匹亚德计算届次，有规律地相继举行可使奥林匹克教育持续下去。

第二，体育运动本身对人的教育价值。首先，体育运动以人自身为目的，是否参加活动，参加什么活动完全取决于活动者的志愿。活动者在此过程中可充分发挥主体意识。其次，体育运动不仅可以使人改善身体形态，提高身体机能，增强体质，增进健康，而且能够培养人的毅力和意志，增强克服困难的勇气和决心。再次，体育运动有助于开发人的潜能，增强人的自信心。一个人的发展程度取决于他的能力，人的潜能只有在遇到真正挑战的时候才能激发出来。而能力的提高，可有效地增强人的自信心。最后，体育运动是一种国际化的身体语言，无须翻译和解释，人们可自由交流。

第三，有吸引力，特别是对青少年有吸引力。奥运会是世界一流选手进行比赛的赛事，项目多样，竞争激烈，技术动作向难、美发展，跌宕起伏的悬念对人们，尤其是青少年具有很大的吸引力。因为这正好契合了他们热情好动，不服输的天性。另外，奥运仪式的恢宏庄严、精彩凝重也会引起人们的好奇心，增加人们的关注度。

第四，为参赛者提供面对面交流的机会。奥运会为来自世界各地的参赛选手搭建了相互交流的平台。在奥运会举办期间，他们不仅在赛场上针锋相对、激烈竞争，而且在赛场下相互交流、相互了解、建立友谊、减少偏见、消除误解，进而相互鼓励、相互帮助。

第五，社会关注、媒体关注，易树立榜样，形成示范效应。奥运会上不仅全世界 200 多个国家和地区的一万多名运动员、数万名观众聚集在一起，而且世界各大传媒集团蜂拥而至，新闻大军云集。新闻媒体以最快的速度将与奥运会有关的各种信息在顷刻间传遍世界各个角落。其中优秀选手奋力拼搏、超越对手、超越自我的精神及持之以恒、刻苦训练、可歌可泣的事迹在新闻媒体的作用下极具感染力和影响力。因此，奥运会这一教育形式容易树立榜样，优秀奥运选手具有较强的典型性和示范性。

奥运会作为教育工具的局限性包括以下几方面。

第一，奥运会的易感性，易为其他社会力量所左右，其所处的国际社会环境更如此。奥运会和其他国际活动一样，要求有进行国际活动的条件。国际政治、经济环境复杂多变，在为奥运会提供资源的同时，也通过多种方式对奥运会进行干预，使其教育功能难以发挥。

第二，奥运会的容纳有限。举办奥运会需要大量的人力、财力、物力、时间、信息资源，工程巨大且繁杂，使其直接教育对象被限定在一定的数量和范围内，与教育全人类的目标相距甚远。

第三，体育运动本身有一定的局限性。首先，体育运动尤其是对抗性的体育运动，有可能激发人的生物本能中潜在的攻击性、侵略性特征。体育运动中许多攻击、暴力事件便与此有关。其次，体育运动有可能引起社会达尔文主义和种族主义。体育运动的重要特征是竞争，有竞争就有输赢，有较量就有强弱。这些差别如果处理不当，就可能成为社会达尔文主义所谓“优胜劣汰”的口实，为种族主义者引为根据。最后，身体语言的表达具有局限性，在不同的文化中，同一身体语言的含义可能不同，容易引起误解和冲突。

第四，运动会的间歇性使教育也呈现出间歇式的持续状态。奥运会每四年举办一次，持续时间仅为 16 天，间隔较长，在一定程度上减弱了教育的效果和效率。

随着奥运会的快速发展，奥运会作为教育工具的不足逐渐显现。国际奥林匹克学院、学校奥林匹克教育计划等非奥运会形式的奥林匹克教育相继出现和发展，在一定程度上弥补了奥运会的教育功能。

（二）奥林匹克教育与各国教育

奥林匹克教育的本质是培养人。那么，它与既有的以民族国家为单位的教育有何异同，是否有存在的必要？19 世纪以来，发达国家及世界各个现代国家先后将教育的权力从个人、社会机构，特别是教会手中转移至国家，形成以民族国家为单位的国民教育体系。其主要功能在于增强社会的整合力和凝聚力，铸造国家公民和民族认同的新观念。第二次世界大战后随着科学技术的迅猛发展，该体系成为国家振兴和强盛的主要力量。但进入经济全球化时代，世界各地之间的联系更加紧密了。如果把地球看作一个村落，地球上的国家则成为村落中的“家庭”。邻里之间、家庭之间难免产生利益冲突，但解决问题的办法并不只是“你输我才赢”的零和博弈，“你赢我也赢”的正和博弈逐渐成为人们的共识。于是，以民族国家为单位的国民教育体系因其固有的缺陷已不能满足国际社会和国家发展的需要。马克思主义的再生产理论可以解释其中的缘由（图 5-1）。

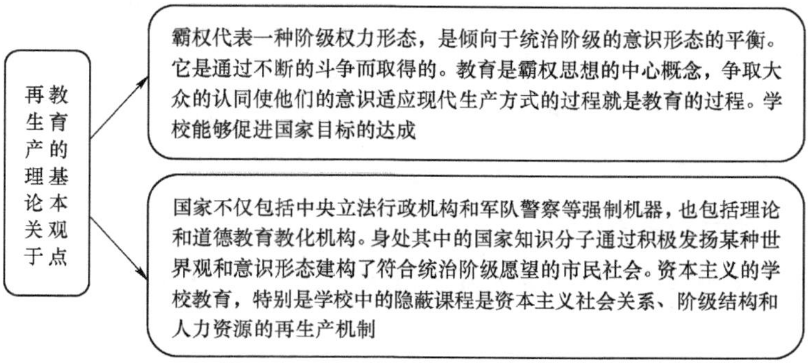

图 5-1 马克思主义的再生产理论关于教育的基本观点

注：该图根据安迪·格林著《教育与国家形成：英、法、美教育体系起源之比较》（教育科学出版社，2004：92-121）和邬志辉著《从教育现代化到教育全球化——全球化背景下中国教育发展面临的挑战研究》（华东师范大学教育学博士后流动站研究报告，2001：115-116）关于马克思再生产理论对现代教育观点的论述整合而成

第一，以民族国家为单位的国民教育体系主要是培养符合本国家、本社会需要的公民。国民教育体系作为整个社会系统的组成部分，不仅要与社会其他目标、要素协调一致，而且具有社会同质化、社会控制的功能。国家通过这一体系培养国民，使其同意或认同国家尤其是统治阶级的意识和意志，起到“软”权力的作用。这就使国家公民的权利与责任仅仅局限于一国范围之内，而较少考虑其他国家。第二，以民族国家为单位的国民教育体系在经济全球化时代提出要培养具有全球意识的世界公民。但由于它基于民族立场、囿于国家视野，不愿意放弃民族国家利益而谋求全人类的福祉，因此就在一定程度上制约了世界公民的培养。

奥林匹克教育旨在弥补各国国民教育体系的局限性。首先，奥林匹克教育从人类整体利益出发，着眼于人类社会的共性，旨在培养合格的地球村民，使其突破各自民族国家的限制进入更高层次的和谐境地。其次，奥林匹克教育着眼于国际视野，在全球平台上展开，可在一定程度上促进各国教育国际化发展。由于人类具有共同性，在道德信条和实践上有着跨文化的相似性，奥林匹克教育所传播的正是这种普世的价值观念，力求在不同的国度里寻找跨文化的同义语。奥林匹克教育在不同地区和文化间的穿梭，促使不同国家的人们，尤其是青少年儿童相互交流，相互理解。最后，奥林匹克教育以体育运动这一世界通用语言为基本手段，并在“节日”的氛围中，以亲身体验的方式开展丰富多彩的活动，可在一定程度上消解国民教育体系狭隘的民族意识观念。由此可见，奥林匹克教育不是要取代，也不可能取代制度完善的国民教育体系，而是对这一体系加以补充。

但由于奥林匹克教育是根源于欧洲文化的，容易被帝国主义、西方中心论者等所利用，成为殖民亚、非、拉等发展中国家的教育工具。正如美国专家夸克（Kwauk）所说，尽管奥林匹克教育的愿望是国际和谐，它却具有不可抹杀的殖民历史，他还认为当前的奥林匹克教育模式已与顾拜旦通过体育进行教育改革的初衷失去联系，已经成为教授所有社会不易翻译和应用“价值”的项目，也成为新帝国主义在国际主义、民主和人文主义所导致的和平和相互理解外衣掩饰下的工具。[①]

（三）奥林匹克教育与体育教育

奥林匹克教育是以体育运动为基本手段的教育。体育教育尤其是学校体育，也是以体育运动为基本手段来培养人，尤其是青少年儿童，使其具有健康的体魄，良好的学识，高尚的品德。加利安（Claude–Louis Gallien）认为：体育教育是通过系统的、持续的身体活动实践，使学龄儿童到成年学生的身体素质得到发展，机能免疫力和心理素质得到提高。[②]由此可见，两者在教育手段和渠道上具有同根同源性。同时，两者都以人为本，强

---

① KWAUK C T. An Olympic education：from athletic colonization to international harmony［C］//Ninth international symposium for Olympic research. Beijing，2008：523－533.

② GALLIEN C. 青年奥运会的作用：健康、预防、社会适应［J］. 体育科研，2008，29（5）：4－6.

调人的全面发展，在培养目标上具有一致性。

同样，奥林匹克教育不是取代体育教育，而是体育教育的有益补充。第一，奥林匹克主义丰富了体育的思想和理念，使体育的教育作用表现得更加突出和深刻。帕里（Parry）认为奥林匹克主义通过宣传个体全面和谐发展、追求卓越和成就、竞技运动中的奋斗、互相尊重、公平竞争、公正和平、建立长期的友谊、和平、容忍和理解、艺术与文化相结合等理想和理念有助于重新确立体育在教育中的地位。[①]第二，优秀的奥运选手容易形成示范效应，激励带动人们参与体育运动，接受体育教育。

奥林匹克教育在补充体育教育的同时，又与其存在差异。奥林匹克教育不仅包括体育教育而且包括文化艺术教育、绿色环保教育、志愿精神教育、国际理解教育和多元文化教育，这些丰富多彩的教育内容有助于学校发展价值观教育，进而将其延伸至日常生活中，以培养人们的健康生活方式。罗尔（Naul）认为在学校里，围绕奥林匹克这个话题，语言教学课程、历史课程、地理课程、艺术和宗教课程等都找到了丰富的教学资源。[②]一般情况下，这些课程在对青少年儿童进行教育时都会强调诸如公平竞争和尊重其他文化等价值观。同样地，教育青少年儿童互相尊重对方的宗教信仰被认为是最重要的教育任务之一。宾德尔也积极倡导奥林匹克价值观教育，并将其与日常生活中的运动方式和文化活动结合在一起，以使人们养成健康的生活习惯。

（四）奥林匹克教育与奥林匹克营销

营销是指个人和群体通过创造产品和价值并同他人进行交换以获得社会所需的一种社会管理过程，[③]而教育是培养人的活动。仅从字面上理解，奥林匹克教育和奥林匹克营销并无紧密联系。然而，奥林匹克教育乃至奥林匹克运动的发展需要有经济保障，这就在二者之间建立了难以割舍的关系。20 世纪 70 年代奥林匹克运动陷于经济危机之中，为解决

① PARRY J. Ethical aspect of the Olympic idea［R］//Report on the I.O.A.'s Special Sessions and Seminars 1997. Athens：Eptalofos S. A，1998：233-248.

② NAUL R. Olympic education［M］. Oxford：Meyer & Meyer（uk）ltd，2008：113.

③ ARMSTRONG K. Marketing：an introduction［M］. 北京：华夏出版社，1998：7.

生存问题，它不得不向市场机制占主导地位的国际社会打开大门，探索商业化的运作，最终开发出独具特色的奥林匹克营销模式，从而与社会建立牢固的经济纽带。奥运会由此便获得快速发展，并成为世界无与伦比的体育文化庆典，奥运会的主办城市和国家也因此成为全球关注的焦点。奥运会为奥林匹克教育提供了巨大的教育资源，并为其宣传和造势。凭借奥运会的强大影响力，奥林匹克教育不仅在奥运会主办城市和国家展开，而且逐渐遍及全球。

如今，奥林匹克营销不仅贯穿奥运会筹办和举办的全过程，而且渗透在非奥运会形式的奥林匹克教育活动中。但商家的终极目的是盈利，投资奥运是其追求利润的一种方式，当奥林匹克运动内在要求与商家的利益发生冲突时，国际奥委会不得不做出一些让步，不仅使奥运会的教育价值难以发挥，而且使非奥运会形式的奥林匹克教育对青少年产生一些不利影响。分析“公司侵入教室”现象的专家学者对此进行了严厉的批判。例如，克莱茵（Klein）认为奥林匹克赞助商快速抓住了奥运会提供的青年市场机遇。①他们的广告活动，经常在奥林匹克教育活动的伪装下进行，目的是使社会化的儿童成为全球消费者。黄璐甚至认为国际奥委会的未来发展战略之所以侧重于青少年教育方面，是为奥林匹克运动增添纯洁和天真的成分，针对未来消费者市场，培养奥运会品牌的忠实消费者。②

（五）奥林匹克教育与青少年奥林匹克运动会

青少年奥林匹克运动会简称青奥会或青少年奥运会。它是由罗格提议，在2007年的国际奥委会全会上一致通过的一项为年轻人设立的体育赛事。其根本原因是对奥运会改革的一个战略选择，以增强其文化教育功能。虽然奥运会已成为全球瞩目的顶级体育盛会，为奥林匹克事业带来了丰厚的利润，但它在与政治制度、意识形态、经济利益、商业操作等博弈的过程中，自身的教育价值难以发挥。国际奥委会对奥运会的任

① KLEIN N. No logo：taking aim at the brand bullies［M］. Toronto：Knopf Canada，2000.

② 黄璐．论“奥林匹克教育”应该缓行［J］．体育学刊，2010，17（10）：5-10.

何改革都或多或少地涉及既定的利益相关者的利益链条，受到的阻力大，风险多。而举办青奥会则相对容易得多，这便弥补了奥运会教育价值的缺失。正如任海，所指出的，青奥会，在某种意义上反映出国际奥委会力图克服既有奥运会的种种不足和局限，使奥运会回归奥林匹克理想的轨道，实行历史跨越的意向。①

其实，国际奥委会及其相关组织机构为了弥补奥运会教育价值的弱化，已经做出了很多努力。例如，国际奥林匹克学院定期举办各种奥林匹克研讨班和教育活动，奥林匹克博物馆藏有丰富的奥林匹克史料并组织多样的教育文化活动，奥运会举办城市的奥林匹克教育计划已成为一项“规定动作”，奥林匹克文化教育委员会以会议形式探讨奥林匹克教育，奥林匹克团结基金支持并开展奥林匹克教育活动，世界反兴奋剂机构开展专项教育活动、建立专门网站来宣传奥林匹克理念等非奥运会形式的奥林匹克教育。每种教育形式都各具特色，在一定程度上起着纠正奥运会异化的作用。

青奥会作为另一种教育形式，在宣传奥林匹克理念，弘扬奥林匹克精神方面具有独特的优势。首先，青奥会以青少年为主体，注重对运动员的培养和教育。国际奥委会将青奥会的参赛选手严格地限定为14～18岁的青少年，并提出明确的、可操作性的人文教育目标。其次，青奥会考虑青少年身心发展的特点和需求，对某些奥运项目进行科学的选择、加工和改造，以激发青少年的兴趣，增强其体质、增进其健康。例如，新加坡青奥会的篮球比赛只利用半块儿篮球场地，采取3 V 3 方式，每场比赛分为3节，每节5分钟，以避免因过度训练而对青少年健康造成不利影响。再次，青奥会为世界青少年提供了相互交流、理解多元文化的平台。奥运会运动员由于竞争的压力，赛前忙于准备，赛后就离开，相互之间见面、交流的机会较少。但青奥会选手在比赛期间则自始至终住在一起，共同生活，参与丰富多彩的体育、教育、文化活动，了解、体验不同国家的文化习俗，学会理解和尊重他人、他国的文化。最后，

① 任海．青年奥运会的超越与挑战［J］．体育与科学，2010，31（2）：3–5．

青奥会的规模较小，并受到国际奥委会的大力支持，大多数中小城市都有能力举办，可使奥林匹克教育在更大的范围内组织实施。另外，从比赛项目上来说，青奥会项目在参照奥运会项目的基础上，也接受国际体育单项联合会提出的受青少年欢迎的非奥项目，从而使其拥有更多的体育文化资源，尤其是非西方体育文化资源。青奥会为在青少年群体中广泛传播奥林匹克精神，回归奥林匹克理想，倡导世界青少年交流与合作。翰斯塔德（Hanstad）利用利益相关方分析了 2012 年因斯布鲁克青年冬奥会和奥运会的异同，认为由于规模较小，媒体和赞助商参与度较低，正如奥林匹克文化和教育计划中提出的那样，青奥会比奥运会更接近奥林匹克理想，更能宣传奥林匹克宗旨而不是糟糕的复制。①

但是，青奥会在促进奥林匹克教育发展的同时，也面临着巨大的挑战。第一，从形式上来看，青奥会同奥运会一样也是竞技运动会，比赛这一教育形式自身存在的局限性，在青奥会中也会表现出来。如果青奥会一味向奥运会看齐，那将会变成小型的奥运会。这不仅不能体现出其存在的教育意义和价值，而且会使长期困扰奥运会的很多问题低龄化。第二，青奥会的创意源于欧洲和澳大利亚的两个青年体育赛事。尽管目前这两个体育赛事举办得相当成功，但应用到全球范围，无疑会面临许多新问题，例如，跨文化的挑战等，这些问题需要进一步探讨。

综上所述，虽然 2008 年北京奥运会已成为历史，随之而来的北京奥林匹克教育也随着奥运会的闭幕而迅速由热变冷，2014 年南京青奥会的举办则重新使奥林匹克教育成为中国尤其是南京深入实践的课题，而 2022 年北京冬奥会奥林匹克教育如何展开以体现中国智慧和中国方案仍需不断思考和创新。对奥林匹克教育的概念进行梳理和分析，可为今后奥林匹克教育理论体系的构建做一些基础性的工作，并为奥林匹克教育改革提供支撑材料；同时，笔者希望其他研究奥林匹克教育的专家学

---

① HANSTAD D V，PARENT M M，Kristiansen E，et al. The Youth Olympic Games：the best of the Olympics or a poor copy？[J]. European Sport Management Quarterly，2013，13(3)：315–338.

者，尤其是2022年北京冬奥会奥林匹克教育的设计者和实施者在本研究的基础上再建构、再创造。目前学校体育改革倡导“体教融合”的发展导向，强调学校竞技体育的发展，在培养学生竞技能力和健康发展的同时，更注重其全面发展。作为最高水平的竞技体育——奥林匹克运动因其教育的发展主线而长盛不衰。因此，学校竞技体育改革更应以教育为重，促使学生文化学习和体育特长协调发展。

第二节　40多年来国际奥林匹克教育发展研究

2002年8月，国际奥委会“寓教于体”（Education Through Sport）世界论坛在德国威斯巴登市举行。会议一致通过了促进奥林匹克教育在全世界进一步发展的《威斯巴登宣言》。宣言指出，国际奥委会正式决定2003年为“奥林匹克文化与教育年”。这足以彰显奥林匹克教育的意义。

如今，随着经济全球化的推进，人们的生活态度、思维方式和价值取向均受到经济全球化影响，世界逐渐成为“地球村”，因此，基于民族国家为单位建立起来的教育体系因囿于一国疆界而面临着前所未有的挑战，这促使人们开始寻求着眼于全球视野，立足于人类总体利益的教育思想和教育模式。而奥林匹克运动因致力于培养合格的“全球村民”，促进社会和谐发展，构建和平美好世界这一崇高目标而逐渐进入人们的视野。

另外，《奥林匹克宪章》第44条规定，奥运会奥组委必须制订一项文化活动计划，并事先提交国际奥委会批准。该计划应服务于促进奥运会参加者和其他人士的和谐关系、互相了解和友谊。所以，北京从2001年7月13日获得2008年第29届奥运会举办权之日起，便承诺并承担了在全国4亿青少年中开展奥林匹克教育、普及奥林匹克知识的责任，并使奥林匹克精神在世界人口最多的国家进行广泛的传播。因此，2008年北京奥运会的承办和举办不仅带来了精彩的体育比赛，而且挖掘出丰富的教育资源和珍贵的交流契机。

奥林匹克教育是奥林匹克运动的核心内容之一。本节旨在对40多年来奥林匹克教育的发展过程进行历史梳理，描述其过程，分析其原因，鉴别其异同，阐明其趋势，从而为总课题确定北京奥林匹克教育在奥运发展史上的特色及做出的贡献提供必要的基础。

就历史渊源而言，奥林匹克运动基于教育目的而产生。现代奥林匹克运动创始人顾拜旦及其同伴对此有大量论述，正如萨马兰奇所说，奥林匹克教育涉及奥林匹克运动产生与发展的全过程，奥林匹克运动的一切活动在某种程度上都可以视为具有“教育”的性质与功能。2006年国际奥委会主席罗格在北京举办的第五届世界体育文化论坛上，更是明确地将奥林匹克运动定义为“教育运动”。对奥林匹克教育的这种认识，可以称为广义的奥林匹克教育。

还有一种狭义的奥林匹克教育，即围绕奥运会实施的奥林匹克教育。奥林匹克教育演进的过程与奥运会的发展息息相关，奥运会是推动奥林匹克教育发展的决定性力量。奥运会主办城市及国家围绕奥运会实施的教育计划，更是集中反映了奥林匹克教育理论与实践的发展过程。

本节将研究范围限定为狭义的奥林匹克教育，聚焦于奥运会主办城市及国家围绕奥运会实施的教育。

一、40多年来各届奥运会的奥林匹克教育内容及实践活动

40多年来各届奥运会按奥林匹克教育活动的教育目标、活动内容、实施对象、实施方式等方面进行（表5-1）。

二、40多年来奥林匹克教育发展的特点

（一）以传播奥林匹克知识、促进人们参与为主要的教育目标

教育目标是整个奥林匹克教育的出发点和归宿。总结40多年来各届奥运会奥林匹克教育的目标主要有以下几个方面。

表 5-1　40 多年来各届奥运会奥林匹克教育活动概要

奥运会举办时间和举办地	活动		类型（暂时的）	教育目标	地理范围	达到的范围	奥组委的合作伙伴	时间表
1976 年蒙特利尔	奥林匹克青年营		OYC					
					地区（魁北克）		魁北克教育部和魁北克体育教育教师协会	1974—1976
	学校系统推动奥林匹克主义	（1）学校里的奥林匹克日		小学和中学		721349 名学生		1972—1976
		（2）体育运动和创造节	体育运动计划	小学和中学				
		（3）参与奖章	确认计划	小学和中学				
		（4）奥林匹克周		小学和中学				
		（5）研究计划和讨论会	学术计划	大学				
		（6）教育指南一点故事和传说一点领悟和理想	教育资料	小学和中学				
		（7）参考书	教育资料			15000 本		
		（8）奥林匹克日历	教育资料	小学和中学		40000 本		
		（9）*Coccinelle* 期刊	发行资料	儿童		1420000 本		1975—1976
		（10）电影资料库	教育资料	学校				

续表

奥运会举办时间和举办地	活动	类型（暂时的）	教育目标	地理范围	达到的范围	奥组委的合作伙伴	时间表
1980 年莫斯科	看开放的世界	艺术计划	儿童				
1980 年普莱西德湖（冬奥会）	火炬课程活动	课程活动					
	儿童奥林匹克艺术计划	艺术计划					
	旗帜标识计划	艺术计划		地区（纽约州）			
1984 年洛杉矶	与奥林匹克学生计划一起成长	门票计划	12～16 岁的学生				
	青年计划		幼儿园到 12 年级（18 岁）的学生	地区（南加利福尼亚州）			1981—1984
	（1）利维/洛杉矶奥组委奥林匹克儿童艺术计划	艺术计划	6～11 岁的学生		100000 名儿童	利维	1983—
	（2）第一洲际银行艺术竞赛	艺术计划	12～18 岁的学生		10000 名学生	第一洲际银行	
	（3）Band and drill 队竞赛	音乐计划			8700 名学生		1982—1984

续表

奥运会举办时间和举办地	活动	类型（暂时的）	教育目标	地理范围	达到的范围	奥组委的合作伙伴	时间表
1984 年洛杉矶	（4）奥运会：一个教育的机会（3 本书）	课程资料	幼儿园幼儿到 12 年级（18 岁）的学生		80000 本	美国教育办公室、纽约州教育厅和乔治亚州部	
	（5）奥林匹克青年手册	教育资料	9～13 岁（4～8 年级）的学生		500000 本	洛杉矶低年级联盟和 Jeffries Banknote	1984
	（6）奥林匹克青年手册	课程资料	教师				
	（7）奥林匹克课程研讨会	教育支持	教师		1750 名教师和管理人员		1983
	（8）相遇奥林匹克	教育支持			100 所学校		1982—1983
	（9）学院十项竞赛	课程活动	高中生		2300 多名学生	洛杉矶联合学区	
	（10）奥林匹克青年体育节	体育运动计划			7000 名学校学生		
	（11）体育运动计划	体育运动计划	12～17 岁的学生				1981—1984

续表

奥运会举办时间和举办地	活动		类型（暂时的）	教育目标	地理范围	达到的范围	奥组委的合作伙伴	时间表
1988年卡尔加里（冬奥会）	教育成套资料（3本书）		课程指南	1～12年级的学生	加拿大	亚伯达（1700所学校）和加拿大（13500所学校）	88庆典和加拿大奥林匹克协会	
	青年文化	（1）冬天的想象	艺术计划		地区（亚伯达）			
		（2）本国青年艺术作品	艺术计划					
		（3）壁画	艺术计划					
		（4）欢迎卡片	艺术计划					
		（5）旗帜标识	艺术计划					
		（6）冬天戏剧	戏剧计划			1470份手稿		
		（7）戏剧节	戏剧计划			40所学校		
		（8）青年音乐展览柜	音乐计划			2500本		
	青年信息	（1）奥林匹克运动教育	教育支持			3000次介绍		
		（2）定点参与	参与计划					
		（3）友谊集邮册	艺术计划				红十字会	

续表

奥运会举办时间和举办地	活动	类型（暂时的）	教育目标	地理范围	达到的范围	奥组委的合作伙伴	时间表
1988 年汉城（首尔）	奥林匹克青年营	OYC					
1992 年阿尔贝维尔（冬奥会）	奥林匹克教育	课程指南	8～12 岁的学生	国家（法国）	2500000 名学校学生和 20000 本教育成套资料	青年和体育运动组织、（国家）教育部等	1988—1992
	吉祥物的故事	教育竞赛	3～6 岁的儿童	地区（萨瓦省）	200 所学校	青年和体育运动组织、（国家）教育部、Candia，Le Dauphine Libéré，Gallimard 和萨瓦咨询社	1991—1992
	奥林匹克青年营	OYC					
1992 年巴塞罗那	奥林匹克青年营	OYC					
1994 年利勒哈默尔	东道主奥运会	课程指南	6～19 岁的学生	国家（挪威）	750000 名学生	挪威运动协会、挪威广播公司、挪威奥委会和地区学校专家	1993—1994
1996 年亚特兰大	学校中的奥林匹克日			地区（佐治亚）	1800 所学校	美国奥委会教育委员会和 BellSouth 公司	
	（1）课程指南	课程资料	幼儿园幼儿到 8 岁的学生				1989—1996
	（2）教师研讨会	教育支持	教师				1989—1996

续表

奥运会举办时间和举办地	活动	类型（暂时的）	教育目标	地理范围	达到的范围	奥组委的合作伙伴	时间表
1996年亚特兰大	（3）吉祥物（IZZY）出场	教育支持	5～11年级的学生		571次		
	（4）发言局	教育支持	11～15年级学生		每年参观300所学校		
	（5）海报竞赛	艺术计划	5～15年级的学生				1991—1996
	（6）欢迎书	艺术计划	5～15年级的学生				1995—1996
	（7）佐治亚州的奥林匹克日	参与计划	11～15年级的学生				1990—1996
	（8）青年体育运动计划	体育运动计划					
	梦之队计划		高中生	地区（佐治亚）	每年100名学生		1992—1996
	儿童奥林匹克门票基金	门票计划	1～8岁的儿童				
	国际网站	国际网站					
	奥林匹克青年营	OYC					

续表

奥运会举办时间和举办地	活动	类型（暂时的）	教育目标	地理范围	达到的范围	奥组委的合作伙伴	时间表
1998年长野（冬奥会）	奥林匹克新闻	期刊	小学和中学低年级的学生	国家		教育部	1994—1996
	长野奥运会教科书（课本）	教育资料	NI	NI		长野地方学校董事会	NI
	Snowlets 俱乐部		NI	国家	5000 名儿童		NI
	一个学校、一个国家	姊妹计划	76 所小学、中学低年级和特殊学校的学生	当地		长野市学校董事会和长野国际友谊俱乐部	1996—1998
	Rubrique 娱乐一儿童广场	国际网站	所有年龄阶段	国际		IBM	NI
	国际青年营	OYC					
2000年悉尼	《奥林匹克新闻》	教育资料	3～12 岁的学生	国家	300 万	西太平洋银行（Westpac Bank）、费尔法克斯出版社（Fairfax Publishers）和 IBM	1998—2000
	渴望	课程资料	3～12 岁的学生	国家	320 万	西太平洋银行、费尔法克斯出版社和 IBM	1999—2000
	儿童	国际网站	NI	国家	NI	西太平洋银行、费尔法克斯出版社和 IBM	1999—

续表

奥运会举办时间和举办地	活动	类型（暂时的）	教育目标	地理范围	达到的范围	奥组委的合作伙伴	时间表
2000年悉尼	分享精神	艺术计划	1～6岁的学生	国家	＞2500名学生		
	奥林匹克欢迎计划	姊妹计划		地区（南威尔士）			
	课程支持成套资料	课程资料		国家		法国大使馆	
	学校奥林匹克旗帜购买计划			国家			
	一个学校、一个国家	姊妹计划		国际			
	奥林匹克青年营	OYC		国际			
2002年盐湖城（冬奥会）	ÇREACH	课程资料	幼儿园到6年级的学生	地区（犹他州）			
	分享奥林匹克精神	认可计划	教师	地区（犹他州）	200名		
	奥林匹克和残疾人奥林匹克学校	认可计划	学校学生	地区（犹他州）	125名		
	政府的音乐和教育计划	音乐计划		地区（犹他州）		政府事务所和NBC（美国全国广播公司）	
	2002奥林匹克教育网站	国际网站	幼儿园到12年级的学生	国际		盐湖城学区和犹他州教育网	

续表

奥运会举办时间和举办地	活动	类型（暂时的）	教育目标	地理范围	达到的范围	奥组委的合作伙伴	时间表
2002 年盐湖城（冬奥会）	一个学校、一个国家	姊妹计划		地区（犹他州）	700 所学校		1999—2002
	犹他州冬奥会艺术计划	艺术竞赛	小学和中学的学生	地区（犹他州）			1999—2002
	Y.E.S.从事服务的青年	交流服务	中学学生	地区（犹他州）	52 所学校		
	2002 儿童纪念大头针计划	艺术竞赛		地区（犹他州）			
	运动课堂	参与计划		地区（犹他州）	180000		1999—2001
	金牌学校计划	体育运动、计划	小学学生	地区（犹他州）		盐湖城奥组委和犹他州健康部心血管分部	
2004 年雅典	奥林匹克青年营	OYC		国际	400		
	课程资料（8 本书）	课程资料	6～16 岁的学生	国际			
	青春 2004 网站	国际网站		国际			
	奥林匹亚德	课程活动		国家			2000—2004
	教师研讨会	教育支持	教师	国家			

续表

奥运会举办时间和举办地	活动	类型（暂时的）	教育目标	地理范围	达到的范围	奥组委的合作伙伴	时间表
2006 年都灵（冬奥会）	多媒体教育成套资料（6 本书）	课程资料	中小学学生	国家（选择）		皮埃蒙特地区都灵省都灵市欧盟、CONI、IOC、教育部大学和研究部皮埃蒙特地区学校办公室都灵大学和大学学院体育科学系	
	数学冬季奥林匹亚德	学术竞赛	中学学生	国家		教育部大学与研究部、CONI 和可口可乐	
	学校体育运动	知识计划					
	参观洛桑奥林匹克博物馆	教育支持		地方（皮埃蒙特地区）		洛桑奥林匹克教育服务部	
	体育运动、山地环境和奥林匹克的价值	课程活动					
	体育运动赛事	体育运动计划				都灵市政府和都灵 ICE 2005 委员会	
	一所学校、一个国家	姊妹计划					

1. 传播奥林匹克运动的知识

从1976年蒙特利尔奥运会有正式的奥林匹克教育活动以来，几乎历届奥运会奥林匹克教育的主要教育目标之一是向主办城市及国家特别是青少年宣传奥林匹克知识。如1976年奥运会的教育目标是“促进对奥林匹克运动的一般理解”。1984年洛杉矶奥运会的教育目标是“促进学校教育，促进南加利福尼亚州的青年学习有关奥运会和奥林匹克运动理想的知识”。1998年长野冬奥会的教育目的是“激励人们对长野奥运会的兴趣和增加人们长野奥运会的知识了解”。通过宣传奥林匹克知识，奥运会奥林匹克教育使人们了解了奥运会的历史，认识到奥林匹克运动不仅仅是奥运会，还包括奥林匹克思想、奥林匹克组织、奥林匹克活动三个组成部分，而奥运会只是奥林匹克活动的内容之一。传播奥林匹克运动知识是奥林匹克教育的基础目标。

2. 宣传青少年奥林匹克主义和体育运动的价值

现代奥林匹克运动历经百余年而愈加蓬勃兴旺，原因之一是它在发展过程中逐渐形成了以奥林匹克主义为核心的思想体系。即通过体育运动促进人的和谐发展，进而扩展到改善社会，促进社会的发展，最后扩大到整个国际社会，使人类有一个和平的更加美好的世界。这是奥林匹克运动有别于其他顶级赛事的独特之处。为了实现这一崇高目标，不仅奥运会大力宣传互相了解、友谊、团结与公平竞争的奥林匹克精神，而且奥林匹克教育计划也将教育青少年奥林匹克主义和体育运动价值作为其价值目标。如1992年阿尔贝维尔冬奥会的目标是通过一个教育性的活动让法国的儿童了解奥林匹克的价值。2000年悉尼奥运会国家教育计划的目标是鼓励和告知年轻的澳大利亚人，通过他们、他们的家庭了解和拥抱奥运会精神来培养一种主人翁的意识。2006年都灵冬奥会的教育目标是用奥林匹克教育来提升体育文化，传播奥林匹克主义的价值。

3. 促进参与

促进参与是奥组委组织、实施奥林匹克教育计划的基本立足点。既然奥林匹克运动崇高目标的实现是以个人的和谐发展为起点的，那么通过体育运动使其了解奥林匹克知识，领悟奥林匹克精神，亲身参与、亲自实践则是最好的选择。如 1980 年普莱西德湖冬奥会的主要教育目标是使青少年参与第 13 届冬季奥运会。1988 年汉城（首尔）奥运会的教育目标是促进有利于参与奥运会的整体环境。2004 年雅典奥运会将雅典市民在奥运会中的重大参与作为奥运会成功的关键要素之一。

现代奥林匹克运动在继承古奥运会某些传统的同时，不断汲取现代社会的营养，以体育运动为手段，跨越语言、宗教、意识形态、社会制度的障碍，不受国家、民族、地域的限制，使全世界的运动员共聚五环旗下，在开放的氛围内，以共同的方式进行竞争，相互了解，共同交流。奥林匹克教育将这种“普世性”的知识传播到世界各地，使人们特别是青少年了解奥林匹克运动，感受奥林匹克精神的熏陶，并逐渐对体育运动产生兴趣，积极参加体育运动，参与奥运会，从而形成一种健康的生活方式。

（二）活动内容丰富多彩

为了实现这些目标，每届奥运会的奥林匹克教育都包含了丰富多彩的教育、文化和体育活动。

1. 奥林匹克青年营

青年营的概念起源于 1912 年斯德哥尔摩奥运会，当时古斯塔夫五世邀请了 1500 名男孩侦察员在奥运会体育场附近搭建帐篷。虽然第二次世界大战前，没有再举办过更多的青年营，但是 1952 年赫尔辛基采纳了这个想法后，除 1956 年墨尔本奥运会和 1984 年洛杉矶奥运会外，历届奥运会都举办了奥林匹克青年营。如今，奥林匹克青年营已经成为奥运会一个浓厚的传统，使得几乎世界上每个国家的青年，与奥运会一道，每四年相聚一次，发展与奥林匹克运动相关的知识和技能。奥林匹克青年营给予青年有关和平、进取、团队精神、运动员精神、公平竞争和参与奥运的亲身体验；使他们有了和同龄人相互了解的机会，以获得地球村的意识，理解奥林匹克运动在现代社会中的作用，还建立了国际朋友圈。但每届奥林匹克青年营招收的人数非常有限，只有特定年龄阶段的青年才能参与；参加时间也比较短；因此这种活动传播奥林匹克运动的范围非常有限。

2. 教育活动

（1）发行教育资料（教师的课程指南、学生手册、正式教育的补充资料，如印刷版和电子版的录像、地图、日历、海报）

从 1976 年蒙特利尔奥运会以来，历届奥运会的奥林匹克教育都在中、小学校中发放一定的教育资料。1976 年蒙特利尔奥运会出版了针对学校的各种各样的教育资料，包括教育指南、工作参考书和日历等。1988 年卡尔加里冬奥会针对小学、初中和高中精心准备了三套教育资料，并与一台 17 英寸电视、幻灯片和丰富多彩的海报一起发放。1992 年阿尔贝维尔冬奥会的奥林匹克教育资料包括 500 张彩页、300 张照片、10 份方案、34 个研究主题、7 份海报、60 张幻灯片、1 张萨瓦地图及 1 份奥运会的结果表，内容是关于奥运会的历史、地区地理和社会、经济等方面。1996 年亚特兰大奥运会开发了 4 本课程指南，每个指南都涉及不同的主题：奥运会的历史、通过国家、民族、地方和赛事来宣传多元文化等。1998 年长野冬奥会出版了“冬季奥运会”彩色读本和一系列有关长野冬奥会和冬残奥会的教科书。

2000 年悉尼奥运会的教育资源包由 1 张 CD-ROM、1 本教师指导用书、3 份海报（关于运动员、环境和文化）、1 盘录像带和一系列网络活动组成；内容集中于五个主题：奥运会、奥林匹克文化、设计悉尼 2000、绿色悉尼 2000 和奥林匹克问题。2002 年盐湖城冬奥会出版的《ÇREACH：2002 年奥林匹克冬奥会和残疾人冬奥会教育指南》包括五个部分：奥运会传统，让奥运会开始，身心精神，国家、文化和风俗，犹他州欢迎世界）。

2004 年雅典奥运会的教育资料包括 8 本书和 1 盘录像带，由 90 名教师和来自希腊国内外不同教育领域的专家们开发。资料针对教师和 6～9 岁、10～12 岁和 13～16 岁的学生，并且分别用希腊语、英语、法语和德语出版。资料的内容围绕五个主轴，分别为体育运动、文化、奥林匹克休战、社会排斥和志愿者主义，并提供古代和现代奥运会、奥林匹克主义的价值和 2004 年雅典奥运会的知识和信息。

2006 年都灵冬奥会的多媒体教育成套资料包括 6 本约 40 页的手册，以及与每个手册相联系的 42 份活动卡片、1 张 CD、1 盘录像带（为教师准备以支持成套资料的使用)、1 份海报、1 张地图和 1 份奥运会与残奥会日历。

以上教育资料的开发都注重使其适合学校课程，内容的设计有利于教师根据班级的具体情况和教育对象而具体应用。

（2）出版、发行期刊和报纸

奥组委奥林匹克教育除发行教育资料之外，还会出版发行一些期刊和报纸。如 1976 年蒙特利尔奥运会出版了定期刊物 *Coccinelle*，作为蒙特利尔 *Dimanchematin* 新闻周刊的增刊，面向儿童共发行了 1420000 本，内容涉及奥运会的历史、组委会、运动员和运动训练。1998 年长野冬奥会教育部出版的时事通讯（《奥林匹克新闻》）从 1994 年开始在小学、中学和图书馆发行。2000 年悉尼奥运会《奥林匹克新闻》，共 5 个版本，面向 3～12 年级的学校学生发行，报纸完全用英语出版，提供与奥林匹克相关的问题，如环境、文化等信息。

（3）组织各种研讨会

为了奥林匹克教育资料的开发、发行，以及探讨、研究与奥林匹克相关的问题，奥组委组织了各种各样的研讨会。如 1976 年蒙特利尔奥运会，向大学发放 24 项科研基金，研究与奥林匹克相关的问题，挑选了 275 名学生作为该项目 8 所大学的代表，参加讨论会。1984 年洛杉矶奥运会，课程专家召开了奥林匹克课程研讨会，来自洛杉矶学区、洛杉矶联合学区、奥伦奇学区和文图拉学区的 1750 名教师和管理人员参加了研讨会。1996 年亚特兰大奥运会，组织了主题为“将奥林匹克主义带进教室”的教师讨论会，每年一届。2004 年雅典奥运会为了提高人们对奥林匹克教育计划的意识和兴趣，面向希腊体育教育和运动科学教师，在不同地区举行了多种研讨会，解释计划并提供资料以便教师备课。

除此之外，其他教育活动有火炬演讲、吉祥物故事书、奥林匹克数学竞赛、电视节目制作、网站互动等。

3. 奥林匹克艺术节和音乐、戏剧比赛及其相关活动

现代奥林匹克运动创始人顾拜旦认为古奥运会的最光辉之处在于它的“美和尊严”。这种庄严肃穆的美，起到震撼人、激发人、提升人境界

的作用，促使人们诚实拼搏，领悟人性之美。但是古奥运会的美和尊严是依靠宗教的力量获得的。在生活世俗化、文化多元化的现代社会，宗教不再具有古时的效力。于是，现代奥运的创始者决心用艺术取代宗教，以审美创造崇高，将目光转向了艺术文化，认为奥运应是创造美的过程、展示美的机会。于是，奥林匹克运动突出强调体育运动与文化艺术的结合，发挥文化对人的社会行为的调节、控制的功能，使人的行为变得崇高，赋予竞技运动以高尚的价值观念，使之成为高尚的社会文化活动。在这种活动中，人们得到美好的艺术熏陶，心灵得到净化，内心世界变得丰富起来。[①]因此，在奥运会期间奥林匹克艺术节、音乐展览、戏曲竞赛等一系列活动相继举办。

奥林匹克艺术节在奥运会开幕式时开始，闭幕式后仍继续一段时间，整个活动时间约 1 个月或更长一些。1976 年蒙特利尔奥运会之前，奥林匹克艺术节注重国际性，艺术节期间进行雕塑、建筑、绘画、诗歌、音乐等方面艺术比赛和各种艺术表演、展览等活动。从 1976 年开始，奥林匹克艺术节则重点介绍和反映东道国特有的文化和艺术传统。随着奥运会规模不断扩大，艺术节的举办时间也从奥运会期间延伸至奥运会开幕前后的几个月甚至更长。莫斯科奥运会艺术节持续时间为一年半。2000 年悉尼奥运会艺术节持续了四年：奥运会开幕前三年，开展主题为“梦的节日”艺术节，集中展示澳大利亚土著文化；奥运会开幕前两年，开展主题为“海之梦”艺术节，反映澳大利亚多姿多彩的文化；奥运会开幕前一年，开展主题为“通向世界”艺术节，主要在世界各地开展文化交流活动；奥运会举办年，开展主题为“参加悉尼庆典”艺术节，展示精彩纷呈的世界优秀文化。

除此之外，奥林匹克教育活动还开展了制作旗帜标识、友谊集邮册等活动。如 1988 年卡尔加里冬奥会，卡尔加里地区的学生制作了色彩艳丽、主题鲜明的旗帜标识，并进行公开展示，还制作了 94 本集邮册通过红十字会赠予奥运会参与国的学校。1996 年亚特兰大奥运会，佐治亚州

---

① 任海. 奥林匹克运动的教育价值［J］. 教育科学研究，2006（12）：15-18.

学校精心制作了一本欢迎书，包括诗歌、绘画等，赠予各国国家奥委会。2002 年盐湖城冬奥会，盐湖城奥组委和政府办公室联合开发了基于奥林匹克价值的音乐活动，包括一本课本、一张存有 12 首歌的 CD、一盘录像带，由 NBC 出版，在犹他州学校发行。

4. 体育活动

既然奥林匹克运动以体育为手段，那么在奥林匹克教育中开展各种体育活动是必不可少的。如 1984 年洛杉矶奥运会，从 1981 年到 1984 年，洛杉矶奥组委和赞助商组织了 11 个运动项目的体育比赛（射箭、健身、篮球、足球、体操、手球、柔道、游泳、网球、排球和游艇比赛）。

5. 奥林匹克日

奥林匹克日的成立，使人们特别是学校青少年有了广泛参与奥林匹克运动的机会。如 1976 年蒙特利尔奥运会的奥林匹克日，在中小学学校中举行，包括各种体育活动和艺术竞赛。1996 年亚特兰大奥运会，佐治亚州的奥林匹克日从 1990 年开始，每年一届，面向中学生，目的是促进学生的合作、尊重和友谊。如今，国际奥委会将 6 月 23 日定为“奥林匹克日”，每年 6 月 17 日至 24 日各个国家或地区奥委会组织各种大众体育活动以示庆祝。

6. 一校一国活动（姊妹学校的结对活动）

这项活动是长野市学校董事会和长野国际友谊俱乐部基于 1992—1994 年广岛亚运会举办的“一个团体中心、一个国家”的活动而发起的，由长野奥组委和长野市学校负责人协会资助，长野市 76 所小学、初中和特殊学校参与，目的是发展国际友好意识。1996 年 1 月，每所学校分派一个国家，开展各种活动以了解这个国家并与其建立友好关系。奥运会后，长野市成立了儿童国际交流基金以继续支持学校和他们的伙伴国家发展关系。

2000 年悉尼奥运会新南威尔士州的小学及其他学校参与奥林匹克欢迎计划，目的是与 2000 年奥运会参与国建立友谊。

2002 年盐湖城冬奥会，根据 1998 年长野奥运会的先前经验，犹他州的公立和私立学校与 2002 年冬奥会参与国结对，目的是为犹他州的学生提供与国外同龄群体建立友好联系的机会。这项计划经前一学年实验之后，于1999—2000学年实施，700所以上的公立、私立和地方学校参与，向学生介绍其他国家的文化、语言、体育运动和风俗。

2006年都灵奥组委继续1998年长野冬奥会上发起的姊妹计划，目的是提高对不同文化的了解，通过奥运会参与国的学校姊妹计划，将国家和友谊联系起来。这项计划包括团结行动及支持发展中国家的体育。

“一校一国”活动自从1998年长野冬奥会发起之后，以后的历届奥运会都给予不同程度的实施，有助于展现举办城市的风范，提升举办国的形象，培养学生的运动精神、主人翁意识、全球意识、文化理解力，加深学生作为主办国一员对参与奥运的理解，提升学生体育锻炼的参与兴趣，并推动学校的发展。如今“一校一国”活动已成为奥运会的一项传统活动。

7. 学校和教师的认可活动

在奥林匹克教育中，奥组委对开展活动较好的学校、学生和教师给予表彰。如1976年蒙特利尔奥运会，在学校奥林匹克日和体育节中挑选了500名参与者，授予“在学校系统中推动奥林匹克主义”的参与奖章。2002年盐湖城冬奥会规定那些已经实施奥林匹克教育计划的学校可以申请成为奥林匹克/残疾人奥林匹克学校，共有125所学校通过了申请。为分享奥林匹克精神计划，此次奥运会还鼓励教师将奥林匹克的相关活动和课程整合进课堂教学中去，共200名教师获奖。

8. 与奥运会相关的活动

历届奥运会的奥林匹克教育开展了一系列与奥运会相关的活动，包括参与火炬传递、参观比赛地点、门票计划、志愿者培训等。

火炬传递在古奥运会中，就是一项宗教仪式，每四年一次，祭奠女神雅典娜。起点是普罗米修斯祭坛，终点设于古雅典卫城的女神雅典娜祭坛，由40位来自10个雅典人部落的青年完成，全程2.5千米。现代奥运会火炬传递的复兴是从1936年柏林奥运会开始的，自那时起每届奥运会都要举行火炬传递。顾拜旦认为火炬手接受火炬，也接受了奥运火焰的神圣使命，让奥运圣火在青年一代的手中相传，让全世界的青年时刻准备着，将奥运圣火传遍全球。罗格指出，奥运圣火是奥运会最大的标志，火炬接力突显了奥运会的独特性，目前关注奥运会的人数多达 60 亿，但仅仅有 1 万名具有运动天赋的人能真正体验奥运。[①]而火炬接力给 2 万到 2.5 万人提供了亲身感受奥运的机会，让他们可以有机会手持奥运圣火。由此可见，奥运火炬接力不是竞赛，而是一次快乐的聚会。

另外，与奥运会相关的活动还有奥运会志愿者、参观奥林匹克训练、参观比赛场地、参观洛桑博物馆、向青少年学生赠送门票、让青少年参与社区的一些活动（例如，植树或扫盲计划）等。

（三）实施对象以青少年为主

历届奥运会奥林匹克教育活动的目标群体主要为中小学学校的青少年，但年龄组从幼儿园儿童到大学生各有不同。如 1984 年洛杉矶奥运会，其奥林匹克教育活动的实施对象的年龄范围是从幼儿园到 12 年级（18 岁）。1992 年阿尔贝维尔冬奥会吉祥物故事比赛的参与者为 3～6 岁的儿童。1976 年蒙特利尔奥运会向大学发放基金，研究与奥林匹克相关的问题，其对象则为大学生。其他各届奥林匹克教育活动的对象多为中小学学校的学生。如 1992 年阿尔贝维尔冬奥会，教育资料包向 8～12 岁的 2500000 名学生发放。2000 年悉尼奥运会奥林匹克教育计划针对的是澳大利亚幼儿园到 12 年级（3～12 岁）的 300 多万学生。2004 年雅典奥运会的教育计划，共有希腊公立和私立学校、希腊国外学校和塞浦路斯学校的 1100000 名学生参与。此外奥林匹克青年营的成员为 16～22 岁的男女青年。奥林匹克教育活动以中小学学校的学生为实施对象，使他们广泛地了解奥运会的历史、受奥林匹克精神的熏陶，成为具有国际视野的一代青年，学会尊重其他国家的文化，还与其他国家的同龄群体相互交流，增进友谊。

（四）活动方式以参与、实践为主

奥林匹克教育活动不同于一般的课堂教学，它提倡积极参与而不是简单说教。奥林匹克青年营就凸显了这一特色，每届青年营的成员都来

---

① 李勇勤，茹秀英．奥林匹克火炬接力的历史透视及价值解析［J］．北京体育大学学报，2007（6）：729－730．

自不同的国家，说着不同的语言，大多数人还是第一次离开自己的祖国。但他们在特定的时间、地点，共同聚集在一起，参加奥运会的开、闭幕式，观看各项赛事，参与青年营所组织的各项活动，团结合作、互相交流，亲自体验奥运会举办城市的文化，了解他们的民风民俗，聆听奥运选手的教导，如在2000年悉尼奥运会青年营活动中，奥林匹克的传奇人物刘易斯（Lewis）告诉各位成员：即便整个世界停下来，大赛手牵手的次数也不多，但奥运会就是其中的一次。他建议成员制定目标，实现目标，接着再制定目标。青年营的成员在亲眼所见、亲耳所听、亲身体验中收获颇丰。

除此之外，奥林匹克教育的各项活动也都以参与、实践为主，如奥林匹克日、奥林匹克艺术节、一校一国活动、各种艺术比赛、体育运动等。这些参与、实践活动，可以充分发挥学生的主动性、能动性和创造性，全面提高他们的素质，使他们能够愉快地从事自己的活动，体验新异、新奇的刺激，发现自己的兴趣、特长；使他们在参与中学会遵守规则，担当相应的社会角色，从而培养他们对集体、社会的责任感，这一点对当代的青年尤为重要。正如瑞安在论述美国的道德教育时写道："约六十年前，当美国还是以农场主和零售店主为主的国家时，年轻人常常是他们家庭生活中固定的而且往往是关键的经济来源，他们在农场、小商店或家中干零活，需要养成一种责任感。……相比之下，现代青年知识丰富，经验不足。美国的儿童世界随着经济、生产方式、家庭结构的变化而彻底改变了。现代化的住房提供给儿童的除了洗衣服、刷洗餐具、送垃圾外，很少有艰巨的任务，这样很难形成坚定的自我概念。按照上一代人的标准，如今的年轻人生活在一个寻找刺激、逃避现实的以自我为中心、以享乐为主的世界里。只有很少的一部分人有那种宝贵的经历和体验。这种体验能使他们摆脱自私自利的束缚，学会向别人奉献。"①

---

① 潘发勤，汤玉莲. 重新认识活动、体验在学习中的意义[J]. 上海教育科研，1999(6)：1–3.

三、奥林匹克教育的发展趋势

通过总结奥林匹克教育活动，特别是奥林匹克教育计划 40 多年的演进过程，我们发现奥林匹克教育具有以下发展趋势。

（一）组织结构系统化

由于奥林匹克教育活动的内容丰富多彩，每项活动的设计、准备、组织、实施过程都涉及不同的组织机构或部门，因此每届奥运会教育活动的组织机构、部门各有差异，但各个组织机构或部门会逐渐建立横向联系、协作配合，形成一定的链状结构。从 1984 年洛杉矶奥运会起，奥林匹克教育活动的组织机构或部门逐渐形成系统。如图 5–2 所示，奥林匹克教育活动的组织机构或部门主要有：奥组委，国际奥委会，国家奥委会，当地、地区和国家教育部门，学校、教师和其他教育协会，体育运动组织，媒体（电视、报纸等）、奥林匹克赞助商和其他私人机构。

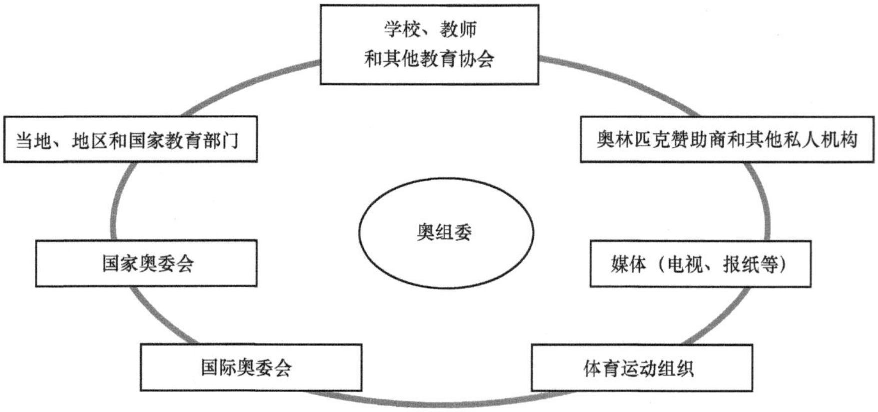

图 5–2　奥林匹克教育活动组织结构图

在奥林匹克教育活动的所有组织机构或部门中，奥组委起领导作用，将其他组织机构或部门集合在一起，使其相互配合；并且，奥组委在内部成立了相关部门，专门负责奥林匹克教育活动及与奥组委内部其他部门建立横向联系。如 1983 年卡尔加里奥组委内部成立了青年教育部，主要负责三个部分的活动：青年教育、青年文化和青年知识。

2006年都灵冬奥会，国际奥委会通过支持教育活动，如参观洛桑奥林匹克博物馆，而参与其中。国家奥委会在促进和教育青年奥林匹克理想方面发挥作用，这一点在2000年悉尼奥运会期间突出表现出来。学校、教师和其他教育协会的作用是开发奥林匹克运动的教育资源，使其与学校课程相适应。而教育部的作用则是确保奥林匹克教育计划在全国范围内的实施，以及奥运会后的连续性。

体育组织同样参与奥林匹克教育计划的实施，尤其包括体育实践的那些活动。体育组织将参与奥林匹克教育活动看作增长体育知识和进行体育实践的机会。媒体，将其参与奥林匹克教育计划看作是获得不同市场（当地、地区、国家、国际）的机会，如1994年利勒哈默尔冬奥会，国家广播公司通过制作一系列的奥运会节目，参与奥林匹克教育计划。赞助商的目的是获取商业利益，但结果显示，奥林匹克顶级赞助商（The Olympic Partner，TOP）很少涉足奥运会教育计划，而当地赞助商似乎对支持奥林匹克教育计划更感兴趣。

目前，每届奥运会奥林匹克教育活动的组织或参与部门因活动的变化而各不相同，大多数活动只涉及某些组织或部门，并且每个组织或部门的作用可能还没有完全发挥出来。但从整体上看，奥林匹克教育的组织机构或部门逐渐呈现系统化趋势。

（二）教育内容的普世性与本土化相结合

奥林匹克运动起源于雅典的奥林匹亚，顾拜旦等一批先驱者致力于使其复兴，从而有了现代奥林匹克运动，并逐渐从希腊走向整个欧洲，再走向世界。目前，国家奥委会达到199个，奥运会的参赛国已达200余个，几乎世界的各个角落都可以观看奥运会。奥林匹克运动已经与多种国际组织结合在一起，形成了一个全球性的奥林匹克网。因此以体育为手段的奥林匹克运动已经具有普世性，如奥运会的历史、奥林匹克精神、奥林匹克主义等内容已经成为全人类的共同财富。但越是全球性的东西越是多元化的，全球性与多元化共生。兹洛宾·洛特曼认为，文化的多元化是永恒的。日本朗平野健一郎认为，各种文化之间接触越频繁，文化越趋于多样化。著名未来学家约翰·奈比斯认为，越是具全球性的事物就越趋于部落化。[①]正是在经济全球化的映衬下，由于一种与生俱来的与环境相互作用而产生的情结，才使得本土化、民族化这些东西在人们内心深处显得更加独特，人们才会认为其更有生存的意义和价值。每届奥运会的奥林匹克教育活动都将奥林匹克运动这种普世性的知识在一定程度上与本国、本民族文化结合在一起，如在冬奥会中将体育运动项目的开展与本国的自然地理环境结合起来。奥林匹克青年营的活动更是将奥林匹克运动的内容与当地的民风民俗结合在一起。如 2000 年悉尼奥运会，青年营的一项活动是澳大利亚探险，第一步是到当地居民家居住三天，使他们了解澳大利亚的小村庄，成员们在此期间居住在主人家里，各自开展活动；然后到库那河看雨林、蝴蝶庄园和鸟的世界，到 Yarrabah 这个有着 3000 人口分别属于 28 个不同部落的土著村落活动一天；最后到达珊瑚礁的海边。未来的奥林匹克教育活动既要坚持普世性，以保持奥林匹克教育方向的正确性，又要本土化，以提高在具体国家和地区的实施效果。[②]

（三）区域范围各有差异，但具有扩大化的趋势

奥林匹克教育计划主要针对举办城市或地区，有时也扩大到整个国家，这有赖于组织、实施计划的组织机构或部门，尤其是当教育部和/或国家奥委会参与计划时。1976 年蒙特利尔和 1984 年洛杉矶奥运会集中于地区，而 1988 年卡尔加里冬奥会、1992 年阿尔贝维尔冬奥会和 1994 年利勒哈默尔冬奥会扩大到了国家范围。2000 年悉尼奥运会、2004 年雅典奥运会和 2006 年都灵冬奥会达到了国家范围，而 1996 年亚特兰大奥运会的奥林匹克日仅限于佐治亚地区，2002 年的盐湖城冬奥会则集中于犹他州。但总的来看，奥林匹克教育计划扩展到国家范围的数量大于地区范围，具有扩大化趋势。

（四）开始注重教育质量，建立评估机制

从 1976 年蒙特利尔奥运会有了正式的奥林匹克教育活动以来，其效果怎样，并没有引起组织机构或部门的注意。直到 2004 年雅典奥运会才

---

① 宋彩萍．全球化·民族文化·高等教育［J］．教育研究，2004（7）：66-70．

② 任海．奥林匹克教育与跨文化传播［J］．教育科学研究，2007（12）：5-7．

建立了评估指标体系，并考虑将评估的结果用于改进计划。2002 年第一次评估，完全在互联网上进行，递交计划的教师自己负责计划的国内评估，国家教育官员负责计划的海外评估，并对教育人员的培训研讨班也进行了评估。雅典奥运会组委会主席安格洛普洛斯夫人说，2004 年雅典教育计划可以认为在精神、方法、覆盖范围和当代技术方面是“奥运会历史上的领先计划”。在未来的奥林匹克教育活动中，国际奥委会应要求奥组委对教育计划的实施及奥运会后的延续进行评价。

（五）与新技术的发展紧密结合

从现代奥林匹克运动的百余年发展历程可以看出，科学技术推动了奥林匹克运动在全世界的传播和发展。在奥林匹克教育活动中技术的支持同样不可或缺，从各种教育资料、期刊、报纸的发行，到各种幻灯片、录像带、电视机的应用，尤其是互联网这一新技术的出现。互联网在 1996 年亚特兰大奥运会首次被应用，当时仅仅作为非正式的内容，而以后的奥运会都分别建立网站，扩大奥运会的影响，并在网站中设有教育活动区域，如 2004 年雅典夏奥会的“2004 青春网站”，在网上开展各种互动活动。

四、奥林匹克教育发展中存在的问题

（一）奥林匹克运动的普遍价值与文化多元化的挑战

虽然历届奥运会奥林匹克教育活动的组织者在实施教育过程中都将教育内容与本国、本民族文化有了不同程度的结合，但问题在于奥林匹克教育计划在设计、组织和传播方面是否能够成为多元文化的。当对奥林匹克主义的普遍价值进行交流时，在全球范围内，以哪种多元文化的方式理解？随着奥林匹克运动的全球发展，未来的奥运会将在文化更加多元的城市中举办，这一事实使情况变得越来越复杂。因此，奥林匹克教育中多元文化的挑战不仅是局部的，而且是全球的。

（二）教育遗产的一致性和连贯性问题

虽然历届奥林匹克教育活动以奥林匹克教育计划为主，内容包括各种教育、文化、艺术和体育活动。但从纵向来看，仅较少的教育内容具有一致性和连贯性，如奥林匹克青年营、“一校一国”姊妹结对活动。未来的奥林匹克教育组织者应注意这方面的问题，为以后的教育活动留下宝贵的遗产。

综上所述，从 1976 年蒙特利尔奥运会以来，经过 40 多年的发展，以奥林匹克教育计划为主的奥运会奥林匹克教育活动逐渐形成了一个系统，包括组织者（实施者）、教育目标、教育内容、实施方式、实施对象及效果反馈等要素。组织者又以奥组委为主要组织机构，将国际奥委会，国家奥委会，当地、地区和教育部门，学校、教师及其他教育协会，体育运动组织，媒体（电视、报纸等）、奥林匹克赞助商和其他私人机构等联系在一起。它以中小学学校的青少年为目标群体，通过亲自参与、实践的方式使青少年了解奥林匹克运动知识，感受奥林匹克精神的熏陶，逐渐养成健康、积极的生活方式。奥林匹克教育已经进入奥运会主办国尤其主办城市的中小学校中，并以多种主题的形式与多个学科相融合。普通高校在“体教融合”的改革中，应以人的全面发展为思想引领，借鉴奥林匹克教育实践的典型案例，以优秀运动员为榜样，在促进学生健康发展的基础上，提升少数学生的竞技能力，为国家筹备竞技体育人才。

第三节　奥林匹克教育示范学校以实践诠释奥林匹克运动

鉴于奥林匹克知识在中国的普及历史和普及程度完全不同于多次举办过奥运会的西方国家，北京奥林匹克教育的组织者和设计者创造了“奥林匹克教育示范学校”这样一个具有中国特色的奥林匹克教育计划推进形式，使之承载北京奥林匹克教育的历史使命。这些学校全面贯彻国际奥委会和《奥林匹克宪章》对主办城市和地区开展奥林匹克教育活动的要求，以实践诠释奥林匹克运动，普及奥林匹克知识，弘扬奥林匹克精神和北京奥运会的理念，培养具有国际视野和国际素养的一代青少年。奥林匹克教育示范学校广泛而深入地把奥林匹克教育融入学校的教育教学和各项活动中，并在此基础上，通过三个牵手活动充分发挥“示范”作用，拓展“辐射”功能：一是牵手普通学校，特别是乡村和山区学校，实现城乡学校奥林匹克教育资源共享，优势互补，共同发展；二是牵手特教学校，旨在尊重每一个生命，人人平等参与，共同分享奥林匹克运动带来的快乐；三是牵手社区，通过示范学校与社区居民开展共享奥林匹克精神活动，提高北京市奥林匹克教育的质量，推进“全民健身”活动，落实“人文奥运”理念。

一、奥林匹克教育示范学校的设计及试点

（一）命名“奥林匹克教育示范学校”的缘由

按照《奥林匹克宪章》及国际奥委会的要求，北京2008年奥林匹克运动会申办委员会（以下简称“北京奥申委”）承诺在4亿青少年，尤其是2.3亿学生中普及奥林匹克知识，传播奥林匹克主义。既然中国已经做出承诺，那么如何将其落到实处呢？在对前几个奥运周期的国际考察及相关资料分析的基础上，本书对于奥林匹克教育是什么、如何实施等共性问题提出了一些认识。中国是一个发展中的社会主义东方大国，首先，改革开放后，经济发展水平有了大幅度提高，教育总体发展水平虽居世界中上行列，但仍与发达国家之间存在差距。发达国家学校的运动场地、设施、资料都较齐全，学生平均每人可获得的资源也较多。其次，中国人口基数大，青少年、在校学生人数众多，其规模是历届奥运会奥林匹克教育之最。最后，奥林匹克运动文化，与中华五千年的传统文化差异较大，中国对奥林匹克教育的理解，可能与之存在一定差异。考虑上述几个因素，北京奥林匹克教育不可能直接照搬往届奥运会举办城市和国家的做法，只能根据中国的国情，另辟蹊径。

1. 奥林匹克教育的实施由“试点”开始

虽然学校的运动场地、设施等硬件条件与发达国家存在差距，但这并不代表中国不能开展奥林匹克教育，也不代表中国开展奥林匹克教育的效果要比发达国家差。经过多年的发展，中国已经掌握了独特的推广

活动经验。受传统文化的影响，中国人倾向于整体思维，喜欢综合看问题，只要是需要推广的内容，一般先确定一个或几个试点，从中取得经验、教训，然后在试点过程中修改经验、方式组织等，并在此基础上大面积铺开。在搞试点时，一般将试点视为榜样，让大家来看、来学，并在试点推广时为被推广对象留有新的创造空间。虽然作为榜样，试点有经验，有方法，有组织等，但这些都不是固定不变的。一方面，它要告诉人们这是什么；另一方面，大家要通过自己看、自己学、自己体验，然后自己做，因地制宜。

北京奥运会筹办和举办期间，奥林匹克教育的落实，按照惯性思维，自然让人们想起了“试点”的传统风格，用“试点”的经验推广这一新鲜事物。因奥林匹克教育的目标群体主要是青少年，学校便理所当然地成了教育的“场所”。北京奥林匹克教育的组织者和设计者经过潜心沉思，将这种“试点”命名为“奥林匹克教育示范学校”，充分利用试点推广一个教育内容、一个教育理念或一种教育方式。

2.“奥林匹克教育示范学校”的特点

①实验性。2008 年北京奥运会是我国首次举办奥运会，伴随奥运会而来的奥林匹克教育此前在我国基本属于空白状态。虽然北京奥申委在申奥时承诺在 2.3 亿学生中普及奥林匹克知识，传播奥林匹克主义，但在该周期中如何实施，实施哪些内容或项目，结果如何？北京奥林匹克教育的组织者和设计者一开始对这些问题的认识基本上是模糊的、不确切的。在借鉴国外相关经验的基础上，他们创造性地提出了“奥林匹克教育示范学校”这样一种新形式，并以此为试点，尝试推广这一新鲜事物。因此，“奥林匹克教育示范学校”具有实验性的特点，使奥林匹克教育在中国由理论走向实践，迈出了“摸着石头过河”的第一步。

②示范性。“奥林匹克教育示范学校”是中国开展奥林匹克教育活动的“试点”学校。根据中国推广事物的传统经验，“试点”应具有榜样的责任和义务。第一，“奥林匹克教育示范学校”拥有较深厚的基础和较高的社会认可度，在校内有责任广泛且深入地将奥林匹克教育融入学校的

教育教学和各项活动中。开展奥林匹克教育不是应时应景的活动，而是学校面临的一次发展机遇，不仅要借此改造学校的体育和德育，还要在各个学科中渗透奥林匹克理念和知识，从而使全校师生了解奥运，参与奥运，体验奥运，得益奥运。第二，“奥林匹克教育示范学校”开展的奥林匹克教育活动是学校师生对奥林匹克文化的理解和诠释，具有浓郁的“乡土气息”。因其具有可操作性和模仿性，其他学校在认可其效果的前提下，可跟着做，跟着学。

③基础性。“奥林匹克教育示范学校”是奥林匹克教育学校的“试点”，也是中国青少年普及奥运知识，传播奥运理念的“基点”。“奥林匹克教育示范学校”根据其实际情况不断实验、摸索，逐渐形成了开展奥林匹克教育的典型经验，这些典型经验成为奥林匹克教育在中国中小学生根、发芽、开花、结果的基础。另外，“奥林匹克教育示范学校”主要是中小学学校，中小学教育属于基础教育的范畴，中小学生身心发展的可塑性较大。对处于基础阶段的中小学生进行奥林匹克教育效果较好。

④辐射性。“奥林匹克教育示范学校”除根据学校情况开展奥林匹克教育活动外，还有一个重要的责任，即带动兄弟学校和周边社区开展奥林匹克教育。在初期，示范学校的主要任务是探索奥林匹克教育的有效形式，因地制宜地开展有创意、有特色的奥林匹克教育实践活动。随着奥林匹克教育的进一步组织实施，周边学校也自发开展相关活动。随后，奥林匹克教育的组织者和设计者根据奥林匹克教育的推进程度分别设计了三个辐射活动：一是牵手普通学校，特别是乡村和山区，实现城乡学校奥林匹克教育资源共享，优势互补，共同发展；二是牵手特殊教育学校，旨在尊重每一个生命，人人平等参与，共同分享奥林匹克运动带来的快乐；三是牵手社区，通过示范学校与社区居民开展共享奥林匹克精神活动，提高北京市奥林匹克教育的质量，推动“全民健身活动”，落实“人文奥运”理念。

（二）20 所“北京 2008 奥林匹克教育示范学校”的授牌

1.“奥林匹克教育示范学校”的调研为确定入选名单提供依据

2005 年 11 月，北京奥组委新闻宣传部、北京市奥林匹克教育工作领导小组办公室联合调研组赴 14 个区县（单位）开展奥林匹克教育工作情况调研。调研的主要目的是通过对各区县教委推荐的“北京 2008 奥林匹克教育示范学校”候选学校进行实地考察，为确定首批“北京 2008 奥林匹克教育示范学校”入选名单提供参考依据。通过座谈、交流等方式，了解区县奥林匹克教育情况，为即将全面开展的奥林匹克教育工作搜集素材，同时为北京市奥林匹克教育工作会议提供典型经验材料。

调研结果显示，自申奥成功以来，北京市部分学校、区县自觉主动地开展了奥林匹克教育的试验与探索，并取得了一定效果，同时也存在一些问题，如奥林匹克教育工作开展得不平衡，缺乏计划性等。

2. 20 所“北京 2008 奥林匹克教育示范学校”的授牌标志着北京奥林匹克教育工作的正式实施

2005 年 12 月，中共北京市委教育工作委员会、北京市教育委员会和北京奥组委新闻宣传部联合召开的“北京市奥林匹克教育工作会议”是北京奥林匹克教育正式进入实施阶段的一次工作推进会议。会议强调北京市奥林匹克教育工作要以“抓机遇、做贡献、促发展、留遗产”为开展奥林匹克教育的指导方针，贯彻落实北京奥组委和教育部下发的《“北京 2008”中小学生奥林匹克教育计划》，并要求各级党委和政府按照《北京市学校奥林匹克教育行动计划》的部署，把奥林匹克教育纳入“十一五”规划，整体部署，分步实施；社会各界要广泛参与，形成良好的社会氛围；充分利用传媒工具，加强宣传报道，营造良好的奥运氛围。同时，在这次会议上北京奥组委、教育部和北京市人民政府联合向首批 20 所北京 2008 奥林匹克教育示范学校授牌（表 5–2）。

表 5-2 北京市首批北京 2008 奥林匹克教育示范校（20 所）

序号	示范学校名称	所属区、县	序号	示范校名称	所属区、县
1	北京市景山学校	东城区	11	北京市朝阳区花家地实验小学	朝阳区
2	北京师范大学良乡附属中学	房山区	12	北京市昌平区第二中学	昌平区
3	中央工艺美术学院附属中学	东城区	13	北京市海淀区羊坊店中心小学	海淀区
4	北京师范大学燕化附属中学	房山区	14	北京市平谷中学	平谷区
5	北京市第四中学	西城区	15	北京市第十二中学	丰台区
6	北京市通州区潞河中学	通州区	16	北京市怀柔区第一小学	怀柔区
7	北京市广渠门中学	崇文区	17	北京市第九中学	石景山区
8	北京市大兴区兴华中学	大兴区	18	北京市密云县第二中学	密云县
9	北京市育才学校	宣武区	19	北京市门头沟区大峪第二小学	门头沟区
10	北京市顺义区马坡中心小学	顺义区	20	北京市延庆县第一中学	延庆县

这次会议表明北京奥林匹克教育工作由原来各级各类学校的自发活动，转变为政府正式领导的有计划、有组织、有目的的行动，并以《北京市学校奥林匹克教育行动计划》为具体指导原则，要求社会各界积极参与，从而形成了政府部门和北京教育系统领导、规划，各级各类学校实施创造，社会各界共同参与的格局。

首批 20 所北京 2008 奥林匹克教育示范学校的授牌，由三个部门参与：北京奥组委、教育部和北京市人民政府，这足以表明政府、教育行政部门对奥林匹克教育示范学校工作的重视程度和他们在其中应承担的责任和义务。北京奥组委对示范学校的授牌，表明它要承担起北京奥林匹克教育工作的领导责任，将奥林匹克教育工作与奥运会的筹办和举办工作联系起来，并将北京奥林匹克教育开展的情况及时向国际奥委会汇报。教育部的参与表明，北京奥林匹克教育工作主要由教育系统完成，教育部已经认同北京奥组委分配的任务，并成立组织机构负责奥林匹克教育工作的具体实施。北京市人民政府的参与表明，北京奥林匹克教育工作的重点是在北京市，这是从往届奥运会奥林匹克教育活动中借鉴的经验，北京市的奥林匹克教育工作几乎代表中国。北京市人民政府，除要发动北京市教育系统外，还鼓励北京市的社会各界努力营造良好的社会氛围和奥运氛围，为奥林匹克教育工作的推进提供保障条件。

北京市奥林匹克教育工作的两个文件——《“北京 2008”中小学生奥林匹克教育计划》和《北京市学校奥林匹克教育行动计划》，标志着北京奥林匹克教育工作是一种计划性、目的性、有组织的教育活动。而 20 所北京 2008 奥林匹克教育示范学校的授牌则标志着政府全面配合奥组委，教育行政机构主责推进的奥林匹克教育工作正式进入实施阶段；同时也表明 20 所北京 2008 奥林匹克教育示范学校是推进北京奥林匹克教育工作的一个尝试性探索。

（三）北京 180 所、全国 356 所奥林匹克教育示范学校的授牌

1. 新闻媒体宣传奥林匹克教育示范学校的创新做法和工作经验

奥林匹克教育示范学校主要由教育行政部门推进。为了宣传学校开展奥林匹克教育活动的阶段性成果，新闻媒体的作用不可忽视。2006 年 2 月、4 月北京奥组委新闻宣传部、中宣部、市委教育工委、市教委、市奥林匹克教育领导小组办公室联合举办了境内新闻媒体采访北京 2008 奥林匹克教育示范学校的活动。来自新华社、中央电视台新闻频道和体育频道、中国体育报、人民画报、北京电视台新闻频道和体育频道部、北京人民广播电台、北京日报、北京晚报、北京青年报、北京晨报、竞报、北京娱乐信报、北京法制晚报、中国教育报、中国教育电视台、现代教育报、中学生时事报、北京教育杂志、教师报、北京奥组委网站、搜狐网站等 40 家新闻单位记者参加了采访活动，分别采访了朝阳区花家地实验小学、北京市第四中学等十余所奥林匹克教育示范学校，并在各新闻媒体上陆续报道，共同宣传奥林匹克教育示

范学校的创新做法和工作经验，为启动全国范围的中小学奥林匹克教育渲染氛围，并展示“绿色奥运、科技奥运和人文奥运”三大理念在中小学教育中的体现，旨在全社会掀起普及奥运知识、弘扬奥运精神的高潮。

2. 北京180所奥林匹克教育示范学校的授牌标志着命名北京市奥林匹克教育示范学校的任务全面完成

（1）第二批北京2008奥林匹克教育示范学校的申报和评审工作

根据《“北京 2008”中小学生奥林匹克教育计划》和《北京市学校奥林匹克教育行动计划》的部署，北京须完成命名200所示范学校的任务。2006年3月28日，北京市奥林匹克教育工作领导小组召开第二批北京2008奥林匹克教育示范学校的申报工作会议。会议下发北京市教育委员会《转发北京奥组委、教育部关于开展建设和命名北京2008奥林匹克教育示范学校的通知》，同时下发《北京2008奥林匹克教育示范学校建设和命名工作实施方案》。北京奥林匹克教育主管领导介绍命名奥林匹克教育示范学校的重要意义、目标、标准和主要任务等内容，并部署下一步的评审工作。

由北京奥组委新闻宣传部、北京市奥林匹克教育工作领导办公室、高校奥林匹克教育专家、区县奥运办组成的专家小组对北京市奥林匹克教育示范学校进行抽查评审后，2006年4月26日北京市奥林匹克教育工作领导小组办公室召开第二批北京2008奥林匹克教育示范学校专家评审会。专家小组对抽查的19个区县60所申报“示范学校”的中小学的奥林匹克教育工作进行分析与总结，并部署下一步的工作，努力完成北京市200所示范学校的命名任务。

（2）第二批北京180所奥林匹克教育示范学校授牌展示了奥林匹克教育的阶段性成果

2006年6月2日，北京市第二批180所奥林匹克教育示范学校命名仪式暨奥林匹克教育成果展示会在北京市育英学校举行。在示范学校名额的分配上，除普通公办中小学外，还在一定比例上覆盖了职业学校、民办学校、国际学校、体育学校、打工子弟学校、特殊教育学校等。北京200所“示范学校”根据学校的实际情况，开展了各具特色的奥林匹克教育活动，总结了一批开展奥林匹克教育活动的典型经验。至此，北京奥组委和教育部制订的《“北京 2008”中小学生奥林匹克教育计划》提出的在北京命名和建设200所北京2008奥林匹克教育示范学校的工作全面完成。

3. 京外356所奥林匹克教育示范学校成为全国其他省(市、自治区)奥林匹克教育工作的试点学校

除北京市命名和建设200所示范学校外，按照北京奥组委、教育部《“北京2008”中小学生奥林匹克教育计划》的要求，全国其他省市也相继命名和建设了356所奥林匹克教育示范学校。到2007年10月，我国共命名了556所奥林匹克教育示范学校。京外356所奥林匹克教育示范学校成为全国其他城市开展奥林匹克教育的示范校、实验校，这些学校积累了大量开展奥林匹克教育活动的典型经验，并充分发挥“辐射”功能带动兄弟学校和周边社区共同开展奥林匹克教育活动。

二、奥林匹克教育示范学校的任务表述

（一）北京2008奥林匹克教育示范学校的任务表述

1.《“北京2008”中小学生奥林匹克教育计划》和《北京市学校奥林匹克教育行动计划》中关于“示范学校”的任务表述

（1）《“北京2008”中小学生奥林匹克教育计划》关于“示范学校”的任务表述。

《“北京2008”中小学生奥林匹克教育计划》的主要内容之一是建设北京2008奥林匹克教育示范学校：在全国中小学中开展建设和命名北京2008奥林匹克教育示范学校活动，推动奥林匹克教育在中小学校的开展。计划在全国中小学范围命名500余所，其中北京地区200所，赛区城市所在省（市）各20所，其他省（市、区）各10所。奥林匹克教育示范学校将示范有特色、高水平、有成果的学校奥林匹克教育工作，成为奥林匹克教育国际交流项目的重点学校，成为北京2008年奥运会的重要教育遗产。鼓励这些学校在奥运会结束后继续开展奥林匹克教育工作

和国际交流项目。

（2）《北京市学校奥林匹克教育行动计划》关于“示范校”的任务表述

《北京市学校奥林匹克教育行动计划》对《“北京 2008”中小学生奥林匹克教育计划》中关于“示范学校”的内容进行了较为具体的表述：在北京市中小学中命名和建设一批“北京 2008 奥林匹克教育示范学校”。“北京 2008 奥林匹克教育示范学校”必须单独开设“奥林匹克教育课”，以北京奥组委编写的《北京奥运会小学生读本》《北京奥运会中学生读本》为基本教材，每月不少于 2 个课时。同时，奥林匹克教育工作应渗透到学校运动会、班（队）会、团支部等活动以及学科教学中，在中小学生中广泛普及奥林匹克知识，弘扬奥林匹克精神，宣传北京 2008 年奥运会理念，通过学生的参与式和体验式教育，使广大学生主动了解奥运会并积极参与北京奥运会的筹办工作，培养青少年学生的国际主义、爱国主义、集体主义和团队合作精神，提高青少年学生的综合素质。2005 年、2006 年和 2007 年分别完成 50 所学校、100 所学校和 50 所学校的命名和建设任务，由北京奥组委、教育部和北京市政府共同为北京 2008 奥林匹克教育示范学校授牌。

2. 对两个计划中关于“示范学校”任务表述的理解和解释

《“北京 2008”中小学生奥林匹克教育计划》关于“示范学校”的任务表述集中于硬件指标，关注命名示范学校的数量。而其任务则概括表述为：一是要求示范学校开展有特色、高水平、有成果的学校奥林匹克教育工作；二是成为奥林匹克国际交流项目的重点学校；三是成为北京 2008 年奥运会的重要教育遗产；四是奥运会后继续开展奥林匹克教育和国际交流项目。由于该计划是奥林匹克教育的总指导纲领，覆盖整个国家的中小学教育系统。对“示范学校”任务的阐述自然偏重于宏观方面和整体部署，而对如何做、做什么等具体实施工作则须进一步剖析和分解。

《北京市学校奥林匹克教育计划》是北京市奥林匹克教育工作的指导性文件，其实施对象仅限于北京市的中小学。根据往届奥运会奥林匹克教育的经验，奥运会主办城市是实施奥林匹克教育的主要阵地。北京市为第29届奥运会的主办城市，因此对北京奥林匹克教育工作的要求应高于全国平均水平，北京奥林匹克教育工作应为全国奥林匹克教育工作起示范带头作用。《北京市学校奥林匹克教育计划》的出台，进一步计划了在北京市内如何组织实施奥林匹克教育。其关于“示范学校”的任务表述更具有“行动纲领”的意味：一是单独开设奥林匹克教育课程，每月不少于2学时，并以北京奥组委编写的系列读本为教材；二是将奥林匹克教育工作渗透到学校运动会、班队会、团支部等活动中；三是将奥林匹克教育与学科教学相结合；四是奥林匹克教育应普及奥运知识，弘扬奥运精神，让学生通过参与和体验来培养、提高自身的综合素质。由此可见，该计划具有一定的“可操作性”，但关于如何普及奥运知识，如何与学科教学相结合，学生体验哪些内容，如何培养提高他们的素质等问题仍模糊不清。

（二）示范学校命名工作方案和实施方案中关于“示范学校”的任务表述的变化

为了贯彻落实上述两个重要文件，展示北京奥林匹克教育成果，积累奥林匹克教育实践经验，全面推进全国中小学奥林匹克教育工作，北京奥组委、教育部进一步颁发了《北京2008奥林匹克教育示范学校建设和命名工作方案》和《北京2008奥林匹克教育示范学校建设和命名工作实施方案》。

1.《北京2008奥林匹克教育示范学校建设和命名工作方案》对“示范学校”的任务表述的变化

该方案将北京奥林匹克教育示范学校的任务表述为以下4个方面。

第一，将奥林匹克教育纳入学校常规教育教学工作。学校要把奥林匹克精神传播与学校德育工作结合起来，提高中小学生的思想道德素质、文明礼仪素质。要通过德育活动、体验教育等形式实施奥林匹克教育，吸收奥林匹克思想中的教育价值，增进学生对国际多元文化的了解，开阔学生的国际视野。

学校要把奥林匹克精神教育与学校体育工作结合起来，促进学生身体素质的提高。要把奥运会竞赛项目推广与学校体育工作结合起来，在体育课的实践中拉近学生与奥运会的距离，促进学校体育活动的广泛开展。通过多种形式让学生分享运动员的奥运活动经历，增加体验奥林匹克精神的机会，树立健康的意识，养成健康的锻炼习惯，形成积极参加体育锻炼活动的热潮。

学校要采用中小学生奥林匹克知识读本、挂图等课程资源，针对不同年龄阶段的学生，采取多种课程形式，普及奥林匹克知识。

第二，开展奥林匹克教育系列活动。学校要紧密围绕2008年奥运会的筹备工作，开展丰富多彩的教育活动，如组织学生积极参与北京奥组委面向全社会开展的各项主题活动，开设比赛项目等内容的讲座，为学生参加赛时活动做好准备。组织开展摄影、书法、绘画、诗歌、外语演讲等活动。利用迎奥运契机，深入开展学校体育竞赛活动，为学生提高身体素质、体验奥林匹克运动提供更为广阔的平台，建立学校开展体育健身、体育竞赛活动的良好机制。

第三，参与“同心结”交流活动。北京地区的部分示范学校是实施“同心结”国际交流项目的主体。参加“同心结”国际交流项目的示范学校要积极与参加2008年奥运会和残奥会的国家或地区代表队联系，开展各种交流活动，增进理解和友谊。在奥运会期间，组织各学校学生代表在奥运村参加结对国家和地区运动员的欢迎仪式、在赛场上为结对国家和地区的运动员加油助威等。

第四，发挥辐射带动作用。示范学校要充分发挥奥林匹克教育的示范和辐射作用，带动其他学校的奥林匹克教育工作。北京奥组委将根据奥林匹克教育工作的开展，组织北京地区示范学校与其他省市的示范学校进行交流活动，促进示范学校奥林匹克教育成果的推广。

示范学校作为展示当地奥林匹克教育的窗口学校，需要完成北京奥组委、教育部和当地教育行政部门安排的临时性奥林匹克教育和宣传接待任务，发挥监督与辐射作用，促进奥林匹克教育工作规范、有序地开展。

2.《北京2008奥林匹克教育示范学校建设和命名工作实施方案》对“示范学校”的任务表述的进一步拓展

对于《北京2008奥林匹克教育示范学校建设和命名工作实施方案》中关于“示范学校”的任务表述，北京奥林匹克教育组织机构将实施过程扩展为以下十个方面。

①北京2008奥林匹克教育示范学校每月必须单独开设两个课时的奥林匹克教育课程。奥林匹克教育课程不得挤占体育课时。通过多种形式普及奥林匹克知识，弘扬奥林匹克精神。

②北京2008奥林匹克教育示范学校统一使用北京奥组委、北京市教育委员会编撰的《北京奥运会小学生读本》《北京奥运会中学生读本》、挂图等课程资源，针对不同年龄阶段的学生，采取多种课程形式，普及奥林匹克知识。

③开展奥林匹克教育系列活动。北京2008奥林匹克教育示范学校要紧密围绕2008年奥运会的筹备工作，开展丰富多彩的、富有特色的教育活动，如组织学生积极参与北京奥组委面向全社会开展的各项主题活动，开设比赛项目等内容的讲座，为学生参加赛时活动做好准备。组织开展摄影、书法、绘画、诗歌、外语演讲等活动。利用迎奥运契机，深入开展学校体育竞赛活动，为提高学生身体素质，体验奥林匹克运动提供更为广阔的平台，建立学校开展体育健身、体育竞赛活动的良好机制。

④开展中小学生体育健身活动。各示范学校要将奥林匹克精神教育与学校体育工作结合起来，促进学生身体素质的提高。要把奥运会竞赛项目推广与学校体育工作结合起来，在体育课的实践中拉近学生与奥运会的距离，促进学校体育活动的广泛开展。通过多种形式让学生们分享运动员的奥运会经历，增加他们体验奥林匹克精神的机会，树立健康的意识，养成健康的锻炼习惯，形成积极参加体育锻炼活动的热潮。

⑤开展文明礼仪教育。各示范学校要把奥林匹克精神传播与学校德育工作结合起来，提高中小学生的思想道德素质和文明礼仪素质。

⑥开展国际交流活动。各示范学校要通过多种方式，开展国际交流活动，增进学生对国际多元文化的了解，开阔学生的国际视野。

⑦发挥示范辐射作用。辐射2～3所学校共同开展奥林匹克教育工作；发挥学校体育设施和奥林匹克教育的优势为社区服务，宣传奥林匹克精神和北京奥运会相关理念。

⑧北京2008奥林匹克教育示范学校需在校园网上开设“奥林匹克教育”专栏。

⑨北京2008奥林匹克教育示范学校需在学校醒目位置设置北京奥运会倒计时时钟。

⑩完成北京奥组委、教育部和北京市教育行政部门安排的临时性奥林匹克教育、宣传、接待任务。

3. 示范学校命名工作方案和实施方案对“示范学校”任务表述进行拓展的原因分析

（1）从理论到实践要求奥林匹克教育示范学校的任务具体化

《“北京2008”奥林匹克教育计划》和《北京市学校奥林匹克教育行动计划》是北京奥林匹克教育的组织者和设计者在参照前几个奥运周期中奥林匹克教育活动经验的基础上，并结合中国教育实际做出的理论建构，但要将理论转化为实践，必须使奥林匹克教育示范学校的任务具体化。任务越具体，越具有操作性，其效果越好。但教育（教学）活动是一种特殊的实践活动，不像建筑领域的蓝图与施工一样，一板一眼，都精确到位，教育（教学）理论的具体化、操作化、现实化等环节应被创造性地运用，应留有参与者发挥想象和创造的空间。因此，在建构基础上的解构是奥林匹克教育示范学校工作方案及实践方案必须要做的一项工作。

《“北京2008”奥林匹克教育示范学校建设和命名工作方案》主要用于指导示范学校的评审和授权工作，该方案关于示范学校任务的表述进一步拓展了《北京市学校奥林匹克教育行动计划》中关于示范学校任务的内容，就如何与学校的教育教学工作相结合，开展哪些奥林匹克教育系列活动，如何开展“同心结”交流活动等问题做了详细说明。

《北京2008奥林匹克教育示范学校建设和命名工作实施方案》用条款这样一种简单明了的形式将奥林匹克教育示范学校的任务明确标明，对奥林匹克教育工作的实施具有直接指导作用。该方案将北京奥林匹克教育示范学校的任务主要归结为几个方面：开展奥林匹克知识教育活动以普及奥运知识，传播奥运精神；将奥林匹克教育融入学校体育，培养学生对体育活动的热情进而逐渐养成体育锻炼的意识和习惯；开展文明礼仪教育，提高学生的道德素养；开展国际交流活动以开拓学生的国际视野。另外，学校校园应开设“奥林匹克教育专栏”，设置北京奥运会倒计时时钟，并需要完成临时性的奥林匹克教育宣传和接待任务。可见，《北京2008奥林匹克教育示范学校建设和命名工作实施方案》的颁布使奥林匹克教育工作的实施更明确，更具体，更具有操作性。

（2）示范学校命名工作方案和实施方案均增加“示范辐射”任务，进一步补充完善北京奥林匹克教育计划的内容

“示范辐射”任务是示范学校命名工作方案和实施方案中增加的一个“新任务”，进一步拓展了《“北京2008”中小学生奥林匹克教育计划》和《北京市学校奥林匹克教育行动计划》关于示范学校任务的表述。《北京2008奥林匹克教育示范学校建设和命名工作方案》关于示范学校示范辐射作用的任务可理解为：一是示范学校要带动其他学校开展奥林匹克教育活动；二是北京市奥林匹克教育示范学校与全国其他城市的示范学校进行交流学习，以推广奥林匹克教育的成果；三是完成临时性的接待宣传任务。《北京2008奥林匹克教育示范学校建设和命名工作实施方案》中关于示范学校的任务，除带动2～3个兄弟学校外，还进一步拓展到社区，形成社会全员参与的氛围。但如何实施仍需进一步的部署和安排。

示范学校命名方案和实施方案中新增加的“示范辐射”任务，是随着北京奥林匹克教育工作的推进，逐渐提出的设想。这一设想是为了完成北京奥申委对国际奥运会在中国四亿青少年中普及奥运知识、传播奥

运精神的承诺。“北京 2008 奥林匹克教育示范学校”虽然开展了丰富多彩的教育活动，形成了开展奥林匹克教育的典型经验，但和中国 2.3 亿学生这个基数相比，所占的比例是微乎其微的。因而，他们只有发挥示范作用、辐射功能，使北京市的非示范学校和全国其他城市的中小学学校都开展奥林匹克教育，全国中小学生人人参与奥运，才能真正兑现承诺。示范学校命名工作方案和实施方案中新增加的“示范辐射”任务是对《“北京 2008”中小学生奥林匹克教育计划》和《北京市学校奥林匹克教育行动计划》中关于示范学校任务的进一步补充和完善。

三、奥林匹克教育示范学校开展奥林匹克教育活动的成效

（一）青少年奥林匹克教育效果明显

1. 青少年基本了解和掌握了奥林匹克的相关知识

中国青少年对奥林匹克知识的学习基本上是从“零”起步的，但没有采用“灌输”的方式让学生死记硬背一些枯燥无味的内容，也不用通过“正式考试”以确认学习的效果。它由“故事”“事件”开始，让学生在饶有兴趣的状态下，在好奇心的驱动下，将其作为“正式学习内容”的添加剂、缓冲剂来了解、掌握。同时，奥林匹克专刊、奥林匹克新闻报纸、电视节目、网站等大众媒体时刻围绕在学生的周围，使奥林匹克知识触手可及，学生在课间的嬉闹中，在回家的马路上，在吃饭的餐桌上，不经意间就了解了一些相关知识。尽管学校开设奥林匹克教育课程的时间非常有有限，但经过潜移默化的影响，几乎每一名学生都了解了顾拜旦、奥运会以及北京奥运会理念等知识。2008 年北京奥运会举办期间，学生们对奥运项目的认识更是了如指掌，对自己参加观赛的项目规则、观赛礼仪、运动名将等知识不用教师和家长提醒，早已铭记在心。

2. 通过参加各种体育活动，学生逐渐养成参加体育运动的意识和习惯

学校通过积极创新，开展了形式多样、丰富多彩的体育活动，使原先枯燥无味的内容“活”了起来；同时，在活动中不断增加奥运项目的

了解和学习，将学生的“奥运情结”转化到具体的行动中。与奥运冠军的近距离接触，使其亲身体验到顽强拼搏、竞争合作、尊重规则的精神，“苦”“脏”“累”的惯性思维逐渐消失，取而代之的是“参与”“快乐”“激情”。通过别具用心的设计和充分的时间保障，学生逐渐形成参加体育运动的意识和习惯。调查表明，示范学校的学生 91%以上除体育课和课间操之外每周还参加其他体育活动，每周参加三次以上者达到 55.4%，对体育的兴趣以及对体育的关注程度等方面均有积极的变化。①

3. 通过参加各种公民道德教育活动，学生的文明素养明显提高

（1）通过文明礼仪教育，学生表现出良好的文明礼仪行为

2005—2008 年，首都青少年学生通过学习礼仪、实践礼仪、展示礼仪和宣传礼仪，在唱响国歌、尊敬师长、主动问好、把纸屑扔进垃圾箱等文明行为方面有了明显的进步，在随地吐痰、闯红灯、践踏草坪、破坏花木、乱写乱画等不良行为方面已有明显改善，“情系奥运，文明礼仪伴我行”已经成为中小学学生的行动口号。

（2）通过参加“同心结”交流活动，学生的国际理解能力提高，国际视野开阔

2006 年 12 月，北京 2008 奥林匹克教育“同心结”交流活动仪式正式启动，北京市在两年的时间内约 200 余所中小学已经与 161 个国家和地区的学校确定了姊妹校关系，其中约 100 所“奥林匹克教育示范学校”也是“同心结”交流学校。“同心结”交流活动的开展，为学生们提供了一个亲身参与、主动接触世界的舞台；寻找结对国，联络姊妹校，与“同心结”学校小伙伴的交流让学生们真正成为活动的主角，并感受到作为东道主所应具备的责任感和自豪感。

通过“同心结”交流活动，学生主动了解结对国家的地理概貌、人口、风土人情等方面的知识，并积极创造条件，通过各种渠道与结对学

---

① 张建华，高嵘，原玉杰，等. 奥林匹克教育效果调查［J］. 体育文化导刊，2009（7）：119－124.

校取得联系，开展交流活动。同时，各国政要、大使们纷纷走进校园，亲自向学生们介绍自己的国家。2008 年奥运会举办期间，不少代表团一到北京就开始联络学校，看看学生们对自己的国家了解多少。“同心结”啦啦队是重点项目，在比赛期间，这些学校组成观赛方阵，为结对国运动员呐喊助威，体验奥林匹克的风采，展示中国学生良好的精神面貌。通过参加“同心结”交流活动，学生懂得了尊重，懂得了理解，懂得了宽容，进而还懂得了如何面对困苦，如何战胜艰难，如何超越自我。在交流中，学生们学会了平等，学会了公正，学会了合作，进而还学习了如何热爱自然，如何热爱社会，如何和平共处。

（3）通过参加各种“绿色”活动，学生的环保意识增强

“绿色奥运”的“绿色”有许多指标，其核心是人的运动与自然环境的和谐。通俗地理解就是：一要植树，二要减少污染。学校通过组织各种活动来宣传环保知识，倡导绿色行为。每年的“植树节”“世界地球日”“环境日”更是学生接受生态意识教育，践行环保理念的好时机。另外，学生还自愿组成“环保小卫队”“护绿小分队”等组织，每天在校园的每个角落巡逻，巡视学校的卫生状况，定时为花草树木培土、浇水，督促师生做好卫生清洁和保洁工作。更多的绿色、更少的白色，更多的步行、更少的乘车，更多的自己上学、更少的家长接送，这些都是学生绿色意识的表现。

（4）通过参加各种志愿服务教育活动，志愿精神深入人心

虽然志愿活动在高校已经有多年的历史，但在中小学被师生们所认识并加入志愿者行列队伍中来，确实是近两年的事情，是北京奥运会带给中小学师生的一件精神文明的、道德修养的、心理慰藉的和国际通行的知识行为大礼包。几年来，奥林匹克教育示范学校广泛开展志愿性质的服务活动，内容基本集中于维护环境、服务社区、宣传奥运、疏导交通等几个方面。学生们通过参加活动，如清理道路垃圾、清扫墙面灰尘、清除“牛皮癣”、向过往市民发放奥运宣传材料等，以及为他人提供热心帮助，如当奥运小导游、为陌生人指路等，从小事做起，从点滴做起，用自己的文明行动带动家长及周边的市民。

现代的中小学生，在家人的宠爱下，衣食无忧，凡事先考虑自己的利益得失，容易任性骄横，缺少小伙伴与之游戏，不易与人合作，依赖性较强，劳动自觉性较差。通过参加各种志愿服务活动，他们有了和同龄人一起工作的体验；通过担当相应的社会角色，他们学会了遵守规则、尊重他人、保护环境，与他人合作等。因此，这些志愿服务活动培养了他们的集体或社会责任感。这一点尤为重要。北京奥运会有 10 万志愿者，40 万城市志愿者，100 万社会志愿者，这是奥运会第一次在中国如此大的范围内普及志愿者精神，作为经历这一过程的中小学生来说，其本身就是一次学习、一次成长。

（二）奥林匹克教育促进学校体育改革

奥林匹克教育进学校，正值中国青少年体质多年连续下降，中国体育课程改革紧张进行的实验时期，奥林匹克教育与中国学校体育的结合，在一定程度上创新原有的内容、方法，使学生逐渐喜欢并参加各种体育活动。2007 年 4 月“全国亿万青少年学生阳光体育运动”全面启动，2007 年 5 月颁布的中共中央国务院《关于加强青少年体育增强青少年体质的意见》为学校开展各项体育活动提供了条件和保障。

1. 奥林匹克教育对学校体育课程改革的影响

在中国，20 世纪 90 年代以前，课程一般由专家开发，一线教师实验；实验后将意见反馈给专家；专家再根据教师的意见进行修改，反复几次后再推广下去。专家是课程的研发者，一线教师是实验者，两者的角色鲜明。20 世纪 90 年代末，随着中国深入推进素质教育，实行三级课程体系。在地方课程和学校课程的开发中，一线教师的角色发生了根本的变化，他们既是研究者也是实施者。

一线教师开发课程虽然在理论上立得住脚，但在实践中如何实施，仍是未知数，恰在此时奥林匹克教育进学校，经过 180 学时的培训，体育教师充分抓住这一难得的历史契机，根据学校的情况，纷纷开发、实践自己的新方法、新思路，边实践、边修改，将原本死气沉沉的体育课上得有声有色，教师和学生都喜欢。如 2003 年 9 月，北京广渠门中学在北京市率先开展自助餐式体育选修课，打破了班级、年级、性别的差异，选修项目有游泳、跆拳道、武术、街舞等，只要有 15 名学生选中便开课。师生成为课程开发的主体，上什么、怎么上等完全由师生决定，从而促使教师刻苦钻研、积极创新，并提高了学生学习的兴趣和积极性。这可为正在改革中的体育课程提供一些值得借鉴的经验。

2. 奥林匹克教育对课外体育的影响

（1）奥林匹克教育对学校早操、课间操的影响

20 世纪末，几乎所有学校的早操、课间操都整齐划一，学生逐渐失去新鲜感，其结果是出操与不出操一样、做与不做一样。21 世纪初，示范学校师生纷纷发挥自己的聪明才智，编排各种韵律操、集体舞蹈等，改变了原先千篇一律、每天必修、早已厌倦的“套路”，从而提高了学生的学习积极性，扩充了学习的内容，如门头沟区大峪第二小学创编的奥运五环操、北京市第二实验小学的“快乐健康操”等。

（2）奥林匹克教育对运动会、体育节的影响

学校通过运动会、体育节普及奥林匹克知识，宣传奥林匹克主义。2002 年 5 月“模拟古代五项奥林匹克运动会”在北京市海淀区羊坊店中心小学开幕。孩子们在“一班一国”活动的基础上了解其他国家文化，进而通过模拟奥运会入场式展示各国文化。模拟奥运会入场式是羊坊店中心小学的首创，因其操作简单，较易模仿，之后，几乎每所学校的运动会都添加了这一项内容，从而使更多的学生了解多元文化。亲子运动会也在学校中逐渐被普及，学校通过亲子运动加强了学生与家长之间的关系，增进了彼此间的感情。学校体育节扩展了体育运动的时间和空间，加上一些与奥运相关的文化娱乐活动，整个学校都沐浴在浓厚的愉悦氛围中，对学校师生产生了潜移默化的影响。

（3）奥林匹克教育对课余体育竞赛的影响

课余体育竞赛是在体育课和课外体育活动的基础上进一步提高学生的运动技术水平，其最终目的是为国家培养体育后备人才。北京奥林匹克教育促进了学校课余体育竞赛活动的开展。一是各大众媒体经常宣传各种奥运比赛项目，使人们尤其是青少年学生逐渐了解、熟悉这些项目的规则和内容，学校师生为自己所从事的这些同类运动项目

能够引起如此多的同龄群体的关注而感到热情激昂，并摩拳擦掌投入行动。二是学校充分利用各种途径聘请奥运选手进校园，与学生进行零距离接触，讲述其成长的历程，对学生产生激励作用。其中一些冠军，还可能是某些体育优秀学生崇拜的偶像，与偶像的交流，使他们增加了“追梦”的信心，在训练和比赛中更刻苦、更顽强。三是学校借奥运东风，经常举办各种比赛（包括校内、校际比赛），增加了学生参赛并认可自己的机会，提高了竞赛的水平。如北京九中、北京六十六中等特色项目学校在近几年里，运动水平不断提高，屡获佳绩。四是第 29 届北京奥运会举办期间，北京奥林匹克教育门票工作小组，在北京市委、市政府的领导下，参照往届奥运会惯例，以较低的价格，采取有组织定向销售方式，为中小学生提供集体观看奥运比赛的门票。全国共发放教育门票 100 万张，其中，分配给北京市教委 48 万余张，首都高校 6 万余张，中小学学校 40 余万张。北京 2008 奥林匹克教育示范学校的师生成为主要的受益者（表 5–3）。

表 5–3　北京市各区、县奥林匹克教育门票分配数量一览表

序号	区、县名称	数量	序号	区、县名称	数量
1	东城区	29666	11	大兴区	16466
2	西城区	34541	12	通州区	15833
3	崇文区	18585	13	昌平区	20530
4	宣武区	18545	14	顺义区	19182
5	朝阳区	48957	15	怀柔区	9736
6	海淀区	70241	16	平谷区	8287
7	丰台区	33338	17	密云县	4312
8	石景山区	13369	18	延庆县	5774
9	门头沟区	6473	19	燕山地区	2960
10	房山区	13386	20	合计	390181

（三）奥林匹克教育促进学校德育教育方式转变

“说教”作为学校德育教育的传统方式，尽管能够针对数量较多的学生，在较短的时间内完成，但总有一副板起面孔来的高姿态。学校道德教育的主要渠道是课堂，思想品德课也好，思想政治课也好，都把德育作为一种课程形态进行灌输，对学生的道德评价最终落实在知与不知的标准上，而不是要解决做与不做的问题。“说教”这种自上而下的方式，无亲和力，往往使学生产生厌倦情绪甚至是逆反心理。奥林匹克教育中的公民道德教育采用的不是传统的“说教”方式，而是“体验”方式；重点不是“知”，而是“做”，通过开展各种丰富多彩、名目繁多、形式各异的活动，使学生从“做”中学。如“情系奥运，文明礼仪伴我行”主题教育活动，“绿色”教育活动，“志愿”精神教育活动等，通过亲身体验，亲自实践，学生不仅解决了知的问题，而且也明白为什么做、怎么做的问题，逐渐将公民道德教育的内涵融入日常生活，成为其人格的组成部分。“体验”式的奥林匹克教育，为学校德育教育提供了一个范例，通过实践获得经验的做法值得借鉴和推广。

（四）奥林匹克教育促进学校与社区关系和谐发展

自 2007 年 11 月“北京 2008 奥林匹克教育示范学校进社区”活动启动以来，示范学校以“奥林匹克教育进社区，牵手共享促和谐”为主题，开展了丰富多彩的社区奥林匹克教育活动，如讲英语、捡拾白色垃圾、清洁环境、发现不文明行为等。中小学的社区化发展始终停留在理论探索的阶段，家长究竟能否参与以及应以何种方式参与学校的教育，目前依然是个没有结论的问题。但奥林匹克教育把这个问题从理论研讨直接提升到了实践操作的水平——家长直接参与了学校奥林匹克教育活动的设计，学校奥林匹克教育活动直接开进了社区，社区居民以志愿者的身份直接参与了旨在维护环境、教育孩子的各种公益活动。学校与社区的合作、协作使双方受益。一方面，教育的改革促使学校教育打破传统教育的封闭办学思想和办学模式，充分体现其大众性、开放性的特征，让学校教育走向社会，努力构建学校、家庭和社会三方面的和谐关系，促进学校教育的可持续发展；另一方面，学习型城市、学习型社区的建设，如果没有学校的参与，在根本上来说就是一句空话。学习型社区要有知识、要有学习的氛围、要有文化体育活动设施的支持，而拥有这些资源最集中、最典型的地方是学校。

尽管政府及各种社会组织之前一直在努力促进学校和社区合作，但双方都有警惕性，“防心”较重：学校认为社区活动利用学校的资源，打乱了教学秩序，并存在一些不安全的因素；社区认为，学校经常向他们出难题。而奥林匹克教育示范学校进社区活动，使双方通过实践证明早先的想法、戒心是虚幻的，这就从示范学校根本上促进了学校和社区的合作关系和谐发展（图 5–3）。

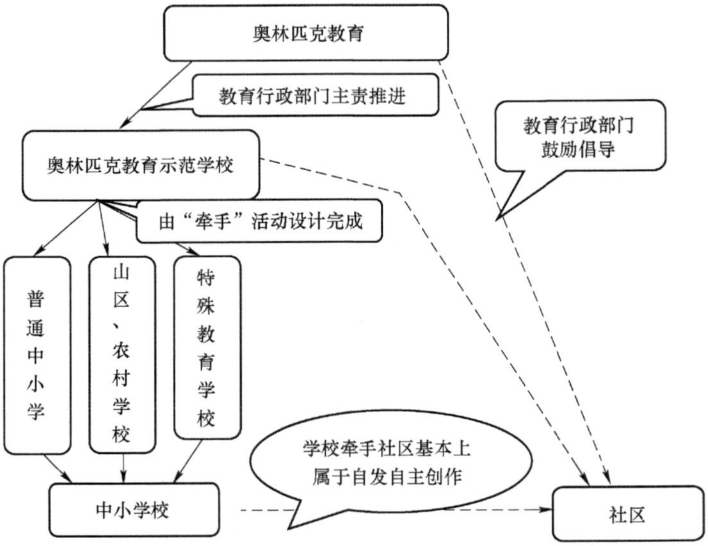

图 5–3 奥林匹克教育示范学校进社区示意图

（五）奥林匹克教育促进学校特色发展

基础教育课程改革的三级管理模式要求学校以国家课程为指导，地方课程和校本课程要根据具体情况具体分析。奥林匹克教育示范学校充分挖掘自身的课程资源，形成自己独特的课程体系和文化特色，如广渠门中学的“自助餐式体育课”、北京九中的田径、北京六十六中学的乒乓球、北京一六九中学的传统民族体育——陀螺、羊坊店中心小学的“模拟奥运会”、灯市口小学的特色阳光体育活动、庙城学校的独轮车、北京四中的“模拟联合国”、花家地实验小学的“小小奥组委”“一班一国”、劲松中学的“做最好的我”、白家庄小学的“品味京味文化”、芳草地小学的“国际交流”等，示范学校将奥林匹克教育与本校的传统相结合，走特色发展之路，提升了学校的知名度，并促进了学校的超常规、跨越式发展。同时，开展奥林匹克教育，尤其是“同心结”交流活动，大大加速了首都教育的国际化进程，提升了北京学校的国际影响力。

虽然这些学校办学条件参差不齐，但奥林匹克教育的效果却同样精彩，说明奥林匹克教育的关键在于软件，而不是硬件，这为发展中国家开展奥林匹克教育提供了可借鉴的“中国模式”。

小　结

诚然，自 1976 年以来，每个奥林匹亚周期，奥运会举办城市和国家的青少年都用自己的参与行动对奥林匹克主义进行实践诠释，但北京这次诠释的独特之处在于我们思考问题和采取行动的文化背景是东方文化。这一点对奥林匹克运动的多元化发展具有极其独特的价值。

奥林匹克教育是典型的“竞技+教育”，而学校竞技体育则是典型的“教育+竞技”，尽管两者所属范围不同，但都属于培养人的广义教育的范畴。普通高校竞技体育的改革应明确其属性特点，以培养人的全面发展为出发点和归属，借鉴奥林匹克教育的典型案例，通过多种形式、多种层次、多种类型的实践活动促进学生的健康发展，并在此基础上，提升少数学生的竞技水平，为国家培养体育后备人才。

参考文献

[1] 中共中央宣传部．习近平总书记系列重要讲话读本［M］．2016 年版．北京：学习出版社，2016．

[2] 贾康，冯俏彬，刘薇，等．供给侧结构性改革理论模型与实践路径［M］．北京：企业管理出版社，2018．

[3] 朱克力．供给侧改革引领“十三五”［M］．中信出版社，2016（3）：66–67．

[4] 贾康，欧纯智．创新制度供给：理论考察与求是探索［M］．北京：商务印书馆，2016：28．

[5] 王道俊，郭文安．教育学［M］．北京：人民教育出版社，2016：16．

[6] 曹孚．外国教育史［M］．北京：人民教育出版社，1979：159．

[7] 马克思．经济学手稿［M］//马克思，恩格斯．马克思恩格斯全集：第 46 卷．北京：人民出版社，1979：104．

[8] 马克思，恩格斯．德意志意识形态［M］//马克思，恩格斯．马克思恩格斯全集：第 3 卷．北京：人民出版社，1965：516．

[9] 国家中长期教育改革和发展规划纲要工作小组办公室．国家中长期教育改革和发展规划纲要（2010—2020 年）［M］．北京：人民出版社，2010．

[10] 颜天民．竞技体育的意义：价值理论研究探微［M］．北京：北京体育大学出版社．2003：65．

[11] 全国体育院校教材委员会．运动训练学［M］．北京：人民体育出版社，2000：1．

[12] 贾康，苏京春．新供给经济学［M］．太原：山西经济出版社，2015：66．

[13] 李佐军．供给侧改革：改什么、怎么改？［M］．北京：机械工业出版社，2016：89．

[14] 王立伟，曹卫东．中国青少年体育发展报告（2018）［M］．北京：社会科学文献出版社，2020：118．

[15] 任海．奥林匹克运动［M］．北京：人民体育出版社，2005．

[16] 顾拜旦．奥林匹克理念的“受托人”［M］// 国际皮埃尔·德·顾拜旦委员会．奥林匹克主义——顾拜旦文选．刘汉全，邹丽，等译．北京：人民体育出版社，2008：75．

[17] NAUL R．Olympic education［M］．Oxford：Meyer&Meyer（uk）ltd，2008．

[18] KOTLER，ARMSTRONG．Marketing：an introduction［M］．北京：华夏出版社，

1998：7.

[19] KLEIN N. No logo：taking aim at the brand bullies［M］. Toronto：Knopf Canada，2000.

[20] CLOTFELTER C T. Big–Time Sports in American universities［M］. Oxford：Cambridge University Press，2011：23–27.

[21] LOY J W. The Nature of Sport：A definitional effort［M］// Loy J W，Kenyon G S. Sport，culture and society. New York：The MacMillan，1969：56-71.

[22] WHITEHEAD M. Physical literacy across the world［M］. London：Routledge，2019：8.

[23] McLennan N，Thompson J. Quality Physical Education—Guidelines for Policy-Makers［M］. Paris：UNESCO，2015.

[21] 李佐军. 我看供给侧改革：《供给侧改革：改什么、怎么改？》前言［J］. 产权导刊，2016（7）：7-11.

[22] 冯俏彬，贾康. 我国供给侧改革的背景、理论模型与实施路径［J］. 经济学动态，2017（7）：35–43.

[23] 中共中央国务院发布《关于深化教育改革全面推进素质教育的决定》［J］. 高教与经济，1999（3）：3–5.

[24] 中共中央国务院发布《关于深化教育改革全面推进素质教育的决定》［J］. 高教与经济，1999（3）：3–5.

[25] 国务院关于基础教育改革与发展的决定［J］. 中国民族教育，2001（4）：4–9.

[26] 钟秉枢. 文化传承与精神永续： 70 年夺冠之路与国家队管理创新［J］. 天津体育学院学报，2019，34（5）：369–372.

[27] 国家体育总局. 2014 年全国学生体质健康调研结果［J］. 中国学校卫生，2015，36（12）：4.

[28] 任海. "竞技运动"还是"精英运动"？：对我国"竞技运动"概念的质疑［J］. 南京体育学院学报（社会科学版），2011，25（6）：1–6.

[29] 任海. 身体素养：一个统领当代体育改革与发展的理念［J］. 体育科学，2018，38（3）：3–11.

[30] 鲍明晓. 构建举国体制与市场机制相结合新机制［J］. 体育科学，2018，38（10）：3–11.

[31] 王家宏，鲍明晓，谭华，等. 聚焦改革开放 40 年：中国体育改革与发展的思考［J］. 体育学研究，2018，1（6）：64–73.

[32] 张小航. 我国体育社会组织治理制度改革的学理分析与实践探讨［J］. 天津体育学院学报，2020，35（2）：175–182.

[33] 王家宏，蔡朋龙. 全国性单项运动协会社团法人实体化改革趋向与推进的法治化路径研究［J］. 体育学研究，2019，2（06）：1–14.

[34] 王家宏，蔡朋龙. 国家治理视阈下全国性单项运动协会改革与发展的现实审视

与推进策略［J］. 成都体育学院学报，2018，44（6）：9–17.
[35] 李颖川. 全面提升体育科技创新能力 助力体育强国和健康中国建设：在国家体育总局体育科学研究所2018年学术论文报告会暨建所60周年学术论坛上的讲话［J］. 体育科学，2019，39（1）：3–4.
[36] 任海，张佃波，单涛，等. 体育改革的总体思路和顶层设计研究［J］. 体育学研究，2018，1（1）：1–12.
[37] 陈洪. 边缘革命视角下竞技体育后备人才培养的基层实践研究［J］. 武汉体育学院学报，2018，52（1）：36–41.
[38] 孙克诚，李赞. 结构优化：竞技体育后备人才培养的生态化转变［J］. 北京体育大学学报，2018，41（9）：22–29.
[39] 范国睿. 教育制度变革的当下史：1978—2018：基于国家视野的教育政策与法律文本分析［J］. 华东师范大学学报（教育科学版），2018，36（5）：1–19.
[40] 周洪宇. 深化教育领域"放管服"改革，加快推进教育治理现代化［J］. 教育研究，2019，40（3）：15–19.
[41] 鲍明晓. 足球改革进程中深层次制约因素及化解策略［J］. 北京体育大学学报，2019，42（11）：10–22.
[42] 刘海元. 当前加强普通高等学校高水平运动队建设的若干问题探讨［J］. 首都体育学院学报，2018，30（5）：422–427.
[43] 方刚. 当代西方男性气质理论概述［J］. 国外社会科学，2006（4）：67–72.
[44] 彭国强，舒盛芳，经训成. 回顾与思考：美国竞技体育成长因素及其特征［J］. 沈阳体育学院学报，2017，36（5）：28-36.
[45] 葛辉. 美国亚利桑那州立大学高水平篮球队球员招募对我国的启示［J］. 北京体育大学学报，2018，41（7）：102–110.
[46] 陈颇，诸文兵，殷樱，等. 2006 2007 赛季 NBA 运动员年龄、球龄与身体形态特征分析［J］. 中国体育科技，2007，43（4）：88–93.
[47] 郭义军，杨世强，张斌南，等. WCUBA 和 WCBA 优秀女篮运动员的身高、体重、年龄的比较研究［J］. 西安体育学院学报，2004，21（4）：76–77.
[48] 程利群. CUBA 联赛教练员管理机制阐析［J］. 北京体育大学学报，2010，33（3）：29–32.
[49] 全志刚. 我国高校篮球教练员队伍建设之研究［J］. 淮北职业技术学院学报，2010，9（3）：128–129.
[50] 万炳军，王迪，路东升. 从"学训矛盾"到"学训制度"：基于单位体制转型的视角［J］. 北京体育大学学报，2016，39（12）：6–13.
[51] 卢文云. 迈向体育强国我国竞技体育发展面临的问题与对策［J］. 沈阳体育学院学报，2020，39（2）：75–81.
[52] 彭国强，高庆勇. 美国大学竞技体育的制度治理及其特征［J］. 成都体育学院

学报，2020，46（4）：74–81.
[53] 李静施. 区域体育协调发展视角下 CUBA 各赛区发展差异研究［J］. 安徽体育科技，2019，40（6）：64–68.
[54] 李卫东，刘艳明，李溯，等. 校园足球发展的问题审视及优化路径［J］. 上海体育学院学报，2019，43（5）：19–23.
[55] 高原. 俄罗斯世界杯对我国校园足球的影响与思考［J］. 运动，2018（16）：6–9.
[56] 康金明，张廷安. 第 20 届足球世界杯攻防技战术核心指标分析［J］. 北京体育大学学报，2016，39（4）：141–145.
[57] 曲晨，李伟，齐琳玉. 第 19、20、21 届世界杯足球比赛定位球的有效运用及其对我国足球定位球训练的启示［J］. 南京体育学院学报，2018，1（12）：54–59.
[58] 郑芒，许良国，黄剑，等. 对足球犯规与不正当行为判罚的研究［J］. 上海体育学院学报，2000（S1）：17–19.
[59] 赵元罡. 第 19、20 届世界杯足球赛红黄牌判罚的对比研究［J］. 辽宁体育科技，2016，38（3）：79–83.
[60] 麦科隆 J. 更新奥林匹克教育［J］. 茹秀英，译. 体育文化导刊，2007（6）：76–78.
[61] 熊斗寅. 什么是奥林匹克教育［J］. 中国学校体育，2007（4）：62–64.
[62] 任海. 奥林匹克教育与跨文化传播［J］. 教育科学研究，2007（12）：5–7.
[63] 耿申. 国际视野中的奥林匹克教育“北京模式”［J］. 教育科学研究，2007（12）：8–12.
[64] Gallien C. 青年奥运会的作用：健康、预防、社会适应［J］. 体育科研，2008，29（5）：4–6.
[65] 黄璐. 论“奥林匹克教育”应该缓行［J］. 体育学刊，2010，17（10）：5–10.
[66] 任海. 青年奥运会的超越与挑战［J］. 体育与科学，2010，31（2）：3–5.
[67] 任海. 奥林匹克运动的教育价值［J］. 教育科学研究，2006（12）：15–18.
[68] 李勇勤，茹秀英. 奥林匹克火炬接力的历史透视及价值解析［J］. 北京体育大学学报，2007（6）：729–730.
[69] 潘发勤，汤玉莲. 重新认识活动、体验在学习中的意义［J］. 上海教育科研，1999（6）：1–3.
[70] 宋彩萍. 全球化·民族文化·高等教育［J］. 教育研究，2004（7）：66–70.
[71] 张建华，高嵘，原玉杰，等. 奥林匹克教育效果调查［J］. 体育文化导刊，2009（7）：119-124.
[72] HANSTAD D V，Parent M M，Kristiansen E，et al. The Youth Olympic Games：the best of the Olympics or a poor copy？［J］. European Sport Management Quarterly，2013，13（3）：315–338.

[73] MULLER N. Olympic education [J/OL]. The sport journal, 2008, 11 (4) [2010-10-03]. http://www.thesportjournal.org/article/olympic- education.
[74] 习近平在全国高校思想政治工作会议上强调：把思想政治工作贯穿教育教学全过程 开创我国高等教育事业发展新局面 [N]. 人民日报，2016-12-09 (1).
[75] 习近平主席在联合国“教育第一”全球倡议行动一周年纪念活动上发表视频贺词 [N]. 人民日报，2013-09-27 (3).
[76] 王恒志. 别让体育课变成体育展示课 [N]. 光明日报，2018-09-17 (2).
[77] 研究新型冠状病毒感染的肺炎疫情防控工作 [N]. 人民日报，2020-01-26 (1).
[78] 张纪南. 深化机构和行政体制改革 [N]. 人民日报，2017-12-28 (7).
[79] 中央经济工作会议在北京举行 [N]. 人民日报，2015-12-22 (1).
[80] 王一鸣，陈昌盛，李承健. 正确理解供给侧结构性改革 [N]. 人民日报，2016-03-29 (7).
[81] 习近平. 做党和人民满意的好老师：同北京师范大学师生代表座谈时的讲话 [N]. 人民日报，2014-09-10 (2).
[82] 全面贯彻落实党的教育方针 努力把我国基础教育越办越好 [N]. 人民日报，2016-09-10 (1).
[83] 紧跟时代肩负使命锐意进取 为共同理想和目标团结奋斗 [N]. 人民日报，2016-04-30 (1).
[84] 王蕊，许海霞. 改革教育评价为教育把好舵 [N]. 学习时报，2020-07-31 (6).
[85] 姚勤毅. CUBA 会像 NCAA 那么火吗 [N]. 解放日报，2015-11-15 (3).
[86] 赵燕妮. 波伏瓦《第二性》中的女性主义思想评析 [D]. 江西师范大学，2014.
[87] 闫燕. 我国高校高水平运动队发展的实证研究 [D]. 上海：上海体育学院，2014.
[88] 张蕾. 奥林匹克教育与中小学发展：以北京奥林匹克教育实践为视域 [D]. 北京：北京体育大学，2008.
[89] MULLER N. Olympism and Olympic education [R] //Report on the I. O. A.'s special sessions and seminars 1998. International Olympic Academy，1998：455-463.
[90] PARRY J. Ethical aspect of the Olympic idea [R] //Report on the I.O.A.'s Special Sessions and Seminars 1997. Athens：Eptalofos S. A，1998：233-248.
[91] DaCosta L P. Olympic education：towards multiculturalism [C]. 奥林匹克教育国际论坛资料汇编，2005：28-32.
[92] KWAUK C T. An Olympic education：from athletic colonization to international harmony [C] //Ninth international symposium for Olympic research. Beijing，2008：523-533.
[93] 中共中央国务院关于加强青少年体育增强青少年体质的意见 [A]. 2007-05-07.

[94] 国家教育委员会，国家体育运动委员会．关于开展课余体育训练，提高学校体育运动技术水平的规划（1986—2000 年）[A]．1986- 10–30．
[95] 国家教育委员会．关于部分普通高等学校试行招收高水平运动员工作的通知 [A]．1987–04–09．
[96] 国家教育委员会办公厅．国家教委办公厅关于部分普通高等院校试办高水平运动队的通知 [A]．1995–05–29．
[97] 国务院．国务院关于取消和下放一批行政审批项目等事项的决定 [A]．2013–05–15．
[98] 教育部办公厅．教育部办公厅关于印发《普通高等学校体育场馆设施、器材配备目录》的通知 [A]．2004–08–22．
[99] 国家体育运动委员会．国家体委关于深化体育改革的意见 [A]．1993–05–24．
[100] 国家体育总局．2001—2010 年体育改革与发展纲要 [A]．2000–12–15．
[101] 国家体育总局，教育部．关于进一步加强运动员文化教育工作的意见 [A]．2003–01–07．
[102] 国家体育总局．青少年体育“十三五”规划 [A]．2016–09–05．
[103] 中共中央，国务院．“健康中国 2030”规划纲要 [A/OL]．(2016–10– 25) [2019– 12–12]．http://www.gov.cn/xinwen/2016-10/25/content_ 5124174.htm．
[104] 健康中国行动推进委员会．健康中国行动（2019—2030 年）[A/OL]．(2019–07–09) [2020–1–12]．http://www.gov.cn/xinwen/2019-07/15/content_5409694.htm．
[105] 国务院．全民健身计划（2016—2020 年）[A/OL]．(2016–06–23) [2019–11–21]．http://www.gov.cn/zhengce/content/2016-06/23/content_5084564.htm．
[106] 国务院办公厅．体育强国建设纲要 [A/OL]．(2019–09–02) [2019–11–21]．http://www.gov.cn/zhengce/content/2019-09/02/content_5426485.htm．
[107] 国务院办公厅．中国足球改革发展总体方案 [A/OL]．(2015–03–16) [2019–11–21]．http://www.gov.cn/gongbao/content/2015/ content_2838167.htm．
[108] 国务院办公厅关于促进全民健身和体育消费推动体育产业高质量发展的意见 [A/OL]．(2019–09–17) [2019–12–30]．http://www.gov.cn/zhengce/content/2019-09/17/content_5430555.htm．
[109] 中共中央，国务院．中国教育现代化 2035 [A/OL]．(2019–02–23) [2019–06–05]．http://www.gov.cn/zhengce/2019-02/23/content_5367987.htm．
[109] 国家体育总局办公厅．体育总局办公厅关于资助命名“国家示范性青少年体育俱乐部（2016—2018）”的通知 [A/OL]．(2016–06–27) [2018–9–19]．http://www.sport.gov.cn/qss/n5015/c731119/ content.html．
[110] 全国青少年校园足球工作领导小组办公室．全国青少年校园足球工作五年总结及 2020 年工作部署 [A/OL]．(2019–12–20) [2019–12–30]．http://www.

moe.gov.cn/fbh/live/2019/51635/sfcl/201912/t20191220_412768.html.

[111] 国家体育总局，教育部．关于深化体教融合 促进青少年健康发展意见的通知［A/OL］.（2020–08–31）［2020–10–05］. http://www.gov.cn/zhengce/zhengceku/2020-09/21/content_5545112.htm.

[112] 教育部．教育信息化 2.0 行动计划［A/OL］.（2018–04–13）［2018–04–18］. http://www.moe.gov.cn/srcsite/A16/s3342/201804/t20180425_334188.html.

[113] 国家体育总局．体育总局关于命名"国家高水平体育后备人才基地（2017—2020）"的决定［A/OL］.（2017–03–17）［2020–08–17］. http://www.sport.gov.cn/n316/n336/c793659/content.html.

[114] 北京市体育局青少年体育处．2019—2021 年北京市体育传统项目学校名单［A/OL］.（2019–06–20）［2019–7–28］. http://tyj.beijing.gov.cn/bjsports/xxcx/sjxz/1608098/index.html.

[115] 中共中央办公厅，国务院办公厅．关于深化教育体制机制改革的意见［A/OL］.（2017–09–24）［2020–07–30］. http://www.gov.cn/zhengce/2017-09/24/content_5227267.htm.

[116] 教育部，中央编办，发展改革委，等．教育部等五部门关于深化高等教育领域简政放权放管结合优化服务改革的若干意见［A/OL］.（2017–04–06）［2020–01–30］. http://www.moe.gov.cn/srcsite/A02/s7049/201704/t20170405_301912.html.

[117] 中共中央关于坚持和完善中国特色社会主义制度 推进国家治理体系和治理能力现代化若干重大问题的决定［A/OL］.（2019–11–05）［2019–12–30］. http://www.gov.cn/zhengce/2019-11/05/content_ 5449023.htm.

[118] 教育部．教育部关于进一步加强普通高校高水平运动队建设的实施意见［A/OL］.（2017–07–03）［2019–06–30］. http://www.gov.cn/gongbao/content/2017/content_5248226.htm.

[119] 第六次全国体育场地普查数据公报［A/OL］.（2014–12–26）［2019–05–12］. http://www.sport.gov.cn/n4/n210/n218/c328625/content.html.

[120] 国家体育总局经济司．全国体育场地统计调查数据［A/OL］.（2020–01–23）［2020–06–14］. http://www.sport.gov.cn/jjs/n5043/c941781/ content.html.

[121] 教育部体育卫生与艺术教育司．教育部国家体育总局关于进一步加强普通高等学校高水平运动队建设的意见［A/OL］.（2005–04–18）［2019–06–30］. http://www.moe.gov.cn/s78/A17/s7059/201410/ t20141021_178151.html.

[122] 国家发展改革委，教育部，国家体育总局，等．关于印发《全国足球场地设施建设规划（2016–2020 年）》的通知［A/OL］.（2016–05–09）［2019–06–30］. http://www.moe.gov.cn/srcsite/A17/s7059/ 201605/t20160510_242680.html.

[123] 教育部办公厅关于做好 2005 年普通高等学校招收高水平运动员工作的通知

[A/OL].(2004-11-15)[2019-06-15]. http://www.moe.gov.cn/s78/A17/twys_left/moe_938/moe_940/s3279/201001/t20100128_80928.html.

[124] 国家体育总局，教育部，财政部，等. 关于进一步加强运动员文化教育和运动员保障工作的指导意见[A/OL].(2010-03-30)[2019-06-15]. http://www.sport.gov.cn/n315/n331/n401/c785866/content.html.

[125] 国家体育总局. 体育总局 教育部 财政部 人力资源保障部中央编办关于深入贯彻落实《关于进一步加强运动员文化教育和运动员保障工作的指导意见》的通知 [A/OL].(2012-07-07)[2019-06-15]. http://www.sport.gov.cn/qss/n5015/c639715/content.html.

[126] 教育部办公厅. 教育部办公厅关于公布 2019 年普通高校高水平运动队技术调整结果的通知[A/OL].(2019-01-31)[2019-04-12]. http://www.moe.gov.cn/srcsite/A17/moe_938/s3279/201902/t20190214_369277.html.

[127] 国家体育总局，教育部. 关于加强竞技体育后备人才培养工作的指导意见[A/OL].(2017-12-06)[2019-02-03]. http://www.sport.gov.cn/n10503/c838148/content.html.

[128] 中共中央 国务院关于全面深化新时代教师队伍建设改革的意见 [A/OL].(2018-01-20)[2020-04-17]. http://www.gov.cn/zhengce/2018-01/31/content_5262659.htm.

[129] 青岛市体育局. 青岛市体育局 青岛市教育局关于体育教练员进校园的实施意见 [A/OL].(2020-04-10)[2020-04-30]. http://www.qingdao.gov.cn/n172/n24624151/n24628795/n24628809/n24628823/200603155930516653.html.

[130] 教育部. 关于政协十三届全国委员会第三次会议第 4900 号（教育类 449 号）提案答复的函[A/OL].(2020-08-20)[2020-08-27]. http://www.moe.gov.cn/jyb_xxgk/xxgk_jyta/jyta_twys/202009/t20200907_485929.html.

[131] 北京市体育局，北京市教育委员会，北京市财政局，等. 北京市体育局 北京市教育委员会 北京市财政局 北京市人力资源和社会保障局关于加强足球篮球排球项目工作的意见 [A/OL].(2012-07-06)[2019-08-27]. http://tyj.beijing.gov.cn/bjsports/zcfg15/fgwj/ dffg/1092835/index.html.

[132] 卞靖. 供给侧结构性改革的最新进展和成效[EB/OL].(2019-09-20)[2020-1-05]. http://www.71.cn/2019/0920/1059706.shtml.

[133] 王昌林，郭丽岩. 供给侧结构性改革三年来取得阶段性显著成效 [EB/OL].(2019-01-03)[2020-08-20]. https://www.sohu.com/a/ 286460532_692693.

[134] 供给侧结构性改革成效明显 [EB/OL].(2020-03-15)[2020-8-12]. http://www.ce.cn/xwzx/gnsz/gdxw/202003/15/t20200315_34491072.shtml.

[135] 两会体育提案：体育列入中高考必考项；将专业运动员全纳入义务教育体系[EB/OL].(2020-05-25)[2020-9-23]. https://www.sohu.com/a/397540280_

357668.

[136] 习近平：建设“人人皆学、处处能学、时时可学”的学习型社会［EB/OL］.（2015–05–23）［2020–08–10］. http://news.cnr.cn/native/gd/20150523/t20150523_518620985.shtml.

[137] 王登峰. 中国学校体育正迎来前所未有的革命性变化［EB/OL］.（2015–05–23）［2019–11–28］. https://baijiahao.baidu.com/s?id=1651431461707003267&wfr=spider&for=pc.

[138] 习近平会见全国体育先进单位和先进个人代表等［EB/OL］.（2017–08–27）［2019–04–05］. http://www.gov.cn/xinwen/2017-08/27/content_5220823.htm.

[139] 书写共建人类命运共同体的战“疫”篇章:记习近平主席推动新冠肺炎疫情防控国际合作［EB/OL］.（2020–04–05）［2020–06–05］. http://www.gov.cn/xinwen/2020-04/05/content_5499261.htm.

[140] 王登峰. 用“433”蹚出一条中国学校体育改革发展新路［EB/OL］.（2019–07–24）［2019–08–10］. http://sports.sina.com.cn/china/other/2019-07-24/doc-ihytcerm5852425.shtml.

[141] 王登峰在2019—2020全国青少年校园足球联赛工作会议上的讲话［EB/OL］.（2019–09–24）［2019–9–25］. http://sports.people.com.cn/n1/2019/1118/c430004-31460869.html.

[142] 姚明谈深化体教融合促进青少年健康发展：开放资源，主动作为［EB/OL］.（2020–06–01）［2020–11–08］. http://sports.people.com.cn/n1/2020/0601/c22149-31731137.html.

[143] 体教深度融合，打破体制藩篱：专家把脉中国学校体育发展［EB/OL］.（2019–07–13）［2019–8–20］. https://baijiahao.baidu.com/s?id=1638925312592217993&wfr=spider&for=pc.

[144] 深化体教融合，就是如何让学生爱上体育课的问题［EB/OL］.（2020–04–28）［2020–08–15］. http://k.sina.com.cn/article_6474558207_181e9eaff00100zgcm.html.

[145] 教育部. 全国学生体质健康状况连续下滑的趋势得到初步遏制［EB/OL］.（2019–11–06）［2019–12–20］. http://www.moe.gov.cn/jyb_xwfb/xw_fbh/moe_2606/2019/tqh20191105/mtbd/201911/t20191106_407080.html.

[146] 中国特色的学校体育之路越走越宽广：学校体育工作走过辉煌70年［EB/OL］.（2019–11–02）［2019–11–05］. http://www.moe.gov.cn/jyb_xwfb/s5147/201911/t20191104_406770.html.

[147] 教育部体育卫生与艺术教育司. 抓实抓牢中小学健康促进行动 有力支撑健康中国战略：教育部中小学健康促进行动有关情况［EB/OL］.［2019–12–

20]. http://www.moe.gov.cn/jyb_xwfb/xw_fbh/moe_//tqh/sfcl//t_.html.

[148] 习近平主持中共中央政治局第九次集体学习并讲话[EB/OL].(2018-10-31)[2020-9-2]. http://www.gov.cn/xinwen/2018-10/31/content_5336251.htm.

[149] 体教融合成两会热点话题，姚明、朱婷、张常宁等提出了这些建议[EB/OL].(2020-05-28)[2020-07-20]. http://sports.sina.com.cn/others/volleyball/2020-05-28/doc-iircuyvi5430741.shtml.

[150] 五年，校园足球交出怎样的答卷[EB/OL].(2019-12-21)[2020-01-04]. http://www.moe.gov.cn/fbh/live/2019/51635/mtbd/201912/t20191223_413122.html.

[151] 用433阵型蹚出学校体育改革新路[EB/OL].(2019-07-25)[2019-08-06]. https://baijiahao.baidu.com/s?id=1639974249705779237&wfr=spider&for=pc.

[152] 中国学校体育进入了一个全新的时代[EB/OL].(2018-09-30)[2019-03-13]. https://baijiahao.baidu.com/s?id=1613047927313181552&wfr=spider&for=pc.

[153] 李克强：改革开放是我国发展最大红利[EB/OL].(2012-11-23)[2020-8-20]. http://finance.people.com.cn/stock/n/2012/1123/c67815-19671983.html.

[154] 赛事是发展校园体育的抓手 体教融合需要打破壁垒[EB/OL].(2020-05-26)[2020-8-20]. http://sports.people.com.cn/n1/2020/0526/c382934-31724256.html.

[155] 习近平论实施创新驱动发展战略[EB/OL].(2019-05-30)[2020-8-16]. https://www.sohu.com/a/317606554_120026375.

[156] 习近平在省部级主要领导干部学习贯彻党的十八届五中全会精神专题研讨班上的讲话[EB/OL].(2016-05-10)[2019-02-12]. http://www.xinhuanet.com/politics/2016-05/10/c_128972667.htm.

[157] 习近平主持中共中央政治局第三十八次集体学习[EB/OL].(2017-01-22)[2019-02-03]. http://www.gov.cn/xinwen/2017-01/22/content_5162360.htm.

[158] 教育领域“放管服”要用好“三个清单”[EB/OL].(2019-04-03)[2019-06-12]. http://news.sciencenet.cn/htmlnews/2019/4/424801.shtm.

[159] 中国大学生体育协会章程[EB/OL].(2017-11-15)[2018-05-16]. http://www.sports.edu.cn/web/institution/images/20191014157103693595l_76.pdf.

[160] 安徽大学申报高水平运动队自评报告[EB/OL].(2017-11-09)[2019-06-15]. http://tyjs.ahu.edu.cn/2017/1109/c14500a182480/page.htm.

[161] 全国体育局长会议举行 国家体育总局局长、党组书记苟仲文作工作报告[EB/OL].(2019-12-28)[2020-02-26]. https://www.163.com/dy/article/

F1ENFM950525SRQD.html.

[162] 深化体教融合 北京市体育教育部门共同夯实八个一体化［EB/OL］.（2019–12–21）［2019–12–24］. http://sports.sina.com.cn/china/other/2019-12-21/doc-iihnzhfz7414743.shtml?cre=tianyi&mod=pcpager_china&loc=12&r=9&rfunc=100&tj=none&tr=9.

[163] 两会提案：将体育纳入中高考必考项目，关注青少年体育教育［EB/OL］.（2020–05–24）［2020–06–21］. https://www.sohu.com/a/397304887_498588.

[164] 我国足球队伍久未能亮相国际竞赛，专家：急功近利是原因之一［EB/OL］.（2019–12–20）［2020–08–20］. http://www.moe.gov.cn/fbh/live/2019/51635/mtbd/201912/t20191223_413187.html.

[165] 体教并重育人为先：管窥体教融合的“清华模式”［EB/OL］.（2020–08–31）［2020–09–06］. http://www.xinhuanet.com/sports/2020–08/31/c_1126433653.htm.

[166] 王登峰：校园足球在搭建中国特色足球青训体系中的作用凸显［EB/OL］.（2019–12–20）［2020–09–07］. http://www.moe.gov.cn/fbh/live/2019/51635/mtbd/201912/t20191223_413177.html.

[167] 委员呼吁加大对中西部地区高等教育发展支持力度［EB/OL］.（2016–09–05）［2020–08–05］. http://www.zgddmx.com/html/58340.html.

[168] 习近平主持召开中央深改委第十五次会议并发表重要讲话［EB/OL］.（2020–09–04）［2020–09–04］. http://language.chinadaily.com.cn/a/202009/02/WS5f4ef246a310675eafc56f03.html.

[169] 第九届中国篮协工作会议在东莞举行［EB/OL］.（2018–02–27）［2020–09–04］. https://www.sohu.com/a/224283692_114731.

[170] Binder D L. Teaching values：An Olympic education toolkit［EB/OL］.［2020–03–04］. http://singaporeolympics.com/soa/Teaching-Values_OV-Toolkit.pdf.

[171] https://www.ncaa.org/about/where–does–money–go.

[172] https://www.ncaa.org/about/resources/ncaa–scholarships–and–grants.